河北省社会科学基金项目（HB18RK001）

Calculation of the Supply and Demand Gap of
COMMUNITY HOME-BASED
ELDERLY CARE SERVICES
and Research on Policy Paths
Taking Hebei Province as an Example

社区居家养老服务供需缺口测算与政策路径研究
——以河北省为例

赵桂玲　周德钰　等◎著

中国财经出版传媒集团
经济科学出版社
Economic Science Press

项目组主要成员：

赵桂玲　周德钰　周稳海　付云鹏　胡　杨

吴继伟　郝晨曦　徐　超　刘锦垚　钮建芳

前言

PREFACE

截至 2020 年，河北省 60 岁及以上人口高达 1551 万人，占河北省总人口的 20.79%，远远超过国际老龄化标准 10.79%，人口老龄程度化已经非常严重；加之少子化现象的出现，"以儿养老"的传统养老模式正在逐渐减弱，社区居家养老服务模式越来越受到人们的广泛关注。在此背景下，研究河北省社区居家养老服务供需状况，测算供需缺口，设计平衡供需缺口政策路径，对实现养老资源的精准配置，满足河北省社区居家养老服务需求，促进社会稳定和谐发展具有重要的现实意义。

本书首先在对社区居家养老服务供需平衡相关理论及文献进行研究的基础上，分析了社区居家养老服务人员、实物资源和养老金等方面的供需现状、问题及发展趋势；其次构建社区居家养老服务人员、实物资源及养老金供需缺口测算模型，对河北省社区居家养老服务供需缺口进行了测算，并比较分析了城乡差异性；进而对影响社区居家养老服务供需缺口的因素进行了探索；最后根据测算结果及现存问题，借鉴英国、日本、美国、德国，以及中国香港、上海、深圳、福州等典型国家和地区平衡缺口的成功经验，提出了平衡河北省社区居家养老服务供需缺口的对策路径。

基于上述研究得到如下结论：一是河北省社区居家养老规模逐年增加。2050 年社区居家养老人数将为 2021 年的 1.67 倍；但城乡社区居家养老规模存在一定的差异，城镇社区居家养老规模呈现逐年上升的趋势，而乡村呈现先增加后下降的趋势，城镇社区居家养老规模远大于乡村。二是河北省总体社区居家养老服务人员缺口逐渐缩小，但城乡缺口变化不同。在社区居家养老照料人员、医生及护士供给增速保持前十年增长水平的前提下，河北省总体社区居家养老照料人员缺口逐渐缩小，到 2028 年左右消失，城镇缺口和河北省总体变化趋势相一致，乡村比城镇缺口消失时间滞后两年；河北省总体社区居家养老医生缺口逐渐缩小，到 2024 年缺口消失，乡村缺口和河北省整体变化趋势相一致，但是城镇缺口不仅没有消失，反而逐渐扩大；河北省总体社区居家养老护士缺口逐渐缩小，到 2037 年缺口消失，乡村缺口和河北省整体变化趋势相一致，但是城镇缺口先扩大再缩小，峰值出现在 2034 年。三是河北省社区居家养老床位供需缺口逐渐缩小。在社区居家养老床位供给增速和前十年保持一致的前提下，河北省整体社区居家养老床位供需缺口逐渐缩小，大约到 2040 年消失，但城乡之间存在资源错配问题，城镇社区居家养老床位供给不足，而乡村却供过于求。四是河北省养老保险养老金缺口逐渐扩大。在短期时间内，养老金能够维持收支平衡，并且有一定的结余，预计到 2024 年养老金收入将低于支出，基金缺口约为 83.40 亿元，需要往年的养老金积累额来进行填补，预计到 2030 年，养老金累积耗尽，开始出现真正的基金缺口，并且缺口逐年增加，采取延迟退休方案会使基金收支缺口得到有效弥补。

本书的创新之处主要包括：一是将社区居家养老服务人员研究对象进行了拓展。已有文献对社区居家养老服务人员的研究大多是针对社区居家养老照料人员，对于社区居家养老医护人员的研究还较为少见。本书对社区居家养老服务人员研究对象进行了拓展，不但对照料人员进行了供需缺口测算，并且测算了医护人员的供需缺口。二是引入精算模型对社区居家养老服务供需缺口进行测算。既有研究成果大多是对社区居家养老服务的定性研究，定量研究比较少，本书通过引入精算模型，对未来 30 年河北省社区居家养老服务供需缺口进行了测算，并比较了城乡的差异性，研究成果更加精准。

本书是河北省社会科学基金项目"河北省社区居家养老服务供需缺口测算与政策路径研究（HB18RK001）"的最终研究成果。限于笔者的学术水平有限，许多工作还有待进一步细化和提高，恳请各位同行给予批评指正。

赵桂玲　周德钰

2023 年 6 月

目录
CONTENTS

第一章

绪 论

第一节 选题依据和研究意义

一、选题依据

截至 2020 年底，河北省 60 岁及以上人口高达 1551 万人，占河北省总人口的 20.79%，其中 80 岁及以上老年人口占比为 3.14%[①]，人口老龄化严峻。随着社会的变革和家庭结构的变化，家庭支持的力量逐渐减弱，社区居家养老服务能为老年人提供的各种便利和支持，使他们在家中能够得到充分的照顾和关爱，延续自己的独立和尊严，提高生活质量，社区居家养老服务将成为老年人的重要照顾和支持来源，越来越受到人们的关注。同时，社会化服务也会面临各种挑战，如服务人员、服务设施的供给水平及服务购买能力等方面。因此，急需研究河北省社区居家养老服务供需状况，测算河北省社区居家养老服务供需缺口，设计河北省社区居家养老服务政策路径，以满足河北省社区居家养老服务需求。

二、研究意义

随着河北省人口老龄化进程的加速，社区居家养老服务的供给和需求

[①] 资料来源：《河北统计年鉴》（2021）。

之间存在着越来越大的缺口。因此，对社区居家养老服务供求缺口进行测算具有重要的理论意义和实践意义。

（一）社区居家养老服务供求缺口测算可以为政府部门制定政策提供依据

政府需要根据社区居家养老服务的实际情况，合理制定相关政策，提高社区居家养老服务的供给能力，满足老年人的需求。如果政策制定没有充分考虑供求关系的现实情况，可能导致资源浪费或者老年人的需求得不到满足。因此，进行社区居家养老服务供求缺口测算，可以为政府部门提供有力的科学依据，指导政策制定和资源配置。

（二）社区居家养老服务供求缺口测算有助于促进养老服务行业健康发展

社区居家养老服务是养老服务的重要组成部分，也是养老服务行业发展的重点方向之一。测算供求缺口可以让养老服务企业更好地了解市场需求，优化服务质量，提高服务效率，从而提升企业竞争力，促进养老服务行业的健康发展。

（三）社区居家养老服务供求缺口测算有助于满足老年人的养老需求

老年人是社区居家养老服务的主要服务对象，而老年人的养老需求与日俱增。如果社区居家养老服务供求缺口过大，老年人的养老需求得不到满足，会导致老年人的生活质量下降，甚至会出现社会问题。因此，社区居家养老服务供求缺口测算可以让社区居家养老服务企业更好地了解老年人的养老需求，提供更加优质、高效、满足老年人需求的服务。

第二节　文献综述

对于社区居家养老服务供需问题很多学者已进行了一定的研究，相关成果主要集中在以下三个层面。

一、关于社区居家养老服务供给的研究

(一) 关于社区居家养老服务供给主体的研究

一些学者从养老服务具体供给主体层面进行研究。政府层面,贾奇 (Judge,1982) 提出,在西方政府购买养老服务仍是满足养老服务多元需求的主要方式。博格 (Bogue,2003) 提出在我国家庭养老职能日益薄弱而社区居家养老方式逐渐兴起的情况下,政府应承担的角色更加重要,所承担的责任和义务也需要进一步明确。易艳阳 (2019) 提出政府应当在养老服务供给主体中承担"第一治理人"的责任,制定养老政策实施规划并监督计划执行,加强养老服务政策顶层设计等。任杨等 (2022) 认为政府作为社区居家养老服务的供给主体,主要负责决策部署、规划引领、资源配置等方面的工作。社会层面,祁峰 (2011) 定位了社区居家养老服务的参与者,认为非营利社会组织可以为社区居家养老的发展提供新思路、新路径。邓汉慧等 (2015) 以社会企业为主要研究对象,认为社会企业自身的发展地位不够清晰明确、资金供给不足且保障能力差、企业内部员工人力资源短缺,因此不能成为主要的养老服务供给对象。仵亦畅等 (2014) 认为老年人所居住的社区既是供给主体,同时也为其他供给主体为老年人服务提供了一个平台,使得养老服务供给主体更加多元化。家庭层面,斯皮策和洛根 (Spitze & Logan,1992) 认为家庭和老年人自身有着维系亲情、承担责任的关系,因此在养老服务供给主体中,家庭所发挥的作用不容忽视。杨 (Young,2009) 研究发现,在英国老年人在家庭中享受养老服务照顾是最好的方式。陈娜等 (2020) 使用中国老年健康影响因素跟踪调查数据进行实证分析,发现失能老人居家养老服务的主要供给主体为家庭成员。老年个体层面,张乃仁 (2013) 研究了居家养老中的双向耦合机制,部分愿意老有所为且身体状况良好的老年人自身也可以作为供给主体,为其他健康状况差的老年人提供服务。

目前,国内外学者对于养老服务的多元主体供给观点已基本达成一致。维纳尔 (Wiener,2003) 提出不仅要重视多元供给主体的自身成长,同时要注重各主体之间的协作配合,共同承担责任,这一观点也受到世界各

国的认可和重视。罗（Low，2011）、埃尔加斯和保卢奇（Ergas & Paolucci，2015）都认为政府、养老机构、志愿者、非营利的社会组织是养老服务提供的多元主体。基尔斯滕（Kirsten，2016）通过研究表明，社区居家养老需要多方参与，要充分发挥社会组织、市场等供给主体的作用。黄少宽（2013）研究了国外的养老服务多元供给主体发展经验，学习了美国和日本的社区养老服务模式，美国和日本施行的是多元化的养老服务供给主体，各主体密切协调配合，共同提供社区老人照护服务。梁海艳（2019）以城市社区居家养老服务主体多元化为研究思路，提出供给主体主要为政府、社会、家庭、非政府组织。李兆友和郑吉友（2016）通过研究发现，与城市相比，农村缺乏有效市场竞争主体和成熟的第三部门，因此农村居家养老服务供给主体主要由乡镇政府与农村社区构成。闫金山和彭华民（2018）立足中国家庭照料文化传统，循着多元主体供给的原则，提出要建立一个以家庭为核心的"一核三维"的多元共治体系。寻琳涵（2020）分析了我国城市社区居家养老服务供给主体的演变进程，并提出当前时代供给主体已不再单一，而是更加趋向多元化。怀尔（While，2020）提出要明确政府作用，分析多主体之间的协同关系，并促进市场各主体积极参与，协调配合，提高服务水平。王晓峰等（2021）通过强调福利责任分担，提出构建养老服务互通网络，该网络由政府、社会组织、居住社区和老年人自身四个主体构成。李文祥和韦兵（2022）从嵌入性视角出发，提出建立以服务契约为核心的政府、社会组织、市场和老年个体四元主体合作结构，构建社会组织与政府之间的社会契约关系。

一些学者就多元供给主体的发展困境及解决对策进行研究。希勒尔（Hillel，2005）、布克曼（Bookman，2011）认为各养老服务供给方的工作分工不合理不协调会造成资源的浪费，而且难以满足老年人的需求。李长远（2016）通过分析得出在经济社会新常态下，家庭养老未来的发展趋势必然以居家养老为主要方向，即提供家庭、政府与社会责任相结合的养老服务，这就需要养老服务供给各方协同配合，而当前我国养老服务多元供给发展还不完善。孙思（2016）认为我国目前的社区居家养老服务多元供给主体之间没有构建起良性关系，政府应主导、参与供给主体间的协同合作。同时姜玉贞（2017）的研究也表明，目前我国的多元主体之间的协同配合还不够成熟。何寿奎（2016）从社会组织供给主体参与养老服务的困境出发，阐述了其信用缺失、法律法规支持不到位以及与其他供给主体协调关系不成熟的问题。张娜（2018）通过多元回归分析得出社会供给在某些方面不能对家庭供给进行补充，两者之间还存在某些壁垒。辜胜阻等（2017）指出在当前我国多主体城市社区居家养老服务体系下，缺乏良好有序的协同治理模式，多主体之间的协同关系效果较差。杜智民和康芳（2020）研究发现当前农村社区居家养老服务提供还不够精准，如在选择具体老年人对象、养老服务供给的方式方法以及养老服务质量的后续保障和跟进方面。朱妍和鲁捷（2020）指出当前我国养老服务多元供给主体之间分工不明确，政府干预过多而企业和社会组织独立性不强、积极性不高。为了形成各主体间良好的协同关系，一些学者提出要制定统一的服务标准和流程、严格的监督管理模式（陈嘉琳，2019），推进城市居家养老服务资源整合，完善涉老助残政策及设施（陈宁，2021），明晰多元主体冲突、明确各主体间职责权限（彭青云，2019）；另外一些学者认为要构建风险响应机制（李兆友等，2016）。还有一些学者提出要建立健全政府财政多元化长效投入机制以及养老服务资源与信息共享机制（郑吉友，2019），同时重视老年人意见反馈，强化评估监督，切实帮助老年人解决问题，使老年人真正实现老有所养（谢婷和李放，2016）。

（二）关于社区居家养老服务内容的研究

梅雷迪斯（Meredith，1993）认为应当为失能老人提供更大的关怀，要解决老人的衣食住行、助洁、助浴、保健等基本民生问题，还要重视老人的心理健康。戴维和帕西奥斯（Davey & Patsios，1999）以社区居家养老服务内容的差异为依据，将其划分为正式照顾和非正式照顾两个方面。正式照顾是由政府及养老机构提供，非正式服务是由家庭成员、邻里提供。维（Wei，2015）建议为老年人提供全面的医疗保险服务，主要包括住院医疗、日常看护服务等全方位一体化的服务，加强医疗支持力度，进而提高老年人社区居家养老服务的满意程度。罗（Low，2015）进一步指出，医疗服务中应重点建设基层门诊的康复护理体系，按照老年人不同的需求对老年患者进行分类，提供有针对性的诊疗方案，在护理方面要健全护理人员的培训和考核制度。奥利维拉（Oliveira，2016）通过研究发现老年人对于社区居家养老服务内容项目的选择取决于居住环境状况以及自身健康状态。仵亦畅等（2014）与刘益梅（2014）对于社区居家养老服务具体内容的看法一致，都认为具体内容应该包括医疗保健、文娱服务、日常照护及其他四个方面。李涛明和游厚秀（2020）认为养老服务供给内容应基于老年人自身的需求，而老年人服务需求差异较大，通过探索性因子分析得出社区居家养老服务内容有生活照料、医疗服务、文化娱乐及信息咨询四类。也有部分学者重点关注于老年人的精神方面的养老服务供给。王振波和吴湘玲（2017）、晋一棋等（2019）都认为对老年人精神方面提供服务也很重要，提出可以从家庭供给方出发，为老人提供心理慰藉和精神帮助。同时，王丽敏（2016）发现老年人越来越多地追求心理精神层面的服务以及自我价值的实现，未来我国养老服务供给内容将进一步完善。查特吉（Chatterji，2015）采用了调研的方式得出老人身心健康状况与幸福指数成正比，并提出要加强对老年人精神和情感方面的照顾，提高老人自身幸福感等建议。除此之外，还有学者提出社区居家养老服务内容应该与时俱进。曾（Tsang，2012）认为社区居家养老服务可以较多地采用现代高科技技术以及智能设备等，通过高科技技术促进服务内容的更加丰富多元。同春芬和汪连杰（2016）、田钰燕等（2017）提出相关养老服务供给主体应该将"互联网＋"引入居家养老服务领域，密切结合老年人的需求特点和心理状况，促进服务转型与优化。睢党臣和彭庆超（2018）提出引入"互联网＋"，通过互联网可以充分整合各领域资源，通过互联网技术可以将老年人相关信息实时在各供给主体间传递，从而为老年人提供更专业化的智能养老服务。

（三）关于社区居家养老服务资金供给的研究

一些学者对社区居家养老服务供给资金来源进行研究。巴尔多（baldock，1992）研究了英国社区养老服务供给资金来源，发现私营养老金账户是主要资金来源，它主要由政府支持。毕红静和毕译方（2018）认为社区居家养老服务资金主要来源于政府的资金投入、福利资金、各界的资金捐助及养老机构的运作收入。赵春飞（2018）指出了社区居家养老资金供给存在的问题，认为政府财政资金投入是社区居家养老的主要资金来源，但是政府的投入机制还不够成熟，资金在各部门周转，从而降低了使用效率。

还有学者对社区居家服务资金供给中所存在的问题进行研究。穆光宗和朱泓霏（2019）结合我国当前居家养老的现状及"虚拟养老院"盛行的情况，总结经验优势，并提出目前城市社区居家养老存在的问题主要是政府财政压力过大，无法持续性地对养老服务进行资金投入。孟磊和李雪（2019）提出当前城市社区养老服务存在着资金不足且资金来源渠道较为单一的问题，主要原因有：政府除出资社区基础设施建设和日间照料中心外，其他方面投入较少；社会公益组织提供的资金有限；服务收费方面几乎没有收入，因此需要进一步拓宽养老服务资金的来源渠道。成海军（2019）也指出了同样的问题，目前我国社区居家养老资金主要来源于政府且社会资金不足，部分欠发达地区和贫困地区由于资金供给不足的问题，社区养老服务工作难以正常有效地开展。梁海艳（2019）指出如今老人养老需求更加多样化，这就对社区养老服务设备设施、服务人员水平、养老服务项目提出了新的要求，仅仅依靠政府的资金支持将难以满足未来老年人的需求，未来居家养老服务资金供给匮乏的现象可能更加严峻。

（四）关于社区居家养老服务供给方式的研究

成海军（2019）对我国社区居家养老服务模式的探索进程进行梳理，提出从2001年开始，国内的居家养老服务供给主要有上门服务和日间照料服务两种方式。张奇林和赵青（2011）针对目前我国社区居家养老情况，提出养老模式的分层设计，针对服务对象即老年人自身的状况，如自身健康情况、能否自理、是否独居等情况分层次提供社区居家养老服务，使得服务的提供更有针对性、更具个性化。青连斌（2016）对于社区居家养老服务供给方式的研究从政府主导、社会力量主导、社会非营利的组织开展的居家养老服务供给方式三个方面进行，具体服务供给形式具有多样性和多层次性。王丽敏（2016）研究发现目前大多数的城市乡村社区提供养老服务的方式主要有：提供养老服务基础设施，如养老床位等；服务人员提供上门服务，如一日三餐送餐服务；有关人员定点为老年人提供服务，如各种咨询服务等，其服务的内容及方式也在逐步完善。泰勒（Taylor, 2015）认为社区居家养老服务供给途径还是主要以家庭为中心进行提供，家庭内部提供定期打扫等的家政卫生服务，都属于日常服务，家庭外部主要为老年人提供交通运输等服务，属于不定期服务。

（五）关于社区居家养老服务供给质量的研究

一些学者对社区居家养老服务供给现状进行了研究，查普曼（Chapman，2003）提出在现实情况中，各方主体的社区养老服务的资源供给往往过于分散，不能集中有效率地进行调配和应用，降低了养老资源的使用效率。李放和王云云（2016）认为社区居家养老服务利用率和服务内容覆盖率均较低。屈朝霞等（2011）分析了当前社区居家养老服务保障供给现状，认为社区居家养老服务存在总体水平偏低、供给层次较少、经费投入不足、专业人才匮乏等问题。耿相魁（2012）重点关注独生子女家庭的养老问题，指出独生子女家庭养老服务仍面临严峻挑战，主要体现在养老产业滞后、医疗服务缺失等方面。郝勇（2017）认为目前我国社区居家养老服务存在一些弊端，即服务供给的品种少、供给具有同质化特点，服务覆盖的范围不全、服务形式过于简单单一；提出今后社区居家养老服务要基于老人的需求，从而提高老年人购买养老服务的欲望。郑新等（2018）强调了老年教育的重要性，认为它属于养老服务精神方面的一部分，认为其目前供给存在资源供给有限、经费投入不足、分配不均等问题。钟雯等（2020）以河北省保定市城市社区作为调研对象，认为当前城市社区居家养老存在资金投入力度不足、服务参与主体少、专业养老队伍缺乏以及市场化发展程度较低等问题。崔树义等（2020）调查了山东省1200名老年人的情况，调研结果表明目前社区居家养老服务仍存在供给数量不足、供给质量有限、医养结合不充分、缺乏政府政策支持的现象。徐庭柯等（2022）通过空间自回归方法进行分析，发现我国社区居家养老服务供给强度有所提升，但总体来说仍然处于供给不足的状态，服务供给的覆盖率有所上升但是发展仍不均衡。一些学者从社区居家养老服务供给人员的角度分析。卡琳（Karin，2012）研究发现，社区护理人员面临薪资待遇低、工作压力大、社会地位低的困境，因此其工作积极性往往不高，这在一定程度上降低了社区养老服务供给的质量。肖云和杨光辉（2013）、朱文刚（2019）通过对社区养老服务人员队伍的调查，对养老服务人员供给质量进行了分析，结果表明养老服务人员队伍的员工年龄普遍偏高、培训力度偏低、专业化程度不高且人员不稳定，导致社区养老服务供给不稳定。一些学者从社区居家养老服务供给城乡、地区差异的角度分析，张新辉和李建新（2019）基于 2005～2014 年的 CLHLS 数据进行分析发现，我国城乡、地区之间社区居家养老服务供给存在严重不平衡的状况，农村和中西部地区的老年人需求往往比较大，而养老资源供给不足。丁煜和王玲智（2018）发现农村老年人存在与城市老年人不同的对于社区居家养老服务的"强需求"和"弱表达"的矛盾行为，认为这种状况的出现主要是由于农村养老服务供给的效率更低。封铁英和马朵朵（2020）测算了社区居家养老服务资源分布的均等性，研究发现资源分布的均等化程度有所下降，且在区域之间存在较大的差异。曲绍旭和郑英龙（2020）认为由于城乡、地区之间的老年人经济环境、生活习惯等方面存在差异，因此社区养老服务的供给也会出现差异，目前养老服务资源配置的公平性、均等性依然较差，这就会对社区养老服务供给的质量产生不良影响。

还有学者构建了养老服务供给质量评价体系。一些学者建立了综合评价体系。多那比第安（Donabedian，1988）、朱亮等（2019）提出养老服务质量评价可以从结构、过程、结果来进行，结构指的是提供养老服务的硬件设施、基础设施的条件的好坏，过程指的是服务供给主体提供服务的具体过程和方式，结果指的是老年人对于服务的自身感受。一些学者主要基于老年人感知展开研究。凯恩等（Kane et al.，1988）构建了评价养老服务机构服务供给质量的评价机制，主要从老年人自身的情况进行评价，包括健康情况、满意度、社会活动、躯体功能、认知能力五个方面。赵娜和方卫华（2017）主要从可靠性、保证性、有形性和反应性四个维度分析城市养老机构服务质量。章晓懿和刘帮成（2011）借助 SPSS 和 PSL 等统计分析软件，采用主成分分析法，构建了城市社区居家养老服务供给质量评价的结构模型，并应用该模型以上海市为例进行分析，得出上海市社区居家养老服务已经逐步得到规范化发展的结论。包国宪和刘红芹（2012）利用建立的绩效分析模型，对政府购买养老服务的效率和结果进行分析，并从两个方面进行了评估：一是政府购买居家养老服务的效率；二是老年人对于服务的自身感受和评价。一些学者基于老年人满意度建立评价体系展开研究。廖楚晖等（2014）基于模糊综合评价方法，对我国一线城市的社区居家养老的老年人进行调研，收集其对于生活服务、精神慰藉等方面的满意度数据，研究发现虽然政府在不断增加补助的资金数量，但是养老服务的质量仍然受很多因素的限制，如经营成本过高、养老服务功能不够健全等，服务质量有待提高。还有一些学者基于公共服务的质量建立服务质量评价指标体系。章晓懿和梅强（2014）根据绩效评价"4E"理论，将公平、效率、效果、经济作为评价要素。胡光景（2012）提出养老服务形成、输送和接受阶段都会影响政府购买养老服务的质量，因此应该对其每个阶段的政府参与、服务机构服务对象等进行绩效评估。一些学者利用 SERVQUAL 模型进行研究，科德罗等（Cordero et al.，2014）基于 SERVQUAL 模型，调研了某个老年医疗保健院，发现医生的医疗技术、服务人员的服务专业化水平、医生护士的耐心程度会对卫生保健院的服务质量产生影响。拉普雷（Lapré，2013）构建了 6 个维度和 27 个尺度的养老服务质量评价体系，通过回归分析，确定各因素与服务质量、老年人满意度的相关性。研究发现，重要程度与感知的质量无关，而反应性、经验、好客、礼貌及个人方式则可作为衡量服务品质的标准。郜朋辛等（2015）建立了一个简单的养老服务标准化模型，并通过模型验证进一步发现，在我国的养老服务标准中，标准的数量和质量都与当前的需求存在着很大的矛盾，现有的养老服务标准将会制约未来养老服务市场的完善和发展。温海红和王怡欢（2019）基于 SERVQUAL 模型，利用陕西省三市调研数据进行分析，得出目前我国养老服务质量较低的结论，并从制度、经济、技术、服务人员和个人五个层面分析了其影响因素。

二、关于社区居家养老服务需求的研究

（一）关于社区居家养老服务需求种类的研究

随着人们思想观念的转变，老年人的需求特征发生了不同程度的改变，这就导致传统的家庭养老模式受到严峻挑战（刘晓梅，2012）。他们希望社区护理能够通过有组织、专业和客观的方法来评价他们的个人需要，提供清洁工作、户外活动及进行私人活动，此外，他们还需要利用这些服务来进行社交活动（Valkila et al.，2010）。

一些学者对老年人社区居家养老服务的具体需求进行了研究。景天魁（2015）指出生活条件越来越好的老年人的需求不仅限于基本生活保障的

服务，而且对于医疗保健、精神等的需求更加趋向多元化和多维度发展。耿永志（2013）通过对石家庄市老年人进行抽样调查发现，老年人对于养老服务医疗方面的需求较高，因此社区居家养老服务中心应该加强医院与社区卫生机构的合作，以此来为老年人提供更加多样化、更加个性化的养老服务项目。周伟文等（2001）通过调研的方式发现城市老年人对于养老服务需求最高的是医疗保健，其次分别是精神慰藉、文化娱乐、生活照料以及经济需求。李斌等（2016）同样是通过调研的方式进行研究，得到老年人对于养老服务的需求强度由大到小依次为医疗健康、精神、餐食以及日常家务，在服务项目方面，对于餐厅、社区配药、日常维修、家政等需求更大。丁志宏和曲嘉瑶（2019）以需要照顾的老年人为对象，运用国家数据进行实证分析，结果显示老年人对于上门就医的需求最大，其次是日间照料、家政服务及护理服务，老年辅助器具租赁及助浴服务需求相对较少。孟娣娟等（2020）根据魅力质量理论和 Kano 模型的原理，把老年人养老服务需求细分为必备需求、一维需求等种类。崔树义等（2020）根据马斯洛需求层次理论展开研究，在此理论基础上，根据需求实现的目的以及满足的领域，把老年人养老服务需求分为生存需求、情感需求以及精神文化需求、自我实现需求等。黄匡时（2016）主要调查了影响中国老年人长寿的因素，通过研究发现老年人对于养老服务中日常生活照料服务的需求水平较高。毕肖夫等（Bischoff et al.，2013）认为在老年人的生活保障方面，社区居家养老起到重要作用，并且在养老服务中，除去基本的养老生活需求以及老年人的照料需求，还需要满足老年人生活精神上的需求。因此，社区应该根据不同的老年人需求提供相应的服务。金尼（Kinney，1996）通过对 65 岁以上老年人的调查，发现 19% 的老年人有对日常生活照料服务的需求，如吃饭、穿衣、洗澡等服务；25% 的老年人有理财、家务等方面的服务需求。李文君（2011）通过调研和实证的方式，发现老年人对于社区居家养老服务需求最大的是精神慰藉，说明老年人更渴望得到精神上的关怀。王先菊（2016）倡导将中医药治疗需求、晚年健康咨询需求、健康教育需求纳入养老服务需求中。汪凤兰等（2017）结合实际情况，通过对唐山市社区居家养老的情况进行分析，发现不同的老年人对社区提供的居家养老服务的需求种类和要求有所不同，具体而言，大多数老年人会选择无偿的养老服务，对于需要自费的服务项目需求并不大。黄启原等（2021）基于中国老年人健康长寿影响因素追踪调查数据分析得出，目前最受老年人关注的社区养老服务项目是家访照顾服务，其次是医疗保健知识教育，最后是日常购物服务，由此可见，老年人对于生活照顾和健康两方面的需求水平较高。卡瓦乔等（Carvacho et al.，2021）通过调查问卷的形式，对有关中长期照护的老年人需求进行调查，发现老年人未被满足的需求主要包括陪伴、心理困扰、亲密关系等。除此之外，还有学者对老年人养老服务营养需求方面进行分析。萨费尔等（Saffel et al.，2019）、马歇尔等（Marshall et al.，2017）认为一些老年人对养老服务中的营养支持比较关注，尤其是一些肥胖和身体虚弱程度较高的老年人，因此需要提高社区居家照护工作者营养管理方面的知识。

　　随着老龄人口的不断增多，老年人群体也呈现多层次的特点。学者们基于老年群体的差异性，分群体对其养老服务需求的研究也越来越多。部分学者基于城乡差距对社区居家养老服务需求进行研究。田北海和王彩云（2014）通过对城乡老年人的不同养老需求进行分析，得出结论：身体机能和健康状况较差的老年人在医疗服务与心理慰藉方面的需求更强烈；独居老人、空巢老人对社会养老的需求相对更高，所以应该加强对这些老年人的关注。胡宏伟等（2011）研究发现，城乡居民的居家养老服务项目与需求水平均有差异。由于文化程度等因素，城镇老年人对社区养老服务的接受程度比农村老年人高，而且在精神安慰等方面的需求也比农村老年人高，因此，当前的社区养老服务需要更好地适应农村老人的需要，因为就餐、理发等服务更能满足他们的需要，而城市老人的居住条件相对比较好，仅仅是文化娱乐方面比较契合需求。一些学者分年龄段，重点对高龄老人的社区居家养老服务需求进行研究。王建云和钟仁耀（2019）通过对上海市一条街道上的老年人的年龄分级分析，发现不同年龄段的老年人对于社区提供的基本养老公共服务需求都很高，而对于单独的心理安慰服务和上门就医的养老服务需求较低，其中高龄老人对一些紧急救助服务的需求最高。侯冰和张乐川（2017）以上海市中高龄独居老人为例，分析了社区居家养老服务需求层次及优先满足序列，发现中高龄独居老人对于生活的安全性重视程度最高，对于健康检测等方面的服务需求较高，同时对一些硬件设施设备也有较高的需求。还有学者对于失能老年人的社区居家养老服务需求进行研究。蒋玲玲和熊吉峰（2011）、郭延通等（2017）、张志元和郑吉友（2018）等研究表明，由于失能老人生活自理能力较差、健康情况不佳，所以和健康老人相比，失能老人在各方面的养老需求的要求上也较高，并且主要集中在生活照料、医疗服务方面，除此之外，失能老人对于一些养老服务设施有较大的需求。

（二）关于社区居家养老需求的影响因素的研究

一些学者从老年人自身情况和观念等方面进行研究。连祎晓等（2016）以河南省老年人为例，研究发现影响老年人对社区不同服务需求的因素不同，其中老年人的年龄和健康水平因素影响生活照料需求，老年人的性别和自理能力影响文化休闲需求更多。伍海霞（2017）认为影响社区居家养老的主要因素有性别、文化程度、收入等。姚虹和向运华（2018）通过对空巢老人这一群体的调查研究，对影响社区居家养老的因素进行补充，认为健康状况、空巢原因、婚姻状况等也起到一定的影响作用。杨亚哲（2018）通过研究得出结论：由于老年人年龄、性别、生活经历、性格特点、教育程度等方面具有异质性，老人对社区居家养老的需求也有不同程度的差别，因此需要有针对性地提供个性化服务。蔡山彤和敖楹婧（2016）通过实证研究认为，影响老年人日常生活照料与医疗护理服务需求的主要因素为年龄和身体健康状况。王丹等（2015）基于分层多级抽样法，对乌鲁木齐市老年人的需求数据进行分析，得到如下结论：老年人的年龄和其受教育程度会对居家养老服务需求有正向的影响，年龄越大、健康状况越差往往会有更高的需求；而老年人的子女数和婚姻状况会产生负面的影响，配偶健在、子女较多且能给予日常照料的老年人对于养老服务需求往往会较低；而性别和收入没有显著影响。杨黎和薛雅卓（2020）运用 Logistics 回归进行实证研究，重点关注了失能老年人群体，认为年龄、患病情况的严重程度是影响其对于居家养老服务需求的主要因素。在年龄因素层面，莫若马修等（Muramatsu et al.，2010）通过研究发现，老年人的生活行为和认知能力会随着年纪的增长而降低，因此需要社区照料，特别是精神照护方面的需求会增加。在国内，学术界也广泛地认为，随着人们的年纪越来越大，他们的生理功能会越来越差，需要更多的健康和康复服务（陆杰华和周婧仪，2019）。但是也有学者提出不同的看法，王（Wang，2009）提出年龄对于老年人的养老服务需求的影响存在

"非线性"关系，年龄对其影响程度，还需进一步判断。在老人性别因素层面，迈耶（Meyer，2005）通过统计发现老年女性的寿命普遍要比男性长，虽然她们一辈子都在照看别人，但是到了晚年，她们更容易孤单，缺少照顾，因而对社区居家养老服务的护理和精神慰藉需求也会增加。埃克特等（Eckert et al.，2004）、哈娜等（Hana et al.，2019）重点关注了性别差异，他们也发现老年女性在日常照料、居住、交通出行、联络和紧急服务方面的需求比老年男性更大。但是贾云竹（2001）却对此有不同的观点，她认为在性别方面，女性往往生活自理能力较强，所以相对于老年男性来说对社区居家养老服务的需求会较低。柯等（Ko et al.，2019）认为女性与男性的需求差异主要表现在养老服务具体项目和内容方面，女性相对于男性，在日常生活的照护服务上有更多的需求，而男性和女性相比，更需要精神慰藉方面的服务。在文化程度因素层面，尼尔里（Neary，1993）通过对女性老人社区照料服务使用影响因子分析，发现文化程度对社区居家养老服务需求有显著影响，结果显示：文化程度越高的老年人对管理者作风及获取服务的了解越深，越能更好地利用社区护理服务，并能更有效地配合服务。在国内，大部分学者也认为文化程度会影响老年人的养老服务需求，文化程度越高，对于精神心理慰藉、文化娱乐等服务项目的需求越高（沈超等，2016；任娄涯等，2019；陈玉娟等，2017）。在老年人自身健康状况因素层面，布克曼和金布莱尔（Bookman & Kimbrel，2011）认为老年人自身健康状况决定了其对生活照料和医疗服务需求程度的高低，尤其是对医疗护理的需求。同样，阎志强（2018）也指出健康状况越差、生活不能自理的老年人对于医疗服务和生活照料的需求越高，同时这类老年人无法参与社会活动，往往会出现家庭情感缺失的情况，因此其对于精神慰藉方面的需求也会增大。在婚姻状况因素层面，邓莉莉和周可达（2014）指出无配偶老年人相对于有配偶老年人群体更需要医疗护理服务以及心理精神慰藉服务。除此之外，王琼（2016）分析认为受我国传统文化观念等的影响，中国老年人所具备的崇尚节俭、为子女着想等品质在一定程度上抑制了老年人对社区居家养老服务的需求。

　　还有一些学者研究了老年人所处环境和外部条件等方面因素。刘艺容和彭宇（2012）基于湖南省部分老年人的调研数据分析认为，影响社区居家养老需求的因素有许多，除去老年人个人因素，还有养老资金投入、居住的环境情况、养老基础设施等社会因素。凯塞尔（Kessel，2013）认为社区、护理人员、工作人员的社会支持，以及获得资源、社会政策的外部环境因素也会影响老年人的养老服务需求，除此之外，还有交通、医疗等宏观因素的影响（Ford et al.，2016）。李放等（2013）基于非条件多元（Logistic）模型，得出结论：老年人所居住城市的经济发展状况以及老年人自身对居家养老方式的接受度会对居家养老服务需求产生正向影响。在居住方式方面，米诺夫等（Meinow et al.，2005）对瑞典家政服务分布调查显示，与家庭成员一起生活会降低老年人对于社区照料服务的需求程度。张国平（2014）也通过实证研究发现，不同老年人会选择不同的居住方式，如独居、与配偶同住、与子女同住的居住方式，会影响老年人养老服务的需求，独居老人对养老服务中的日常照护服务以及医疗服务的需求往往更高。葛屋等（Kuzuya et al.，2011）采用多变量 Cox 模型对老年人进行分类，并提出独居老人以及经济状况较差的老人更需要居家养老，且对于受过专业培训的护士的需求较高。杨望等（2014）研究了养老服务分类项目需求的影响因素，其中影响日常照料需求的因素主要是老年人退休前的职业和目前的居住方式，独居的老人由于缺乏子女在身边所能提供的日常照料，往往会对外界提供的养老服务更加依赖，需求程度更高。在经济条件方面，陈志科和马少珍（2012）认为老年人的家庭经济状况决定了老人的潜在养老需要是否可以转化为现实需要，进而会影响老年人选择有偿性社区居家养老服务项目的偏好。王振振等（2016）提出大多数有一定自理能力的老年人出于家庭经济状况的考虑，更倾向于选择免费或者低价的休闲娱乐和社区养老服务项目，而不愿意接受价格昂贵的日常生活照料和医疗保健项目。同时还有研究显示，家庭收入对社区居家养老服务需求的影响不是"线性的"，而且当收入一直增长时，老年人的养老服务需求也不会无限增长（董亚红，2011）。除此之外，史薇和谢宇（2014）基于北京市老年人的调研，发现家庭可以提供的照料资源会影响老年人的养老服务需求，若家庭所提供的照料人数较多，老年人对社区居家养老服务的需求就会降低。

三、关于社区居家养老供需缺口测算的研究

针对该问题的研究成果主要集中在养老服务供需缺口、老年照护资源

供需缺口以及养老金缺口的测算三个方面，其研究方法为本课题的研究提供了借鉴。

（一）养老服务供需缺口的测算

卡梅隆等（Cameron et al.，1988）利用联合离散和联合连续的微观模型测度了澳大利亚养老医疗保健的需求水平。丁志宏和王莉莉（2001）利用不同养老服务项目的数据，并从需求、供给、利用三个角度测算其"利用差"和"供求差"，测算发现养老服务的供给覆盖率不足、供给不足、供给利用率低，不能满足需求水平，供需缺口较大。而供需缺口大的问题在国外同样存在（Innes et al.，2012）。利兰克等（Lillrank et al.，2010）测度了养老服务项目中的医疗保健服务的供给和需求水平，并基于此分析得出七种不同的供求组合，构建 DSO 操作模式，以应对不同场景。张艳芳（2016）全面剖析了养老服务供求失衡的问题，利用经济学基本模型测算养老服务现行的供给和需求水平，发现需求和供给水平都在逐年增加，但是两者之间的差距越来越大。倪东生和张艳芳（2015）用有约束条件的定量公式对养老服务供给和需求水平进行测算，发现我国养老服务的供给和需求水平存在不平衡现象，且该差距不断加大，从 2009 年开始到 2011 年，其差距更大。武萍和周卉（2017）运用协调发展系数指标计算了养老服务供给总量，并进一步实证检验得出我国养老服务供给与人口老龄化变化之间没有形成协调发展的状况。郭丽娜和郝勇（2018）基于多方多维数据，对城市居家养老服务的供给和需求水平进行验证分析，发现总体上供不应求，并且在未来一段时间内会成为常态。张新辉和李建新（2019）基于 CLHLS 数据对我国社区养老服务的供给和需求水平大小之间的对应关系以及变化趋势进行测算，发现 2005～2024 年 20 年间存在供给小于需求的供需缺口，且缺口先增加后减小，利用双变量概率（Bivariate probit）模型进一步分析发现城乡和地域之间的供需缺口更大。王梅欣（2022）构建了老年人社区居家养老服务供给和需求模型，采用 Logit 回归的方式对当前养老服务供需失衡的问题进行研究。韩非和罗仁朝（2020）采用设施可达性测度方法对居家养老服务设施供需匹配的情况进行详细评估，发现越靠近边缘圈层居家养老服务设施与老年人口的供需匹配关系越好，而中心圈层较差。徐宏和商倩（2019）利用有约束条件的定量公式对我国养老服务资金的供需水平及缺口进行测算，进而对原因进行分析，提出用新型的政府与社会资本合作的 PPP 模式，来破解养老服务资金不足的困境。

（二）老年照护资源供需缺口的测算

李成波（2013）运用浙江省绍兴市数据，采用系数测算方法，测算了照护资源的供需缺口。黄匡时（2013）从一种动态研究的视角出发，测算了未来我国老年护理资源的供需平衡状况，并分别从养老机构、床位及工作人员三方面进行测算，发现我国养老服务资源仍然面临很大缺口。王朋岗（2019）基于 CLASS 数据，采用老年人综合评估方面的计分处理法建立了养老服务资源的供需指数，重点关注家庭养老的资源，测算了其供需缺口问题，并对风险人群进行分类识别。还有学者重点研究了老年照护资源的需求测算。莫利等（Malley et al.，2006）基于 PSRU 模型，采用了规范分析的方法分析老年照护服务对象、具体内容以及老年人具体需求，并进一步测算了需求水平。维兰德等（Wieland et al.，2013）重点关注了具有身体障碍的老年群体，构建了健康赤字模型，并运用此模型来测算老年人对于服务的需求水平，借助研究结果为老年人设计出新的护理方案。曾毅等（2007）运用多状态生命法估算老年人失能率、健康转移率以及护理费用，并估算了老年人人口的具体数量，来衡量老年人照料需求。朱铭来和贾清显（2009）在分析中国老年人群特点的基础上，参照国际对于老年人照料护理的有关规定，计算了我国老年人长期护理的需求和费用。彭荣（2009）、何文炯和洪蕾（2013）运用 Markov 模型，与美国"老年护理"数据相结合，测度了我国 65 岁及 65 岁以上老年人的护理需要。段培新（2015）以中国健康与养老追踪调查数据为例，采用 Markov 模型，测度了上海市的老年照护社会救助的需求。

（三）养老保险基金缺口的测算

在养老金保险基金缺口的问题方面，国内外学者具体分析了各自国家养老金的缺口情况，深入研究了养老金能否可持续运营的问题。巴托奇奥（Battocchio，2004）、霍尔兹曼（Holzmann，2005）把美国作为研究对象，认为在现有的养老保险制度体制下，养老金的累计结余将会在 2030 年左右消耗用光，养老金将首次出现基金缺口，此后缺口持续增大。埃尔恩特劳等（Ehrentraut et al.，2005）使用代际核算的方式，主要对德国的养老金基金缺口问题进行了研究，并给出了针对未来养老金亏空问题的改进方案。肖文（Shoven，2007）以人口预期寿命为切入点，表明随着人们预期寿命的不断增加，领取养老金的人数将会不断增多，养老保险的支付压力会越来越大，养老保险将会出现缺口，财务可持续性面临着风险。曾（Zeng，2011）对中国未来的养老金赤字进行了预测，并指出适度延后退休时间以及放开二孩政策会在一定程度上缓解赤字。

从养老保险基金的测算方法来看，我国主要采取精算方法。冯兰和冯中朝（2012）通过对农村人口特点等因子变量的分析，对我国新农村养老保险的供给与需求差距进行了测度，结果表明，在今后20年内，我国新农村养老保险的供给与需求差距仍将持续扩大，账户依旧收不抵支。张冬敏和张思锋（2012）通过建立"分账账户"的精算模型，对四种跨省流动方式下的陕西省2006～2050年的养老金缺口进行了测算，结果表明，2032年陕西省的养老金将耗尽，而2050年的养老金缺口将超过60亿元人民币。王晓军和任文东（2013）利用构建的精算模型，对我国的养老保险基金的收支状况进行了计量，并对其进行了长期的精算均衡预测，最终提出了养老保险基金在未来可能会出现的财政赤字状况。刘学良（2014）在构建了一个养老金精算模型的基础上，对中国的职工和居民养老金的收入与支出进行了预测，计算的结果显示，假设将来政府以财政补助的形式对养老金制度进行筹资，那么由于养老金不足产生的隐性负债折现到2010年总额巨大，养老保险未来将面临严重的偿付危机。彭碧荣（2015）在结合了养老保险可持续性理论的前提下，运用实证分析方法得出了当前统账结合的养老保险制度具有不可持续性的观点。封铁英和牛晶晶（2015）基于老龄化高峰期的养老金缺口精算模型，对农村养老金收支以及差额进行测算，研究发现陕西省养老基金收支严重不平衡，且缺口规模呈现快速增长的趋势，养老保险基金面临着不可持续的风险。于洪和曾益（2015）同样使用了一种系统的精算模式，从当前的人口结构来看，到2030年，基础养老金将会出现赤字，到2050年，基础养老金的累积账户也将会出现赤字。姚金海（2016）建立两期时代交叠模型对中国人口老龄化与养老基金缺口之间的关系进行研究，并预测2021年养老基金个人账户"空账"的现象将更加严重，甚至到2039年个人养老金账户将出现全部空账并会给财政带来更大压力。何冬梅（2017）建立了一个养老保险基金的供求模型，按照养老金替代率，将其划分为低、中、高三种方案，并在纵向上对未来15年的养老保险基金的供求缺口进行了具体的预测：当养老金替代率为低水平时，2026年出现缺口；中水平时，2023年出现缺口；高水平时，缺口一直存在且逐渐加大。张秋秋等（2017）通过对不同替代率和缴费率的假定，对今后城市企业职工养老保险统筹基金的收支平衡进行了预测，结果表明，在不同的假定下，养老金的收支缺口存在着差异，同时也表明，今后养老金的支付压力将会相对较大。田月红和赵湘莲（2018）采用蒙特卡洛随机仿真法，计算出在目前的养老金制度下，到2034年，养老金的累积余额将全部用完，到2090年，养老金的累积缺口将会达到3353万亿元，如果延迟退休，则可以推迟养老金出现缺口时间3~7年。邓大松和杨晶（2018）使用精算模型对全国统筹下的2018~2040年城市居民基本养老金的收支平衡进行了实证研究，发现在全国统筹下，城市居民基本养老金的当期余额是正的，但自2038年以后，其正向的余额却在不断缩小，这将导致未来中长期的城市居民基本养老金的收支失衡问题更加严重。巴曙松等（2018）、齐传钧（2019）假设我国城市居民基本养老保险的参保率降低到16%，按照目前的政策计算，2035年我国居民养老金的累积余额将全部用完，2050年我国居民的养老金缺口将达到10.3万亿元。赵亮和李灯强（2020）建立了一种以基金平衡为原则的精算模型，在新冠疫情背景下研究城镇医疗保险基金的可持续性，发现2020年基本养老保险基金账户收不抵支，但随着2022年经济复苏形势变好，2022年账户缺口开始缩小。王翠琴等（2021）建立了基金损益平衡精算模型，并对其进行了分析，得出2019~2035年城镇职工基本养老保险基金收支出现了收支缺口，并且资金的缺口占当年财政收入的比重越来越大。王朝才和李天舒（2022）基于城镇职工基本养老保险省级统筹数据，运用实证研究的方法发现养老保险省级统筹改革可以有效地缓解养老保险基金缺口。陈元刚等（2022）建立了两个模型，分别是人口规模和基金收支预测，对未来30年内的基本养老保险基金收支差额和累计滚存额进行了计算，得出的结论是，在2022年养老保险收支差额已经开始呈现出收不抵支的局面，到2026年累计滚存额结余将会耗尽且未来缺口将会越来越大。张琳琳等（2023）采用精算模型对我国未来15年的养老金缺口进行计算和预测，得出预计2035年中国养老金征缴缺口将达 30 万亿元的结论。

四、文献评述

综上所述，关于社区居家养老服务的供给、需求等问题，国内外学者都做了一些相关的研究，并且已经有了较为丰富的结果，这为本书的研究提供了一些经验参考和逻辑起点。但是在已有的研究成果中，大部分都仅限于对需求或供给的单方面的研究，其研究结果缺乏整体和系统性，对策建议缺乏针对性，对于河北省社区居家养老供需状况的研究更为罕见。鉴于此，本书拟在通过实地调研、人口普查、统计年鉴等多渠道获取数据资料的基础上，构建河北省社区居家养老服务供需测算指标体系和养老服务供需测算模型，对河北省社区居家养老服务供需数量、供需结构、供需时序等方面进行动态缺口测算，分析河北省社区居家养老服务供给的制约因素，探索适合河北省社区居家养老服务的政策路径，为河北省构建"老有所养"的养老保障体系提供政策参考。

第三节　研究内容和研究框架

一、研究内容

（一）河北省社区居家养老服务供需平衡相关理论研究

基于对生命周期理论、马斯洛需求层次理论、福利多元主义理论、代际关系理论、供求均衡理论、公共产品、公共服务理论、社会嵌入理论以及社区照顾理论等先进理论的总结和梳理，揭示养老服务需求与供给的内在规律，为河北省社区居家养老服务政策路径的设计提供理论支持。

（二）河北省社区居家养老服务需求状况研究

利用《河北统计年鉴》、《中国人口与就业统计年鉴》、《中国民政统计年鉴》、《中国卫生健康统计年鉴》、中国人口普查、1%人口抽查、Wind 数据库等统计数据以及调研数据，对河北省不同地区人群居住情况、年龄、收入水平、健康状况、养老意愿、养老观念等影响河北省社区居家养老服务需求的因素进行分析，了解河北省社区居家养老服务的需求规模、需求结构、需求层次、需求时序等需求状况。

（三）河北省社区居家养老服务供给状况研究

通过走访座谈和专家访谈等方式对人力资源和社会保障厅、社区等进行调研，并利用统计年鉴、大型数据库数据，对河北省社区居家养老服务政策、养老服务供给规模、供给模式、供给质量、床位数、入住率、入住人员构成等具体情况进行调查分析，了解河北省社区居家养老服务供给现状及存在的问题。

（四）河北省社区居家养老服务供需缺口测算

河北省社区居家养老服务供需缺口测算包括社区居家养老服务人员供需缺口测算、社区居家养老实物资源供需缺口测算以及社区居家养老养老金供需缺口测算三个方面。

（1）社区居家养老服务人员供需缺口测算。社区居家养老服务人员主要包括照料服务人员和医护人员，所以对于社区居家养老服务人员供需缺口测算分别就这两方面进行。基于人口预测、统计年鉴、人口普查、1%人口抽查以及大型数据库数据，选取河北省老年人口数、选择社区居家养老的老年人口数、半失能率、养老照料人员数、医护人员数等指标，构建社区居家养老照料人员供需缺口测算模型、社区居家养老医护人员供需缺口测算模型，测算社区居家养老照料人员供需缺口和社区居家养老医护人员供需缺口。

（2）社区居家养老实物资源供需缺口测算。基于人口预测、统计年鉴以及大型数据库数据，选取河北省老年人口数、选择社区居家养老的老年人口数、半失能率、养老床位数等指标，构建社区居家养老实物资源供需缺口测算模型，测算社区居家养老实物资源供需缺口。

（3）社区居家养老金供需缺口测算。构建养老金供需缺口测算模型，设定河北省就业与退休年龄、平均死亡率、城镇化率、城镇职工参保人数、职工工作第一年工资、遵缴率、年工资增长率、个人账户基金投资收益率、养老保险缴费率、养老金替代率、职工退休前一年平均工资、养老金调整率等参数，测算社区居家养老金供需缺口，并分析缺口形成的原因。进一步对参数调整缺口的变化情况进行了测算。

（五）平衡社区居家养老服务供需缺口的经验借鉴

总结借鉴英国、日本、美国、德国等发达国家以及中国的香港、上海、深圳、福州等典型地区社区居家养老的发展历程和运作模式，为设计河北省社区居家养老服务政策路径、解决养老问题提供新思路。

（六）平衡河北省居家养老服务供需缺口路径设计

一是完善河北省社区居家养老服务养老供给体系。由于老年人的养老观念、健康状况、收入水平等不尽相同，而且同一主体在不同时期养老需求也不相同，因此应完善河北省社区居家养老服务供给体系，以满足多样化的社区居家养老服务需求。二是平衡河北省社区居家养老服务供需缺口的政策路径设计。本书主要从调整养老金收支状况、有效调整社区居家养老服务人员的供给状况、有效调整社区居家养老实物资源的供给状况、强化综合性的服务体系、提高社区居家养老资源有效利用率等几个方面进行政策路径设计，以实现河北省居民"老有所养"。

二、研究框架

基于对养老相关理论、历史沿革和基本国情的研究，提炼河北省社区居家养老服务政策设计的理论和现实依据；通过实地调研和统计数据，了解河北省社区居家养老服务供需状况及存在问题；建立精算模型，测算河北省社区居家养老服务动态供需缺口，分析造成缺口的原因，借鉴国内外的成功经验，设计河北省社区居家养老服务政策路径（见图 1-1）。

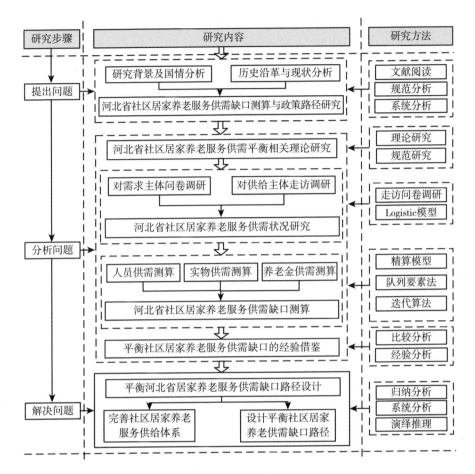

图 1-1 研究框架

第四节 研究方法和创新点

一、研究方法

(一) 理论分析法

基于对生命周期理论、马斯洛需求层次理论、福利多元主义理论、代际关系理论、供求平衡理论、公共产品理论、公共服务理论、社会嵌入理论以及社区照顾理论等先进理论的总结和梳理,揭示养老服务需求与供给的内在规律，为河北省社区居家养老政策路径的设计提供理论支持。

（二）实地调研法

通过实地调研了解河北省不同地区人群居住情况、年龄、收入水平、健康状况、养老意愿、养老观念对河北省社区居家养老服务需求的影响；通过走访座谈和专家访谈了解河北省社区居家养老服务供给现状及存在问题。

（三）实证研究法

本书通过 PADIS-INT 软件预测河北省 2021～2050 年分年龄段、分性别的人口数量，为社区居家养老服务供需缺口测算提供基础数据；利用 Logistic 模型研究影响社区居家养老服务需求的因素；构建精算模型对未来 30 年河北省、城镇及乡村社区居家养老服务供需缺口进行测算。

（四）比较研究法

比较分析英国、日本、美国、德国等发达国家以及中国的香港、上海、深圳、福州等典型地区社区居家养老的发展历程和运作模式，总结借鉴其成功经验，为设计河北省社区居家养老服务政策路径、解决养老问题提供新思路。

（五）系统归纳法

根据河北省社区居家养老服务供需现状及未来 30 年的预测结果，借鉴国内外平衡缺口的成功经验，提出河北省平衡社区居家养老服务供需缺口的对策路径。

二、创新之处

（一）研究内容的创新

以往学者对社区居家养老服务人员的研究大多是对照料人员的研究，对医护人员的研究较少，研究内容不够全面。本书不但测算了照料人员的供需缺口，而且测算了医护人员的供需缺口，为河北省构建"老有所养，老有所医"医养结合的社区居家养老保障体系提供政策参考。

（二）研究方法的创新

对于社区居家养老服务的研究前期大多是定性的研究，对于定量的研究比较少。本书构建了精算模型，对未来30年河北省、城镇及乡村社区居家养老服务供需缺口进行了测算，分析了造成缺口的原因，为河北省社区居家养老服务政策路径的设计提供数理支持。

第二章

社区居家养老服务供需平衡相关理论研究

本章通过对生命周期理论、马斯洛需求层次理论、福利多元主义理论、代际关系理论、供求平衡理论、公共产品理论、公共服务理论、社会嵌入理论以及社区照顾理论等先进理论进行总结和梳理，揭示社区居家养老服务需求与供给的内在规律，为河北省社区居家养老服务政策路径设计提供理论支持。

第一节 生命周期理论

生命周期，指人从出生到死亡的整个生命历程。生命周期理论作为社会学理论，探讨了人从出生到死亡的各阶段社会变化，其核心论点为：个人与家庭总是依据其一生的总预期收入来进行储蓄与消费的安排，使一生的收入与消费相等。为达成一生效应最大化的目标，每个时间节点上个人或家庭对于储蓄与消费的决策都是基于整体收入的当期最优分布。生命周期理论的基本假设是：消费者是理性的、消费品价格保持稳定不变、家庭不接受或留下遗产、无退休后收入。生命周期理论主要由个人生命周期理论和家庭生命周期理论两方面理论构成。

一、个人生命周期理论

（一）个体生命周期

个体生命周期是由美国心理学家爱利克·埃里克森（Erik Erikson）在 20 世纪 50 年代提出，指的是人类从出生到死亡的不同生命阶段。埃里克森将人类生命分成了八个阶段，认为人类在每个生命阶段都将面临着特定的挑战与机遇，这些经历将对其生活的行为方式、态度及心理产生重要的影响。个人生命周期八阶段如图 2 - 1 所示。

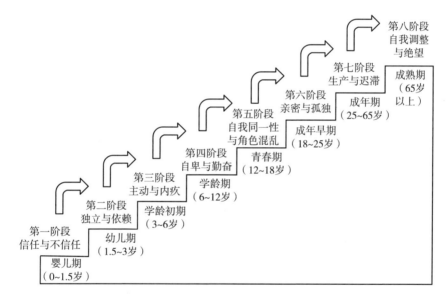

图 2 - 1　个人生命周期的八个阶段

个人生命周期的八个阶段分别对应的是八个不同的核心任务，当各个阶段的任务得到较为恰当的解决，个人将能获得较完整的同一性，反之则会出现同一性残缺、不连贯的状态。

第一阶段为婴儿期（0～1.5 岁），此阶段是信任与不信任的心理冲突期。在这个阶段中，如果信任感得到良好建立，具有信任感的儿童将富于理想、敢于希望；反之，则不敢希望、不信任，时时担忧自身需求得不到满足。

第二阶段为幼儿期（1.5~3岁），此阶段是独立与依赖的心理冲突期。在这个阶段中，如果儿童能养成良好的习惯，训练社会化，能够帮助其养成独立自主感与自我控制能力；反之，则会产生依赖、怀疑的心理。

第三阶段为学龄初期（3~6岁），此阶段是主动与内疚的心理冲突期。在这个阶段中，如果儿童的主动探究行为能够受到良好的鼓励，就能够形成主动性；反之，则会逐渐失去自信，产生内疚感。

第四阶段为学龄期（6~12岁），此阶段是自卑与勤奋的心理冲突期。在这个阶段中，儿童在学校接受教育的过程中，如果能顺利完成学习课程，则会获得勤奋感；反之，会产生自卑的心理。

第五阶段为青春期（12~18岁），此阶段是自我同一性与角色混乱的心理冲突期。在这个阶段中，青少年的主要任务是面对自身的本能冲动高涨以及新社会要求和社会冲突所带来的困扰与混乱这两种问题，建立新的同一感；如果建立失败，会造成角色混乱。

第六阶段为成年早期（18~25岁），此阶段是亲密与孤独的心理冲突期。在建立亲密关系的过程中，具有牢固自我同一性、能够自我牺牲或损失的青年人能够建立真正的亲密无间的关系，获得亲密感；反之，将产生孤独感。

第七阶段是成年期（25~65岁），这个阶段是个体生产与心理迟滞的冲突期。在这一时期，如果个体能够展现出爱与关怀，承担对下一代的抚养以及通过工作实现自我创造，那么他们就能培养出关爱他人的品质。相反，如果个体在这一阶段无法实现这些行为，就有可能导致人格发展滞后，形成自私的品质。

第八阶段为成熟期（65岁以上），此阶段是自我调整与绝望的心理冲突期。在这个阶段中，老年人需要根据自己的身体健康状况作出相应的自我适应与调整；反之，将会产生绝望的心理。

（二）生命周期消费理论

生命周期消费理论也叫作生命周期假说，是由美国经济学家莫迪利安尼（Modigliani，1954）等提出的。其作为生命周期理论的理论基础，对西方经济学的消费理论研究作出了重要贡献。该假说认为，所有经济体总是依据其整个生命周期的预期收入来进行自身消费和储蓄的合理规划与分配，实现储蓄与收益的平衡，从而达到一生效用最大化的目的。每一阶段中人们对消费和储蓄的决策，反映在整个生命周期中，都是当期最理想的决策。因而，每个人在不同阶段的消费水平，都取决于其当前所在的生命周期阶段，以及整个生命周期内的可支配收入。生命周期假设有两个前提条件：一是经济体是理性个体，能够合理消费；二是经济体的目的为实现效用最大化。生命周期消费理论认为，个人依据整个生命周期作出自身消费和储蓄的规划，人的一生会因为处于不同的生命阶段而有不同的消费和储蓄。个人的财务生命周期曲线如图 2–2 所示。

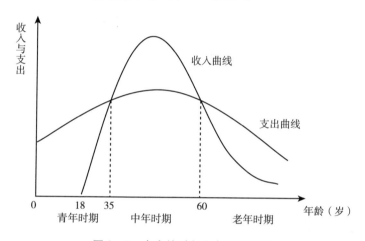

图 2–2 个人的财务生命周期曲线

根据个人的财务生命周期曲线，可将人的生命周期分为三个阶段：青年时期、中年时期和老年时期。青年时期为 18～35 岁，在个人处于青年时期时，个人边际消费倾向较高，但是这个时期青年人刚步入社会不久，收入水平较低，因此在财务生命曲线中表现出消费大于收入的情况。中年时期为 35～60 岁，在这个时期，收入水平相较于青年时期明显提高，使得收入水平大于消费水平，因此在还清青年时期超前消费的部分后，还能为老年生活作出提前的储蓄。老年时期为 60 岁及以上，此时个人收入水平低于消费水平，出现收入不足以支撑消费的情况，需要依靠自己之前累积的财富来维持生活。

生命周期消费理论中的公式如下所示：

$$C = \alpha WR + \beta YL \qquad (2.1)$$

其中，α 代表个人财富的边际倾向，WR 代表个人拥有的总财富量，β 代表个人的边际消费倾向，YL 代表个人整个生命周期的收入。处于青年时期和老年时期的 β 值相较于中年阶段会更大，前两个时期的收入水平小于消费水平，后者的收入水平大于消费水平。

二、家庭生命周期理论

（一）家庭生命周期

20 世纪 30 年代，社会学家和心理学家开始关注家庭的演变与发展，认为家庭不仅仅是一个供给生活必需品、提供照顾的单位，还是一个有生命周期的社会组织。家庭生命周期理论最早由希尔（E. M. Hill）和汉森（W. J. Hansen）于 1939 年提出，该理论认为，家庭与个人一样具有生命周期，经历不同的生命周期阶段，每个阶段有不同的特征和挑战，而家庭成员会在不同的生命周期阶段根据需要来作出不同的选择。

美国社会学家格里克（P. C. Glick）于 1947 年提出家庭生命周期划分，将家庭生命周期划分为形成期、扩展期、稳定期、收缩期、空巢期、解体期六个阶段，如表 2 – 1 所示。第一阶段是形成期，在此阶段中，夫妻结婚，家庭形成；第二阶段是扩展期，在此阶段中，夫妻生儿育女，家庭开始扩张；第三阶段是稳定期，在此阶段中，子女陆续开始离家，家庭开始萎缩；第四阶段是收缩期，在此阶段中，子女全部离家，家庭出现"空巢"情况；第五阶段是空巢期，在此阶段中，夫妻中的一方去世，家庭开始解体；第六阶段是解体期，在此阶段中，夫妻中的另一方去世，家庭解体。

表 2 – 1　　　　　　　　家庭生命周期的六个阶段

阶段	起始	结束
形成期	结婚	第一个孩子出生
扩展期	第一个孩子出生	最后一个孩子出生
稳定期	最后一个孩子出生	第一个孩子离家
收缩期	第一个孩子离家	孩子全部离家
空巢期	孩子全部离家	配偶一方死亡
解体期	配偶一方死亡	配偶另一方死亡

（二）家庭生命周期理论

家庭生命周期财富分布特征如图 2-3 所示。20～40 岁是家庭积累财富阶段，40～60 岁是家庭整固财富阶段，在此阶段可以将家庭财富进行多元化的资产配置，也就是常说的"不把鸡蛋放在同一个篮子中"，进行风险评估来选择适合自己的投资类型，用风险分散来保证自己的收益。除了活期、定期理财，还可以选择优质的金融平台，通过实行专业化的资产配置方案来达到财富增长的目的。而在 60～90 岁是家庭消耗财富阶段，同时也进入退休岁月。换句话说，在 20～60 岁，家庭财富在逐渐的积累，而在60 岁以后，逐渐步入老年阶段，财富增加放缓，进入消耗财富阶段。而对于老年人来讲，消耗的不仅仅是金钱，还需要有人对其进行身心上的照顾才能够安度晚年，生命周期与养老有着密不可分的联系。

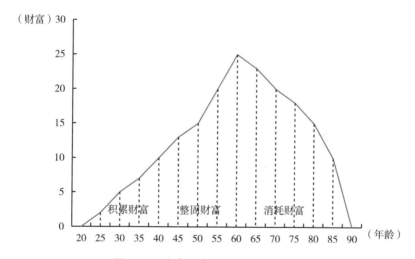

图 2-3　家庭生命周期财富分布特征

根据中国目前的实际情况，父母在子女就业之前，往往承担了其之前的消费支出。随着个人生命周期以及家庭生命周期的阶段推进，父母年老退休之后，个人收入水平低于消费水平，依靠之前的积蓄维持生活，这导致了个人的自我供需不均衡，容易让老年人陷入晚年贫困的窘境；当家庭进入空巢期和解体期，子女全部离家，由于子女的时间精力有限，家中老人将可能出现无人照顾的情况。在这种情况下，社区居家养老服务的应用与推广能够帮助子女缓解照顾老人的压力；同时，家庭代际的资金支持也尤为重要。

第二节 马斯洛需求层次理论

马斯洛需求层次理论是美国社会心理学家亚伯拉罕·马斯洛（Abraham Maslow）于 1943 年提出的。马斯洛认为人的发展和成长的内在力量是动机，而动机则由不同性质的需求所决定，人的需要是分层次的。他将人的需求由低到高分为生理需求、安全需求、社交需求、尊重需求、自我实现需求五个层次。马斯洛需求层次图如图 2 - 4 所示。

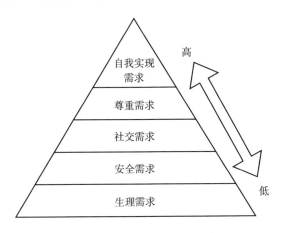

图 2 - 4 马斯洛需求层次示意

一、马斯洛需求层次理论的提出

马斯洛需求层次理论是基于两个最基本的出发点提出的。

第一，人的需求是分层次的，这些层次不但有高低之分，而且有实现的前后顺序差别。人的需求可以被分为低层次需求和高层次需求：低层次需求包括生理需求和安全需求，它们是人作为动物的生存本能所产生的基本物质需求，通常通过外部条件获得；高层次需求包括社交需求、尊重需求、自我实现需求，它们是人在发展的过程中逐渐形成的精神层面的需求，通常通过内部条件获得。

第二，较高层次的需求只有在较低层次的需求被满足之后才会产生，人只有在较低层次的需求得到满足之后，才会追求更高层次的需求。较高层次需求的出现不会导致较低层次需求的消失，但是会减少较低层次需求对行为的影响程度。

二、马斯洛需求层次理论的具体内容

第一层次为生理需求。生理需求是人最基本、最原始的需求，指衣、食、住、行等维持生存及延续种族的需求。如果人的生理需求没有得到满足，说明其生存受到威胁，则生理需求将会成为当前的主要动机。

第二层次为安全需求。安全需求是人对人身安全、劳动安全、生活安全等安全方面的需求。安全需求可以被分为两类：生理安全需求和心理安全需求。生理安全需求包括免受疾病的侵袭、免受外物的伤害等需求；心理安全需求包括免受焦虑和恐惧、生活稳定性、法律体制健全性等需求。

第三层次为社交需求。社交需求是人渴望与他人建立并保持一种感情深厚的关系，渴望在团体中有一个属于自己的位置，是一种归属感的需求。社交需求包括对家庭、朋友、同事等特定群体的需要。社交需求的个体差异较大，往往与自身生理特性、个人经历、文化、教育、宗教信仰等因素有关。

第四层次为尊重需求。尊重需求是人能够获得他人的认可和尊重，并能够维护自尊的需求。尊重需求包括两方面：内部尊重与外部尊重。内部尊重是指人希望自己能够在不同情况下有自信、有能力、能独立、能胜任；外部尊重是指人希望能受到他人的尊重、信任、高度评价，有地位、有名誉。

第五层次为自我实现需求。自我实现需求为最高层次的需求，指人能够忠于自己的本性，充分发挥自己的潜能和才华，实现自己的理想抱负。自我实现的需求是使自己能够成为自己所期望成为的人。

三、马斯洛需求层次理论的应用

基于马斯洛需求层次理论，可以将社区居家养老服务中的老年人的需求按照五个需求层次进行划分。生理需求方面：老年人由于年龄的增加，生理机能逐渐衰退，生活自理能力逐渐下降。社区居家养老服务需要为老年人提供生活照料方面的服务，来保障老年人的生理需求。安全需求方面：老年人由于年龄的增加，身体抵抗力降低，患病率提升。社区居家养老服务需要提供医疗护理，保障老年人生理安全的同时，也要注意关怀老年人的由于疾病或独居等因素产生的焦虑等心理安全需求。社交需求方面：一方面，老年人由于退休、子女离家及配偶离世等原因，失去了原有的归属感；另一方面，老年人由于身体健康、语言及活动能力等方面的影响，与社会接触频率减少。这两方面原因容易导致老年人产生孤独、焦虑、抑郁等负面情绪。因此，社区居家养老服务需要满足老年人的情感需求，做好心理保健工作。尊重需求方面：老年人在拥有自己的尊严的同时，也会希望能够得到他人的尊重。在老年人退休之后，部分老年人会很难调整自己的心态，而家庭中角色地位的转变也会使部分老年人产生自我贬低情绪。社区居家养老服务需要提供满足老年人尊重需求的服务，如陪聊、娱乐游戏等。自我实现需求方面：老年人在条件允许的情况下，希望能发挥自己的余热，实现自己在老年时光中的价值。社区居家养老服务需要提供如兼职工作、社区活动等方式的服务让老年人能够从实现自身价值的活动过程中获得幸福感。

不同的老年人对各层次的需求是不同的。由于家庭情况、经济条件、健康状况等自身因素，以及社区资源等外部因素，老年人的需求呈多样性。具体需求具体分析，在满足老年人需求的同时，考虑到个体的差异能够带给老年人更加幸福的晚年生活。社区居家养老服务要以生活照料、医疗护理等较低层次的服务为基础，在保障老年人较低层次需求之后，提供休闲娱乐等较高层次的服务。

第三节　福利多元主义理论

古典自由主义时期，人们认为市场力量是最重要的，公共政策只是作为市场机制的补充。而在经济大萧条时期，人们意识到政府处理市场失灵的无力后，认为政府应该对市场起到积极调控干预作用，此后福利国家兴起，部分国家政府直接为社会公民提供国家福利。

20世纪70年代，经济危机爆发，西方福利国家政府提供的国家福利难以为继。人们意识到仅仅只有国家政府提供的一元福利不足以保障自身权利，社会福利来源应该多元化，福利多元主义理论应运而生，逐渐取代了福利国家理论。

1978 年，英国的《沃尔芬德的志愿组织的未来报告》首先提出了福利多元主义的概念。福利多元主义主张政府不是社会福利的唯一供给者，认为福利的供给是依靠政府和全社会共同合作供给。

一、福利的提供主体

从福利多元主义理论的发展历程来看，根据福利提供主体的不同，可以分为两种划分方法：三分法和四分法。

（一）三分法

罗斯（1986）对福利多元理论首次进行了系统阐述，并对此提出了福利多元组合的理论，主要采用三分法，他把社会上的福利来源归结于三个部门，分别为家庭、市场、国家。罗斯认为福利是全社会的产物，脱离主体的任意部门都不能满足整体社会的福利需求。上述的三个部门都是整体社会的福利提供方，并且单独任意部门又对剩余两个部门有贡献，整体将三个部门提供的福利整合，就构成总的社会福利。

伊瓦斯（1988）借鉴了罗斯的福利多元组合理论，提出福利三角的研究范式，在此基础上，将罗斯的三个部门演绎为家庭、（市场）经济、国家三方，这三方共同组成一个福利整体。伊瓦斯将福利三角具体转化为组织、价值、关系，并且将福利三角的研究分析放在文化、经济、社会、政治的背景中，具体研究了三角的内在关系，如图 2 - 5 所示。

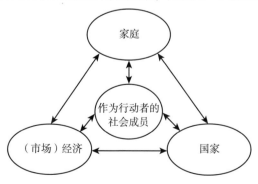

图 2 - 5 福利三角与行动者

家庭作为非正式/私人组织，体现的是团结、共有的价值，社会成员作为行动者建立的是与社会的关系；（市场）经济作为正式组织，体现的是选择、民主的价值，社会成员作为行动者建立的是与（市场）经济的关系；国家作为公共组织，体现的是平等、保障的价值，社会成员作为行动者建立的是与国家的关系。家庭是非正规福利的核心，（市场）经济提供就业福利，国家通过正规的社会福利制度对社会资源进行再分配。

（二）四分法

伊瓦斯和奥尔科（1996）在后来的研究中，对福利三角的研究范式持有相近的观点，并在此基础上进行修正，他们认为社会总福利的提供者不仅是福利三角中的三方，而是市场、国家、社区、民间社会共四个部门。在这四个部门中，尤其特别强调了民间社会在社会福利中起到的特殊作用，这一部门可以在不同背景下以及不同层次下同市场、国家、社区之间建立联系纽带，起到协调整体的作用，达到私人和局部利益与公共利益保持一致的目的，四个部门的特征如表 2-2 所示。

表 2-2　　　　　　　　　伊瓦斯的四分法中四个部门的特征

部门	市场	国家	社区	民间社会
福利生产部门	市场	公共部门	非正式部门/家庭	非营利部门/中介机构
行动协调原则	竞争	科层制	个人责任	志愿性
需方的角色	消费者	社会权的公民	社区成员	市民/协会成员
交换中介	货币	法律	感激/尊敬	说理/交流
中心价值	选择自由	平等	互惠/利他	团结
有效标准	福利	安全	个人参与	社会/政治激活
主要缺陷	不平等、对非货币化结果的忽视	对少数群体需要的忽视，降低自助的动机，自由选择的自由下降	受道德约束降低个人选择的自由，对非该团体的成员采取排斥态度	对福利产品的不平等分配，专业化缺乏，低效率

二、福利多元主义理论的应用

根据福利多元主义理论四分法，社会福利供给应该实现多元化发展，由国家政府部门、市场部门、社区部门、民间社会部门合力提供社会福利，实现四方功能互补、责任互担，从而有利于整合、高效利用各方资源，提升福利供给质量与效能。社区居家养老服务在发展过程中，也应该实现供给主体多元化发展，逐步形成由政府主导、社会参与、社区支持、市场竞争的养老服务供给协作体系。

社区作为社区居家养老服务的依托主体，在提供服务的过程中，应该由政府提供政策和支持，由民间社会提供多样化资金来源与服务供给，由市场提供服务供给与竞争机制，各个主体明确责任，协调发展。

政府在参与社区居家养老服务供给的过程中，需要逐步实现从福利直接供给者到福利供给的支持者、引导者、规范者、监督者的角色转变，在推动多方供给福利的过程中起到资金支持、政策把控、过程监管等作用。

民间社会参与社区居家养老服务的供给中，能够帮助拓展资金来源，在提升服务供给效率的同时，推动服务多样化发展，满足老年人的多样性、差异性养老服务需求。

市场参与社区居家养老服务的供给中，能够通过市场的优胜劣汰原则，推动社区居家养老服务向产业化、社会化发展，提升服务质量。竞争机制和消费者倾向机制的引入，能够帮助社区居家养老服务这项社会福利服务逐渐走向民营。

第四节　代际关系理论

19 世纪 70 年代，马克思和恩格斯在阐述家庭生育职能时，认为家庭的生育职能在于后代的繁衍，由此形成父母与子女的代际关系。代际关系是建立在血缘或婚姻关系之上的多代人之间的一种家庭关系，其本质是代际之间对经济资源和非经济资源的共享与分配。其中，经济资源主要指经济方面的支持，非经济资源主要指生活照料与情感交流。

在代际关系研究方面，具有代表性的理论为代际团结理论、反馈论、代际交换理论。下面将对这三种理论展开分析。

一、代际团结理论

1991 年，本特森和罗伯特（Bengtson V. L. & Roberts E. L.）提出代际团结理论，认为代际关系的核心是团结和凝聚力。他们提出了代际关系的团结模型，模型中包含六个维度，分别为联系性团结、情感性团结、一致性团结、功能性团结、规范性团结、结构性团结。各维度的定义如表 2-3 所示。

表 2-3　　　　　　　　　　代际团结六个维度

维度	定义
联系性团结	家庭代际成员共同参与活动的频率与互动模式
情感性团结	家庭代际成员之间持有的积极情感的种类与程度，以及这些情感带来的交互体验与互惠程度
一致性团结	家庭代际成员在价值观、信仰、态度、生活模型等方面的一致性程度
功能性团结	家庭代际成员之间在经济、情感、躯体等方面获得的支持与资源交换程度
规范性团结	执行家庭角色、承担家庭责任和履行家庭义务的承诺强度
结构性团结	制约代际之间交互的"机会结构"，通过家庭成员地缘临近性、家庭成员数量和类型来表示

二、反馈论

1983 年，我国著名社会学家费孝通提出了反馈论，也称反馈模式。反馈论指的是父代抚养子代、子代赡养父代的模式。

费孝通认为中国家庭成员之间存在双向关系：父母对子女有抚养义务，子女对父母有赡养义务。抚养指父代在子代没有独立生活能力时为其提供衣、食、住、行、婚姻、教育等资源；赡养指子代在父代年老失去劳动能力时为其提供衣、食、住、行等生活照料。这种双向关系体现了代际之间的资源双向流动，以及代际成员之间的索取与给予的互惠自愿原则。他认为这种父母与子女之间的反馈模式是中国人文历史文化的一个特点。

中国的这种养老模式与西方养老模式存在明显差异。西方社会通常采用"接力模式",即父代与子代之间呈单向关系,存在父母对子女的抚养义务,缺乏子代对父代的赡养义务。

三、代际交换理论

代际交换指的是不同代际成员之间进行资源交换。代际交换理论,是将交换理论的核心概念应用于代际关系中。考克斯(1987)最早将交换理论运用于代际关系,提出了代际之间的交换动机。

代际交换理论按照研究视角划分,可以分为微观层面的经济交换理论和宏观视角的社会交换理论。

经济交换理论是从理性经济人视角出发,主张人在不同的人生阶段中,由于所处的经济和社会生活位置的不同,会在资源的占有、劳动与产品的供给、产品与服务的需求等方面存在差异,因此,产生了代际交换的需求。经济交换理论中,父代与子代都以"经济人"的身份存在,将代际交换当作一种"投资"。从经济交换理论的角度看,父代对子代的抚养是父代对未来的"投资",期待未来年老的时候能够从子代收回。

社会交换理论由美国社会学家霍斯曼提出。该理论强调代际之间的互惠关系,遵循均衡互惠和代际递进的原则。从社会交换理论的角度看,子代对父代的赡养是子代对父代的抚养之恩的回报。社会交换理论与经济交换理论的区别在于经济交换是基于经济利益考虑的对等物质或商品交换,而社会交换是基于社会道德约束和情感支持等因素对资源进行重新流动分配。

四、代际关系理论的应用

代际关系理论基于社会学的视角,对家庭代际关系进行了分析。家庭代际支持中,子女对父母年老后提供的经济支持、生活照料、情感慰藉,对父母的养老生活具有重要意义。

然而,子女由于工作及养家压力,没有时间和精力对老年人提供长期的居家生活照料,社区居家养老服务的引入具有十分重要的意义,通过提供对应不同层次需求的服务,填补了子女的看护缺位。

社区居家养老需要代际关系中子女的资金支持的同时，也需要子女的情感支持。子女可以通过提高家庭代际成员共同参与活动的频率、丰富积极情感的种类与程度、增强一致性等方面提升代际关系的团结与凝聚力。将社区服务与子女关怀相结合，能够让老年人获得足够的代际支持。

第五节　供求平衡理论

　　供求平衡理论来自经济学，最早由美国经济学家亚当·斯密（Adam Smith）提出，它揭示了市场经济中价格变动和商品供应量之间的互动关系。马克思对于供求平衡理论也有所贡献。马克思将社会经济运行过程归结为生产、流通、分配和消费四个相互联系的基本环节。供给与需求分别对应着生产与消费环节，其中流通、分配环节是连接供求的重要"桥梁"。马克思认为在社会经济运行发展过程中，社会供给与需求之间有一个内在的比例关系，实现供求平衡发展既是社会经济健康运行和发展的客观要求，也是必要条件。因此，在国家的社会经济发展过程中，社会总产品的供求比例也必须保持在一定水平上，以确保社会总产品的有效供给与需求的平衡符合比例关系。

　　在供求平衡理论中，需求指的是在一定时期内，在各种可能的价格水平下，人们愿意并且能够购买的商品量。其中"愿意"代表的是购买欲望，"能够"代表的是支付能力，需求就是购买欲望和支付能力两者的统一，二者缺一都不构成有效需求。通常来说，消费者对某一产品的需求量与价格成反比，即价格越高，需求量越小，如图 2-6 所示。

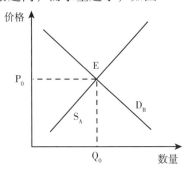

图 2-6　产品供需均衡曲线

D_B表示消费者对某一产品的需求曲线。可以看到，当价格越高时，消费者对产品的需求数量越小。影响需求的因素有很多，如商品本身价格、互补品价格、消费者的收入与偏好等。对于本书所要探讨的社区居家养老服务来说，它的需求是以全体社会成员的共同需求为基础，同时要结合当时的经济发展水平以及社会成员的总体收入水平。

供给指的是在一定时期内，在各种可能的价格水平下，厂商愿意而且能够供应的商品量。其中"愿意"代表的是供给欲望，"能够"代表的是供给能力，供给是供给欲望和供给能力的统一，这两个条件缺一都不构成有效供给。在供给侧，价格和供给数量通常成正比，即价格越高，供给数量越大，如图 2 - 6 所示。S_A表示厂商对某一产品的供给曲线，可以看到，当价格越高时，厂商对该产品的供给数量越小。影响供给的因素有很多，如商品本身价格、相关商品价格、生产要素价格、生产技术的变动以及政府政策等。对于本书所要探讨的社区居家养老服务来说，它的供给主要是由政府负责，供给数量和质量会受到政府内部执行人员的偏好、财政支持力度、所提供产品的属性以及市场本身的供给能力等多个因素限制。

一种商品的均衡是由供求两端共同决定的，在图上表现为需求曲线和供给曲线的交叉点，此时一种商品就达到了均衡状态，如图 2 - 6 所示。当供给曲线和需求曲线交叉时，该产品就达到均衡状态，E 点为均衡点，P_0为均衡价格，Q_0为均衡数量。当市场上出现供大于求时，就会出现过剩的问题；反之，当供小于求时，就会出现商品短缺的问题。

本书所探讨的是社区居家养老服务，实践表明，社区居家养老已成为河北省积极推行的主流养老模式，虽然有政府的大力支持，社区居家养老服务模式的优势也很明显，但仍存在着种种问题，随之也就出现了社区居家养老服务领域的供需不平衡。也就是说，当前政府、市场和社会组织对于社区居家养老服务的供给并不能满足当下人口老龄化等一系列问题带来的养老需求的增加。这意味着社区居家养老服务供需关系中需求侧处于不断增长的形势，如果供给侧的供给没有相应的增长的话，供需平衡将被打破，如图 2 - 7 所示。

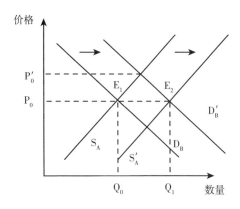

图 2 - 7　供需变动曲线

在图 2 - 7 中，经济原本处于 E_1 的均衡点，P_0 为均衡价格，Q_0 为均衡数量，现在由于养老需求的增加，需求曲线 D_B 右移至 D'_B 的位置，带来的就是价格水平由 P_0 上升至 P'_0，这对老年人来说是非常不利的，政府要想解决这一问题，应大力支持社区居家养老服务的建设，政府主导的同时，通过税收减免和相关补贴政策让市场与社会组织参与进来，提升供给数量，将供给曲线由 S_A 右移至 S'_A 的位置，将价格由 P'_0 拉回至原来 P_0 的位置，此时新的均衡点处于 E_2 的位置，P_0 为均衡价格，Q_1 为均衡数量，可以发现，不仅价格没有上升，社区居家养老服务这项"商品"的数量还增加了。

第六节　公共产品理论

社区居家养老服务作为老年人养老的一个重要选择，具有公共产品消费的非竞争性、效用的不可分割性和受益的非排他性。因此，公共产品理论可以作为开展社区居家养老服务研究的基础理论之一。

一般情况下，社会上的产品和劳务从广义上可以划分为两类，即公共产品和私人产品，前者由社会全体共同享用，后者明确地属于某一个人所拥有，同时兼具两种产品属性的产品和劳务被称为准公共产品。

关于"公共产品"一词的定义，被学界广泛接受的是美国经济学家萨缪尔森（Paul Samuelson）对公共产品的定义，他认为具有消费的非竞争性、效用的不可分割性及受益的非排他性的产品和劳务称为纯粹的公共产品；相反，具有受益的排他性及消费的竞争性的产品和劳务称为私人产品；而介于这两者之间的称为准公共产品。这几种产品的分类和特点具体如表2-4所示。

表2-4 社会产品的分类和特点

类别	项目属性	实例	投资主体
私人产品	受益的排他性以及消费的竞争性	衣服、手机等	社会资本
准公共产品	受益的不完全非排他性以及消费的不完全非竞争性	高铁、飞机等	政府、市场共同分担
纯公共产品	受益的非排他性以及消费的非竞争性	城市绿化等	政府

本书所探讨的社区居家养老服务是具有非排他性的，故所有符合条件的老年人都可以获得这项服务，但由于河北省近年来人口老龄化问题加剧，符合条件的老年人会越来越多，随着接受社会居家养老服务的人数增加，成本也会越来越高。因而社区居家养老服务的非竞争性是不充分的。综上可知，社区居家养老服务是一种准公共产品，具有非排他性和不充分的非竞争性。

准公共产品指的是具有受益的不完全非排他性以及消费的不完全非竞争性的公共产品，其介于纯公共产品和私人产品之间，具有私人产品和纯公共品的双重性质，如需要付费使用的公共基础设施。虽然准公共产品的非竞争性是不完全的，但这并不代表它没有，只是相对于纯公共产品来说，它的非竞争性要弱一些，这种不完全的非竞争性可以理解成随着使用某一种公共产品的消费者增加，这种公共产品所承载的消费者人数变多，消费者在使用这种公共产品的过程中就会出现"拥挤"的现象，那么使用该公共产品的消费者从中获得的效用就会减少。

根据准公共产品受益的不完全非排他性以及消费的不完全非竞争性，可以分为四个形态，如图2-8所示。

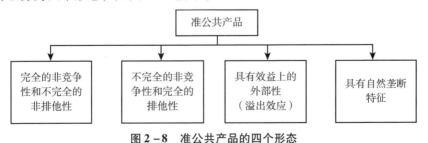

图2-8 准公共产品的四个形态

　　一是完全的非竞争性和不完全的非排他性之类。也就是说想要消费这种公共产品要有一定条件的消费，简言之就是这类准公共产品原则上是人们所共有的，但消费者需要以一定的付出作为"入场券"。在生活中，如旅游景点、收费式公园等需要人们付出一定代价作为交换来获取其消费权和使用权的都属于此类准公共产品。

　　二是不完全的非竞争性和完全的排他性之类。这类其实就是布坎南（Buchanan）所说的"俱乐部产品"。这类产品由于其各种条件的限制，无法对所有人开放并为之服务，只有满足"俱乐部产品"的各种条件限制并成为其会员时，才可以获得这类准公共产品的消费权和使用权。在生活中，健身房、各种球馆等都属于此类准公共产品。

　　三是具有效益上的外部性（溢出效应）之类。即一个人或一群人对产品的行动和决策会使另一个人或一群人受损或受益的情况。如果使另一部分人受益则属于正外部效应，如果使之受损就属于负外部性。在实际生活中，那些有社会各界力量参与的卫生、教育和医疗等均属此类。

　　四是具有自然垄断特征之类。这类公共产品与其行业性质密切相关，如航空航天、电信、能源行业等，这类原本为政府所控制的行业也在慢慢向社会（私人）开放，社会（私人）可以与政府开展合作，参与到这类行业的投资、管理和运营之中，并取得相应的收益。但是，社会（私人）在这些行业之中，要严格遵守政府制定的诸如市场准入、公共定价等"游戏规则"，不能够为了利益最大化而不择手段。

　　由此可见，社区居家养老服务由于其具有的正外部性特征，隶属于第三类的准公共产品，同时具有一部分的拥挤性。所谓拥挤性就是说这类准公共产品不同于纯公共产品，它可容纳的消费者数量是有限的，在一定的数量内，加入一个消费者并不会影响现有消费者使用该产品，此时这类准公共产品并不具有竞争性。但当消费者的数量超过了一定范围，则会影响到原有消费者的正常使用，从而就会出现"拥挤状态"。

　　综上所述，公共产品理论可以应用于社区居家养老服务的研究，主要在于：一是从性质上看，社区居家养老服务属于公共产品（准公共产品）的范畴；二是公共产品理论原则的一个重要方面就是政府与私人之间的关系，这对探讨社区居家养老服务具有十分重要的理论参考意义。

第七节　公共服务理论

一、公共服务理论的起源

公共服务是政府部门、私人部门以及社会其他主体提供用于满足公众直接需求的产品和服务的统称，具有非排他性、非竞争性的特点，是实现社会公平正义、保障公众基本权益的重要途径。公共服务主要可以划分为基础性公共服务、社会性公共服务、经济性公共服务、安全性公共服务四个部分。

公共服务最早由德国政策学派的代表人物瓦格纳（Wagner）在 19 世纪后半期提出，此时公共服务的提出是为了解决自由竞争时期市场失灵的问题。1912 年，法国公法学者莱昂·狄骥（Leon Duguit）明确提出"公共服务"概念并将其作为现代法制度的基本概念，提出"任何因其与社会团结的实现与促进不可分割，而必须由政府来加以规范和控制的活动，就是一项公共服务，只要它具有除非通过政府干预，否则便不能得到保障的特征"。将公共服务看作是由公法确定的政府需要履行的对社会大众的义务。随后，随着"公共产品"概念的兴起，公共服务被等同于公共产品。20 世纪 80 年代，与传统行政范式不同的新公共管理运动在英、美等国家兴起，公共服务成为公共行政的核心，此阶段政府被认为是公共服务的决策者。21 世纪初，在新公共管理理论的基础上，登哈特（Denhardt）夫妇提出了新公共服务理论，新公共服务理论更加关注民主价值与公共利益，更加适合现代公共社会和公共管理实践需要的新的理论选择。

二、公共服务理论的内容

公共服务理论注重民主价值与公共利益，提出多元主体参与公共服务的过程，强调政府在公共服务中的服务性质，是现代社会公共管理的重要理论依据。其内涵主要包括：公共服务可以由政府部门、私人部门及社会其他主体提供，但政府是主要提供者；政府是公共服务的主要提供者但不是管理者，而是努力满足公众需求的服务者；公共利益是目标而非副产品，公共服务的目标更应该关注公共利益，公共服务组织在提供公共服务时如果能够充分考虑公众意见，以公共利益最大化为目标，将能取得良好效果；公共服务需要战略的思考、民主的行动。公共服务想要取得令人满意的效果，那么从政策的制定到实施都需要来自多元主体的积极参与。多元主体的积极参与有利于公共服务满足多种群体的需求，实现公共利益最大化；公共服务中政府和公众的关系不是企业对待客户的关系，而是双方共同努力实现共同利益；公共服务的责任不是单一的只考虑效率，而是更加多元化，在考虑效率的同时还需要考虑法律、社会价值等；公共服务要重视人，而不应只是重视生产率，公共服务理论认为公共服务是服务于人并且需要人的参与管理，所以在进行公共服务决策时更应该重视人，而不像在企业的生产运行过程中那样过分看重效率；公共行政机构超越企业家身份，更加重视公民权和公共事务，公共服务理论认为公共机构和项目的所有者不再是政府而是公民，政府和公共机构项目的关系不同于企业家和生产资料之间的关系，政府不再是公共服务的掌控者而是重要参与者。

三、公共服务理论的应用

社区居家养老从属于公共服务的范畴，因此公共服务理论对社区居家养老的发展具有指导作用。根据公共服务理论，社区居家养老服务应该主要由政府提供，重视政府的主导性；政府发挥主导作用的同时可以积极引进企业、居民等多方力量，缓解政府资金压力的同时弥补仅由政府提供公共服务的不足，多主体的竞争与合作有利于进一步提升社区居家养老的服务质量，完善社区居家养老体系；在提供社区居家养老服务时不仅要考虑对老年人的影响还需要系统地考虑对社会利益、其他群体的影响；政府在提供社区居家养老服务时应该明确自己的位置，积极探索社区居家养老管理，不断优化服务，满足公众多样化的养老需求；政府应该不断推动社区居家养老服务的均衡发展，增强普惠性，确保基本养老服务的获取机会均等，维护社会公平正义。

第八节　社会嵌入理论

一、社会嵌入理论的起源

嵌入性是指个体的行动嵌于他们的关系网之中，并且他们在作决策时会受到关系网的影响。"嵌入"的概念最早由卡尔·波兰尼（Karl Polanyi）在《大转型——我们时代的政治和经济起源》一书中首次提出，用来描述市场和社会之间的关系。波兰尼认为，嵌入性是不可避免的，市场是隶属于社会的，即市场是不能自发存在的，它从属于社会关系之中。在认同波兰尼"市场是隶属于社会的""经济依附于社会"的观点的基础之上，1985 年马克·格兰诺维特（Mark Granovetter）对社会嵌入理论进行了进一步的丰富，探究个体与社会关系之间存在的联系。格兰诺维特认为，除了市场是依赖于社会的，人也是不能脱离社会网的，而是"嵌入"于具体的、当下的社会结构中作出决策和行动，提出了古典经济学、新古典经济学中"理性人"假设存在的缺陷，为新经济社会学的发展奠定了基础。

二、社会嵌入理论的内容

社会嵌入理论核心理论内容是：每一个个体都是社会网中的一分子，不能脱离社会关系存在，都会受到社会关系的影响。个体不断在自己的关系网中收集自己需要的信息、资源，谋求自身发展；社会嵌入本质上就是个体社会化的过程，个体不能完全脱离社会，但是也不能过度社会化，个体性和社会性之间要维持相对协调状态，才能促进个体在社会网络中更好的发展；嵌入性根据社会网络规模的大小可以划分为关系性嵌入和结构性嵌入，关系性嵌入是个体与其特定关系的个体之间的"双边"影响关系，而结构性嵌入是个体所处的社会网络对个体所产生的影响，结构性嵌入对经济体的影响更加细微。

三、社会嵌入理论的应用

社会嵌入理论认为所有个体都要进行社会化，不能游离于社会网之外。所以老年人仍需要进行社会化，只有这样老年人才能与时俱进，保持对新事物的敏感性，保持心理健康。老年人需要社会化不能脱离社会网的原因有：一是随着年龄的增长，老年人面临退休生活很难从原有的生活状态中转变过来，容易产生心理问题；二是老年人的各方面身体机能随着年龄的增加逐渐下降，与子女之间的代沟逐渐拉大，面对这些难题，老年人需要不断社会化，在社会化的过程中提升自己的心理素质。社会嵌入理论在养老过程中的应用如图 2-9 所示。

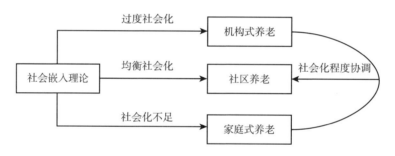

图 2-9　社会嵌入理论的应用

社会嵌入理论为社区居家养老模式提供了有力的理论支持，社会嵌入理论要求社会化不能过度也不能不足，而是需要达到均衡的状态。传统的养老模式由家庭式养老和机构式养老构成，家庭式养老是社会化不足的养老方式，老年人在家庭中由子女或者保姆照顾，很难"走出去"经营自己的社会网，逐渐与社会脱节；机构式养老是社会过度的养老方式，在机构中老年人接触到的大多都是来自社会各个方面的陌生人，处于完全社会化的环境之中，缺乏家人的关心和照顾，这两者都不能满足社区嵌入理论中的均衡状态。而社区居家养老则是家庭式养老和机构式养老的均衡结合，能够将过度社会化的社会式养老和社会化不足的居家养老进行结合实现均衡。社区居家养老的本质逻辑就是将机构养老嵌入居家养老的一种养老模式，将专业的、科学的、社会的机构引入到社区，既保留了机构治理的专业性和社会性，又能让老年人继续留在熟悉的社会网和生活环境中，有利于老年人生活品质和身心健康的保障。

第九节　社区照顾理论

一、社区照顾理论的起源和发展

社区照顾理论起源于英国，最早是针对 19 世纪贫穷法案中对老年人机构照顾提出的批评。一方面，部分机构的非人性化照顾可能会对患者造成生理和心理上的损害；另一方面，老年人和残疾人士因为长期的住院治疗会产生依赖性，逐渐失去对社会的适应能力。因此，"社区照顾"的概念应运而生。

社区照顾理论经历了物质、医疗、环境、心理、人文等多角度的完善，主要可以分为以下几个阶段。20 世纪早期社区护理的发展强调在社区提供基本的医疗护理服务；20 世纪 50 年代社区心理学的兴起则强调把社区看成一个包括社交网络和社区支持下系统的特定环境；20 世纪 60 年代社区发展理论提出了社区参与和自治的重要性；20 世纪 80 年代社区资本理论认为社区具有的信任、合作和社区组织等独特环境对良好的社区照顾十分关键；20 世纪 90 年代社区健康促进理论的出现鼓励社区居民与社区组织和服务的提供者共同合作；21 世纪初期社区可持续发展理论强调社区的自我管理，以实现社区发展的长期性和可持续性；21 世纪社会公正理论也促进了社区基于不同群体之间的差异而提供的包容性和平等的服务。

社区照顾理论数十年的发展历史也反映了社区照顾从病人视角向社区视角的转变，强调了社区居民共同参与到健康和福祉的管理中来，实现社区的可持续发展。这些理论的发展也不断推动着社区照顾实践的不断进步和改善，应用在社区养老方面，可以为需要照顾的老年人提供个性化、差异化的养老服务，促进老年人之间的交流和互动，建立并完善老年人的社区支持网络，提高其健康意识，从而促进社区养老事业的发展和进步。

二、社区照顾理论的主要内容

社区照顾理论不仅关注社区这一共同的地理区域中居民共享的价值

观、文化信仰和生活方式，还强调社区具有丰富的人力资源、物质资源和社会资源，应当是公平、民主、透明和可持续的。此外，社区照顾理论还强调了社区居民对社区决策、规划及实施的参与和主体作用，以及社区为居民多样化需求提供服务的必要性和重要性。

社区照顾理论通常把"社区照顾"分为"社区内照顾"（care in community）和"由社区照顾"（care by the community）两种照顾形式，二者主要在照顾的责任和义务划分上存在不同。"社区内照顾"指的是由法定资源提供的一些正规性照护服务，使被照顾者在社区或家庭接受照顾和服务。例如，由政府、非政府组织及在社区成立专门的小型专业的服务机构和专业人士的上门护理，如日间照料中心或智慧社区养老服务中心，让老年人居住在其了解的社区环境中就能享受到由专业服务人员提供的精准的养老服务。"由社区照顾"主要是动员、组织社区非正式网络对被照顾者提供的一些非正规照顾。例如，社会各界力量如社区工作人员、小区邻居、养老服务志愿者等非正式部门为居住在家的老年人提供养老照护，正式的服务支持则居辅助地位。

除上述两种照顾形式之外，还有学者提出了"为社区照顾"（care for the community）的形式，主要是为了解决"谁被照顾"的问题。社区照顾的对象除了社区中的弱势群体，还可以延伸到整个社区，这需要社区照顾重视社会资源与社区之间的协调配合，针对老年人多元化的需要改善当前单向的服务和照顾，让被照顾者能够得到长期的精细照顾。尽管社区照顾的内容在不同时期有着不同的侧重点，但发展的总趋势是从"社区内照顾"转向"由社区照顾"进而实现"为社区照顾"，这也体现了现代养老服务政策的变化趋势。

三、目前社区照顾理论的发展方向

社区照顾的主要目标是使社区内需要照顾的人尽可能长时间地维持其在社区或熟悉环境中生活，使其尊严不受折损地生活在自己所处的家庭或社区内，能够作为社区的一分子享有归属感和安全感，同时还能在家享受到专业的照顾服务，保障其生活的舒适感和幸福感。

为了实现社区照顾的目标，当前的社区照顾领域逐渐从普通的日间照料服务拓展到覆盖助餐配餐、助浴助行、代购代领代缴等全方位的生活服务；从对病患老年人的医疗护理服务拓展到对社区老年人提供的健康指导、定期体检、健康培训等服务全链路的医疗照顾；此外还增加了为老年人突发事件提供的紧急救援服务及为老年人提供的心理、法律咨询和精神慰藉等，多方面的社区照顾服务可以最大程度上满足不同老年人的养老需求。此外，社区照顾理论也得到了长足的发展，以保障社区居民的健康和福祉，主要体现在以下几个方面：第一，社区照顾开始注重社区教育，提高居民的自治能力，促进社区的繁荣发展；第二，社区照顾逐渐注重社区健康，提高居民的身体和心理健康水平，增强社区的健康感和幸福感；第三，社区照顾十分注重包括公共安全和社区安全在内的社区安全，为居民提供安全的生活环境；第四，社区照顾强调社区的经济、环境和社会的可持续发展，采取措施保护环境并促进经济发展和社会公正；第五，社区照顾开始注重多元文化和多元性别，尊重不同文化和性别差异，实现多样化的交流与合作。

社区照顾理论体系从传统的物质、医疗、心理等照顾领域不断拓宽至现在的教育、健康、安全、可持续和多元化方面，服务边界的不断拓宽也体现了当前社会养老服务政策的不断完善，为居民的生活和社区的发展提供了明确的发展方向。

第十节　本章小结

本章对生命周期消费理论、马斯洛需求层次理论、福利多元主义理论、代际关系理论、供求均衡理论、公共产品理论、公共服务理论、社会嵌入理论以及社区照顾理论等先进理论进行了研究。

生命周期消费理论认为，所有经济体总是依据其整个生命周期的预期收入来进行自身消费和储蓄的合理规划与分配，实现储蓄与收益的平衡，从而达到一生效用最大化的目的。每一阶段中人们对消费和储蓄的决策，反映在整个生命周期中，都是当期最理想的决策。因而，每个人在不同阶段的消费水平，都取决于其当前所在的生命周期阶段，以及整个生命周期内的总可支配收入。

马斯洛需求层次理论认为人的发展和成长的内在力量是动机，动机又由不同需求所决定，因此根据需求层次不同可以将人的需求分为五个层次，即生理需求、安全需求、社交需求、尊重需求和自我实现需求。社区居家养老服务中老人的需求也可以分为五种，并且自我实现需求等级最高满足难度也最高，必须针对这些需求提升相关社区服务内容，对症下药，最终提升社区老年人养老需求。

福利多元主义理论认为政府不是社会福利的唯一供给者，认为福利的供给是依靠政府和全社会共同合作供给。根据福利提供主体不同，介绍了三分法和四分法两种主体划分方式，其中三分法认为社会福利来源于家庭、市场和国家三个部门，四分法在福利三角的基础上，将主体划分修改为市场、国家、社区和民间社会，因此，在社区居家养老服务的发展过程中，也应当参考四分法充分发挥不同主体在社区居家养老服务供给中的作用。

代际关系理论认为具有代际关系的成员之间，应当共享经济和非经济资源。代际关系理论包括代际团结理论、反馈论和代际交换理论。代际团结理论包含六个维度，包括联系性团结、情感性团结、一致性团结、功能性团结、规范性团结和结构性团结。反馈论包括家庭成员之间的双向关系，即抚养关系和赡养关系。代际交换理论则将主体转移至不同代际成员之间的资源交换，按研究视角区分可以分为经济交换理论和社会交换理论。社区居家养老不仅需要家庭成员之间进行互相支持，更需要社区组织对其进行支持补充。

供求平衡理论是指商品市场中，价格的变化往往能引起商品供求发生变化，价格和商品供给成正比，与需求成反比，价格和商品供求会互相影响，最终实现商品供求平衡。而社区居家养老服务作为产品，同样适用于此规则，因此必须发挥市场对社区居家养老服务产品的供需配置。

公共产品理论认为具有非竞争性、效用不可分割性和受益非排他性的产品属于公共产品，社区居家养老服务属于准公共产品，这一界定确定了社区居家养老服务的产品性质。公共产品理论中，政府和私人的关系也可运用在社区居家养老方面。

公共服务理论研究发现，社区居家养老服务具有公共服务中非排他性、非竞争性的特点，公共服务可划分为基础性公共服务、社会性公共服务、经济性公共服务和安全性公共服务，公共服务理论注重民主价值与公共利益，提出多元主体参与公共服务的过程，强调政府在公共服务中的服务性质，所以社区居家养老服务作为公共服务，也应当充分发挥政府的作用，引导社区居家养老发挥社会作用。

社会嵌入理论认为老年人不能脱离社会网，并且需要不断社会化，社会化的方式包括机构式养老、社区养老和家庭式养老，这一理论也为社区养老模式提供了重要的理论支撑和思想指导。

社区照顾理论是把需要照护的群体留在其原本居住的地方，由社区来为其提供所需要的服务与照护，其中既包括由政府出资、市场参与、机构提供等一系列专业的正式性服务，也包括由被照护者的家庭、朋友、志愿者等群体提供的非正式性服务。

第三章

河北省社区居家养老
服务需求分析

随着老龄化程度日趋严峻，家庭支持的力量逐渐减弱，社区居家养老服务以能为居住在家中的老年人提供各种便利和支持的优势，越来越受到人们的青睐。本章对河北省的老龄化现状、未来发展趋势、社会对社区居家养老服务需求状况及影响需求的因素进行分析。

第一节　河北省人口老龄化现状及发展趋势

一、河北省人口老龄化现状

（一）河北省老龄人口规模现状分析

2012～2020年全国及河北省60岁及以上老年人规模如图3-1所示。全国及河北省60岁及以上老年人的总数总体上都呈直线上升趋势，从老年人口数量的发展趋势来看，全国60岁以上老年人从2012年的19390万人上升到2020年的26402万人，年均增长率为3.93%，河北省60岁以上老年人从2012年的1040万人上升到2020年的1551万人，年均增长率为5.12%。①

----

① 《中国人口与就业统计年鉴》（2013～2021）。

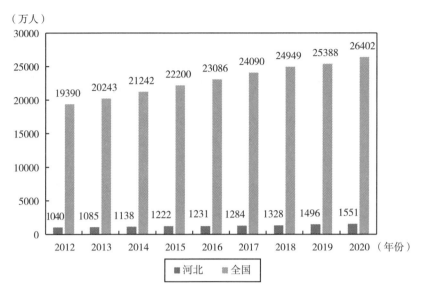

（万人）

图 3 - 1 2012～2020 年全国及河北省 60 岁及以上老年人口规模
资料来源：《中国人口与就业统计年鉴》（2013～2021）。

1950 年是中国第一次婴儿潮的起点，第二次婴儿潮是从 1962 年开始。随着这两次婴儿潮的出生人口进入老年期，在 2012～2020 年这 9 年时间里老年人口增长速度较快，这也就导致该时期的全国和河北省老年人数都呈现出总量大、增速快的特征。而河北省的年均增长率高于全国，是由于 20 世纪五六十年代河北省的经济发展落后，受当时社会形态、生产力水平、婚育风俗、经济状况的影响，当时生育意愿总体上表现为多育和偏男，这也就导致了河北省在 20 世纪五六十年代的出生率高，进而使得 2012～2020 年的老年人口年均增长率高于全国。

（二）河北省老龄人口结构现状分析

1. 河北省分城乡 60 岁及以上老年人规模

2012～2020 年河北省分城乡 60 岁及以上老年人规模如图 3 - 2 所示。河北省城镇 60 岁以上老年人规模从 2012 年的 484.84 万人上升到 2020 年的 931.69 万人，年均增长率为 8.51%，而河北省乡村 60 岁以上老年人规模从 2012 年的 555.59 万人上升到 2020 年的 619.31 万人，年均增长率为 1.37%。2012～2020 年，河北省的城镇老年人口年均增长率高于乡村，而

2012～2014 年，乡村 60 岁以上老年人的总量大于城镇；2015～2020 年，城镇 60 岁以上老年人的总量大于乡村。

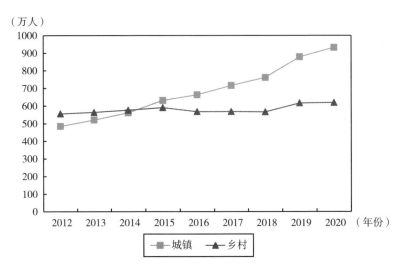

图 3－2 2012～2020 年河北省分城乡 60 岁及以上老年人规模

资料来源：《中国人口与就业统计年鉴》(2012～2020)。

造成上述现象的原因有以下两个方面。一是由于近年来河北城镇化水平提升。新型城镇化于 2014 年后在河北得到大力发展，乡村振兴与新型城镇化建设都取得了显著的效果，基本形成城乡发展一体化的格局，城镇与乡村在经济条件方面存在差异，城镇的医疗水平较高，农村人口向城镇迁移。2016～2020 年城镇化水平上升趋势更为显著，由 53.87% 上升至60.07%，这也使得河北城镇的老年人口数在 2015 年后高于乡村。二是由于当时河北乡村的医疗水平低，农村医疗卫生事业发展缓慢、政府对农村医疗卫生事业的经费投入不足，河北省城镇居民与农村居民享受的基本医疗卫生服务差距较大，这也就导致农村医疗卫生机构不得不大量迁移至城镇，老年人也随之迁移至城镇，呈现出河北省城镇与乡村老年人年均增长率差异显著的特征。

2. 河北省分健康状况 60 岁及以上老年人规模

河北省分健康状况 60 岁及以上老年人规模如图 3－3 所示。2005～2020 年，健康状态的老年人由 2005 年的 679.58 万人上涨到 2020 年的 1218.99 万人，半自理状态的老年人由 241.11 万人变化到 179.38 万人，不能自理状态的老年人由 150.07 万人下降到 42.68 万人。

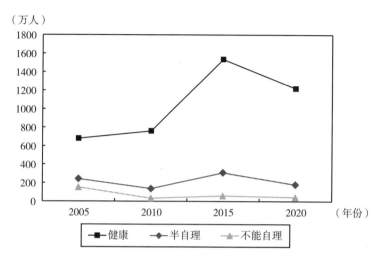

图 3 - 3 2005 ~ 2020 年河北省不同健康状况 60 岁及以上老年人人口规模
资料来源:《中国人口与就业统计年鉴》(2005 ~ 2020)。

产生上述变动的原因与当前医疗条件的改善和人口的死亡率相关。虽然河北省不同状态的 60 岁及以上老年人呈波动变化,但半自理和不能自理状态的 60 岁及以上老年人的总量仍不容忽视,其健康问题较为突出。截至 2020 年,河北省半自理和不能自理的老年人已达到一定比重,占河北省 60 岁及以上老年人的 15.41%,因此,政府部门和全社会应该更加关心这部分老年人应当如何养老,其医疗资源是否能够得到保证。

3. 2020 年河北省分年龄段分性别老年人口规模

按照国际惯例,65 岁及其以上的人口为老年人口,由低龄老年人口(65 ~ 69 岁)、中龄老年人口(70 ~ 79 岁)、高龄老年人口(80 岁以上)三部分组成。2020 年河北省分年龄段分性别老年人口规模如图 3 - 4 所示。

根据图 3 -4 可知,河北省的 80 岁及以上老年人口数量规模依然较大,这表明老年人的寿命逐渐增加,而随之引发高龄老年人的生活能否得到充分保障,相应养老资源、家庭照护能力以及医疗资源是否充足等问题应当给予一定的关注。另外,2020 年 65 岁以上老年人在不同年龄段的女性人口数均高于男性人口数,75 岁之后女性占总人口比重上升明显,与女性的人均寿命长等因素相关。2020 年河北省平均预期寿命 77.75 岁,其中男性

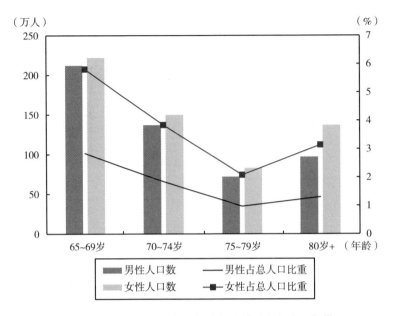

图 3 - 4 2020 年河北省分年龄段分性别老年人口规模

资料来源:《河北统计年鉴》(2021)。

预期寿命为 75. 20 岁,女性预期寿命为 80. 52 岁[1]。

(三) 河北省老年抚养比分析

河北省老年人口抚养比变化情况如图 3 - 5 所示。2011 ~ 2021 年河北省老年抚养比逐年上升。从提高幅度来看,河北省的老年抚养比从 2011 年的 11% 上升到 2021 年的 22. 65% ,年均增长率为 1. 06% ,从与全国平均水平相比较来看,2021 年河北省的老年人口抚养比达到 22. 65% ,比全国平均水平的 20. 82% 高出 1. 83%[2],也就是说,河北省每 100 个劳动年龄人口需要负担近 23 个老年人,即 4 个年轻人至少需要赡养 1 个老人。

导致上述现象的原因主要有两个方面。一是河北省的经济发展与全国存在差异,造成了大量劳动人口向外迁移。河北省人口流动趋势明显,流动人口规模进一步扩大。河北省人口和户籍分离的人口增长了 138. 34% ,高于全国平均水平 49. 82% ,其中流动人口增长了 129. 71% ,高于全国平

---

① 资料来源:Wind 数据库。

② 资料来源:《中国统计年鉴》(2022)。

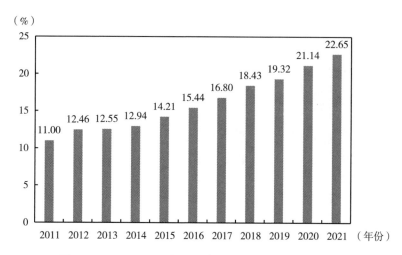

图 3 - 5　2011～2021 年河北省老年人口抚养比变化情况

资料来源：《中国统计年鉴》（2012～2022）。

均水平 59.98%。河北省处于京津冀一体化发展外围，但由于北京市和天津市的经济发展过快，高薪工作吸引了一大批河北人口前往京津两地，这种人口流动表现为单向流动。人口统计结果表明，北京和天津周围邻近的河北地区的常住人口低于户籍人口，造成明显的人口外流现象[1]。二是河北省的年龄人口结构不合理。受中华人民共和国成立后两次婴儿潮的影响，在 2011～2021 年这几年时间里，老年人口增长速度较快，呈现出总量大、增速快的特征。

二、河北省人口老龄化趋势分析

研究河北省人口老龄化趋势需要将人口的现状和影响人口发展的各种因素作为假设条件，按照人口过程的变化规律，对未来人口发展趋势作出测算。本章以河北省为人口预测区域，以 2010 年第六次人口普查的分年龄、性别等相关数据为基础，对 2021～2050 年河北省的人口规模、年龄结构等人口数据进行预测。通过人口预测可以得到河北省人口的出生、死

---

[1]　谢璐妍、郑明明、王知人：《河北省人口结构变化对经济发展影响分析》，载于《可持续发展》2022 年第 3 期。

亡、人口结构变化等方面的情况，为测算河北省社区居家养老服务供需缺口研究提供理论和数据支持。人口年龄结构、性别比例及人口数量等方面都会影响到养老服务人员供需和养老金收支能力。

本章的人口预测主要采用 PADIS-INT 软件，该软件是在联合国人口司的指导下由中国人口与发展研究中心依据"队列要素法"开发的国际化人口预测软件。该预测软件引入队列预测法、迭代算法等多种方法，主要结果误差率小于 1%，具有较高的准确率。

（一）参数设定

1. 起始年份男女年龄段的划分

该参数是根据 2010 年河北省第六次人口普查中年龄段的划分标准进行确定的，将人群按 5 岁组划分（0～4 岁，5～9 岁，……，95～99 岁，100 岁及以上），共分为 21 个组。

2. 预期寿命

在河北省 2018 年首次公开发布的分性别统计分析报告中显示，截至 2016 年底，河北省男性的平均寿命为 73.9 岁，女性的平均寿命为 78.67 岁。从近三次的人口普查数据可以发现，每隔十年人口寿命平均增长 1 岁。本书将依据河北省人口发展规划目标和人口预测软件中联合国生命表的模式确定预期寿命，假设每隔十年人口预期寿命会增长 1 岁。因此，本书设定 2020 年男性预期寿命为 74.30 岁，女性预期寿命为 79.07 岁，在此基础上男女预期寿命每年各增加 0.1 岁，以此类推。

3. 总和生育率

总和生育率是指国家或地区的妇女在育龄期间，每个妇女的平均生育子女数。本书的总和生育率是在结合现有生育政策并参考国家和其他省份人口预测方案中总和生育率的基础上进行的调整（刘万，2020）。2011～2016 年的数据是根据 PADIS-INT 人口预测软件基于当期数据拟合获得的；在 2016 年"全面二孩"政策实施后，部分累积生育意愿得到释放，在随后几年出现较高生育率，2017～2020 年的生育率分别假设为 2.10、2.10、2.05、2.05；由于二孩生育需求得到了释放，从 2021 年开始总和生育率下降，最终回落到我国政策生育水平，即 1.80。

4. 出生人口性别比

2010 年河北省的出生人口性别比为 114.86，高于国际公认男女性别比例 102~107 的正常范围，2015 年的河北省 1% 人口抽样数据资料显示，出生人口性别比为 113.30，仍然高于正常范围。在结合河北省的实际情况下，本章参照周文（2016）的做法，假设 2020 年出生人口性别比为 107.5，并逐年下降 0.5，到 2025 年降至 105 后维持不变。

5. 净迁移人口

据 2010 年全国第六次人口普查资料显示，河北省人口按现住地、户口登记地在外省的迁入人口是 140.47 万人，迁出人口是 349.83 万人，净迁出人口为 209.36 万人。由于该数据是十年期间的迁移人口总数，可计算求出平均每年净迁出人口数为 20.94 万人，占总人口比重的 0.29%，对本研究的影响可以忽略不计。因此，在本书进行人口预测时，不考虑人口迁移的影响。

（二）预测结果分析

通过 PADIS-INT 人口预测软件，本书预测出了 2021~2050 年河北省分年龄、分性别的人口结构数据，预测结果见附录。从预测的结果可以看出，未来河北省的人口结构将呈现较大变化，可能对河北省城镇职工基本养老保险的基金支付造成一定的压力，主要变化有以下几点。

1. 总人口呈现先增长后下降的趋势

如图 3-6 所示，2021~2029 年，随着年份的增加，河北省的总人口数将会逐渐增长，直到 2029 年总人口数量达到峰值 7942.92 万人。从 2030 年开始，人口数量有所回落，呈现逐年缓慢下降的趋势，总人口从 2030 年的 7940.81 万人减少为 2050 年的 7656.90 万人，人口总体呈现先增长后下降的趋势。

2. 人口老龄化程度不断加深

人口老龄化是指总人口中由于年轻人口数量减少、年长人口数量增加所导致的老年人口比例相应增长的动态。国际上通常的看法是，当一个国家或地区 60 岁上老年人口占人口总数的 10%，或 65 岁及以上老年人口占人口总数的 7% 时，即意味着这个国家或地区的人口处于老龄化社会。

在未来的 30 年里，河北省 65 岁及以上老年人口规模将从 2021 年的

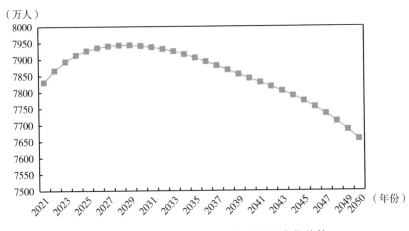

图 3-6　河北省 2021~2050 年总人口变化趋势

1094.43 万人持续攀升至 2050 年的 1899.69 万人，65 岁及以上的人口占总人口的比例将不断提高（见图 3-7）。预计 2032 年以后 65 岁及以上人口占比将会超过 20%，到 2050 年将高达 25%。老龄化程度的持续加深意味着劳动力人口需要抚养更多的老人，社会养老面临的负担会越来越重。

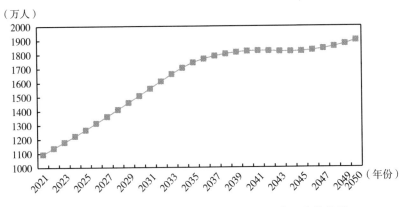

图 3-7　河北省 2021~2050 年 65 岁及以上人口变化趋势

3. 老年抚养比持续上升

抚养系数是非劳动年龄人口与劳动年龄人口的比值，包括少儿抚养系数、老年抚养系数和总抚养系数三种，其中老年抚养比为 65 岁及以上人口数/15~64 岁人口数。随着未来河北省老年人口比重的不断上升，老年抚养比也会呈现上升的趋势。2021 年老年人口抚养比预计为 21.03%。从

2021 年开始，老年抚养比一路爬升，2030 年的老年抚养比预计将达到 29.69%，2040 年的老年抚养比将达到 36.51%，2050 年的老年抚养比将高达 41.66%（见图 3-8）。这意味着每一百位劳动力人口（15~64 岁）需要抚养 42 位老年人，劳动力的抚养负担相当于 2020 年的 2 倍。老龄人口的急剧增长势必会给河北省养老保险带来巨大的支付压力。

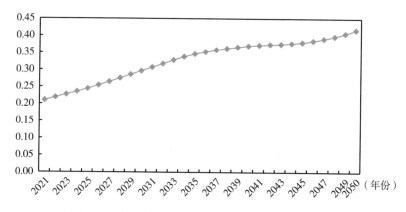

图 3-8　河北省 2021~2050 年老年人口抚养比变化趋势

4. 劳动力人口数量逐渐减少

根据预测结果来看，在接下来的 30 年里，河北省 15~64 岁的劳动人口规模逐渐减少。以十年为一个阶段来看，2030 年河北省总劳动力为 5086.74 万人，2040 年总劳动力为 4931.05 万人，2050 年总劳动力为 4559.87 万人，劳动力人口在总数上有所减少（见图 3-9）。

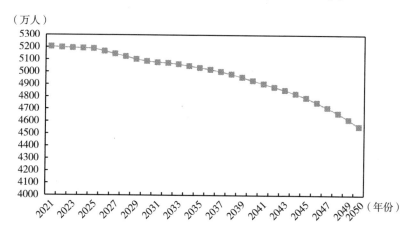

图 3-9　河北省 2021~2050 年 15~64 岁劳动力人口变化趋势

5. 人口结构变化

由于目前的养老保险制度中，对男女退休年龄的规定是不同的，所以性别结构能够影响养老金的收支。根据预测结果数据分别建立 2030 年、2040 年和 2050 年的人口金字塔图形，按照男左女右、下小上老的排列方式，有序地表示出不同性别不同年龄的人口比例情况，如图 3 – 10、图 3 – 11、图 3 –12 所示。

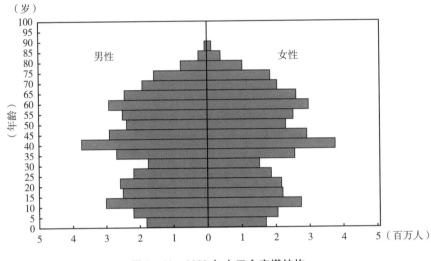

图 3 – 10　2030 年人口金字塔结构

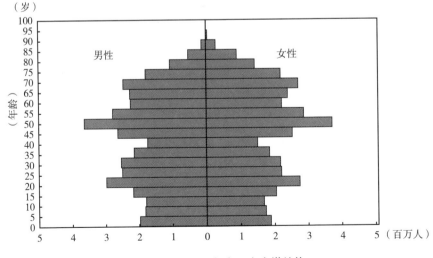

图 3 – 11　2040 年人口金字塔结构

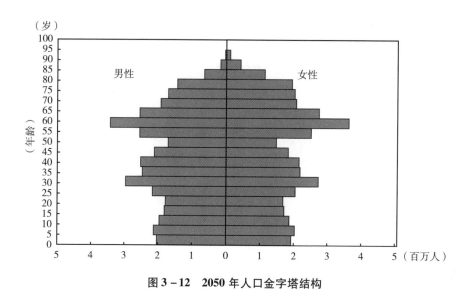

图 3 - 12 2050 年人口金字塔结构

图 3 - 10、图 3 - 11、图 3 - 12 可以直观地反映河北省不同年龄段、不同性别的人口数。通过分析可以发现，随着年份的增加，人口金字塔逐渐向上收缩，反映出老年人口的数量在不断增多，并且在老年人口当中，女性人数要明显高于男性人数，说明女性平均预期寿命普遍大于男性平均预期寿命。但是从退休年龄来看，女性的退休年龄要早于男性，从这个角度分析可以得出性别比例的不平衡会增加养老金的支付负担。但从整体上来看，未来男女性别比能基本维持平衡，主要原因在于男性的寿命短于女性，平滑了新生儿时期的性别比例。

第二节　社区居家养老服务人员需求分析

一、社区居家养老服务人员需求总量分析

（一）社区居家养老服务老年人规模分析

从全国 2011 年民政部发布的数据来看，我国总体形成"9073"模式，即 90% 的居家养老、7% 的社区养老、3% 的机构养老组成，根据 2012～2020 年河北省 60 岁及以上老年人总人口数推算出其社区居家养老的人口

规模，如图 3 - 13 所示。

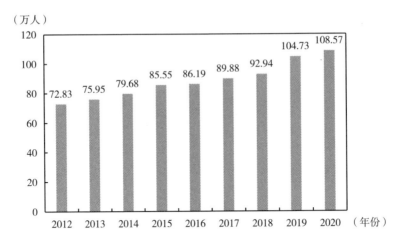

图 3 - 13 2012~2020 年河北省 60 岁及以上老年人社区居家养老人口规模
资料来源：《中国人口与就业统计年鉴》（2013~2012）。

据图 3 - 13 可知，2012~2020 年河北省 60 岁及以上老年人选择社区居家养老的总人口数总体呈上升趋势，从 2012 年的 72.83 万人上升到 2020 年的 108.57 万人，年均增长率为 5.12%。造成这种现象的原因有如下几个方面：一是老年人数逐渐上升；二是对社区居家养老服务的需求度提升；三是国家相关政策实施与相关资源的支持，推动形成多元主体参与的共建共享养老服务格局，鼓励健全以居家为基础、社区为依托、机构为补充、医养相结合的多层次养老服务体系，支持社区嵌入式养老机构建设，探索建立社区居家养老网络体系，大力发展老年人最需要的家政服务、生活护理、疾病陪护、精神慰藉、日间托老等服务。各种服务的配套完善，使社区居家养老的老年人也逐步增多。

（二）河北省 60 岁及以上失能、半失能老年人社区居家养老规模

河北省 60 岁及以上失能、半失能老年人社区居家养老规模如图 3 - 14 所示。从 2012~2020 年河北省 60 岁以上失能与半失能人数整体上均呈上升趋势。失能老年人数由 2012 年的 2.40 万人上升到 2020 年的 3.22 万人，逐年上升，年均增长率为 3.71%；半失能老年人数由 2012 年的 11.10 万人上升到 2020 年的 13.51 万人，年均增长率为 2.49%。失能、半失能老

年人数量的增加，使长期照护服务需求越来越大。另外，半失能老年人数
大于失能老年人数，不同程度的失能老年人对照料的依赖性、对医疗资源
需求量也有差别，因此照料人员和医护服务人员的供给应该根据失能、半
失能老年人数量综合衡量。

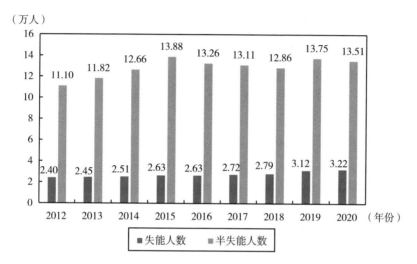

图 3 – 14　2012 ~ 2020 年河北省 60 岁及以上失能与半失能人数
资料来源：《中国人口与就业统计年鉴》（2013 ~ 2021）。

（三）社区居家养老服务人员需求总量分析

1. 照料人员需求总量分析

社区居家养老照料人员需求状况如图 3 – 15 所示。2012 ~ 2020 年照料
人员需求总量呈上升趋势，照料人员需求总量从 2012 年的 3.02 万人上升
到 2020 年的 3.77 万人，九年间增加了 0.75 万人。

产生上述现象的原因主要有以下两点。一是近些年河北省老年人增长
迅速。河北省 60 岁及以上老年人从 2012 年的 1040 万人上升到 2020 年的
1551 万人，年均增长率为 5.12%，且随着高龄化和健康慢病化的发展，老
年健康照护和慢性病健康照护需要大量的照料护理人员，因而呈现出上升
的趋势。二是随着人们生活水平提高，人们开始追求高质量的养老方式，
养老服务需求也呈现多元化。不仅包括一些基础疾病的需求，更加趋向于
一些多元化、个性化的医疗服务，因此照料人员需增加。

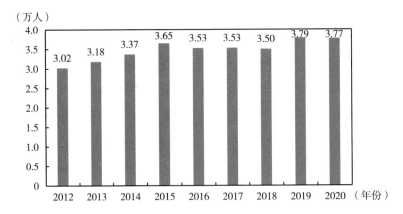

图 3 - 15 2012 ~ 2020 年河北省照料人员需求规模

资料来源:《中国人口与就业统计年鉴》(2012 ~ 2020)。

2. 医师需求总量分析

参照德国等发达国家每千人口医师数超过 4 人的现状①,综合我国及河北省现实情况,将标准定为每千人需求 4 名医师,测算得出 2012 ~ 2020 年河北省社区居家养老医师需求状况如图 3 - 16 所示。河北省 2012 ~ 2020 年河北省对医师需求总量呈上升趋势,从 2012 年的 2913 人上升到 2020 年的 4343 人,增加了 1430 人,年均增长率为 5.12%。

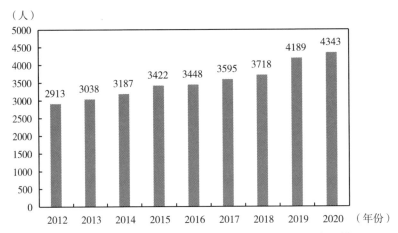

图 3 - 16 2012 ~ 2020 年河北省社区居家养老医师需求规模

资料来源:《中国人口与就业统计年鉴》(2012 ~ 2020)。

---

① 第十三届全国人民代表大会常务委员会第十次会议,国家卫生健康委主任马晓伟作的《关于医师队伍管理情况和执业医师法实施情况》的报告。

产生上述现象的原因主要有以下两点：一是近些年老龄化增长速度快，河北省 60 岁及以上老年人年均增长率达到了 5.12%，老年人口增多意味着需要更多的养老服务以及专业的医疗人员来满足他们的需求。二是随着年龄的增长，老年人的健康状况逐渐下降，他们需要更多的医疗关注和护理。截至 2020 年，河北省 60 岁及以上失能、半失能老年人达到16.73 万人[1]，这部分老年群体迫切需要专业性的医疗服务。

3. 护士需求总量分析

据此前世卫组织统计，挪威每千人拥有护士数量达 17.27 人，美国和日本分别为 9.8 人和 11.49 人[2]，综合我国及河北省现实情况，将标准定为每千人需求 10 名护士，测算得出 2012 ~ 2020 年河北省社区居家养老护士需求状况如图 3 – 17 所示。根据图 3 – 17 可知，河北省 2012 ~ 2020 年社区居家养老护士需求总量呈上升趋势，从 2012 年的 7283 人上升到 2020 年的 10857 人，九年间增长了 3574 人，年均增长率为 5.12%。

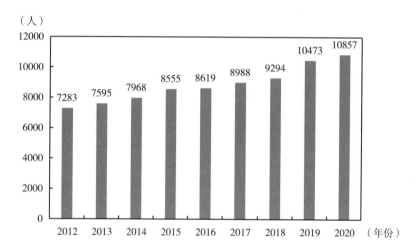

图 3 – 17 2012 ~ 2020 年河北省社区居家养老护士需求总量分析
资料来源：《中国人口与就业统计年鉴》（2012 ~ 2020）。

产生该现象的原因主要有以下两点。一是近些年老龄化增长速度快，河北省老年人口规模不断攀升，60 岁及以上老年人从 2012 年的 1040 万人

---

① 资料来源：第七次人口普查。
② 《中国注册护士总数超 400 万 供给不足困境如何破解？》，载于中国新闻网，2019 年 5 月 12 日。

上升到2020年的1551万人，截至2020年，河北省60岁及以上失能、半失能老年人达到16.73万人，呈现基数大、高龄多、空巢多、失能多、慢病多的特点，养老形势严峻，老年护理的压力和需求量巨大。养老服务的提升离不开养老护理员，养老护理员是养老服务的主要提供者，也是养老服务人才队伍的中坚力量。二是老人护理的需求日益多元化，老年人不仅需要解决日常生活需求的护士人员，也迫切需要专业性、医养结合的长期护理服务，以及能跨领域将社会工作、医学护理、心理学、营养学等融会贯通的综合性护理人才。

二、社区居家养老服务人员需求结构分析

（一）社区居家养老服务老人分城乡规模分析

2012～2020年河北省分城乡60岁及以上老年人社区居家养老规模如图3-18所示。根据图3-18可知，整体来看，城镇和乡村选择社区居家养老的人数规模都呈上升趋势，乡村60岁及以上老年人选择社区居家养老的总量从2012年的38.89万人上升到2020年的42.70万人，年均增长率为1.17%；城镇60岁及以上老年人选择社区居家养老的总量从2012年的33.94万人上升到2020年的65.87万人，年均增长率为8.64%。具体来

图3-18 2012～2020年河北省分城乡60岁及以上老年人社区居家养老规模
资料来源：《中国人口与就业统计年鉴》（2012～2020）。

看，2012～2014 年，乡村 60 岁及以上的老年人选择居家养老的总量大于城镇，这与乡村老年人口基数大因素有关。到 2015 年，城镇 60 岁及以上老年人选择居家养老的总量反超乡村，并呈逐渐扩大趋势。2015～2020 年城镇 60 岁及以上的老年人选择居家养老的年均增长率为 8.30%，造成这一现象的原因主要是由于城镇化水平加快，农村人口向城镇迁移，城镇人口增加，农村人口减少。

（二）河北省分城乡 60 岁及以上失能、半失能老年人社区居家养老规模分析

2012～2020 年河北省 60 岁及以上老年人分城乡失能、半失能人口数量如图 3 - 19 所示。根据图 3 - 19 可知，纵向来看，城镇的失能、半失能人数呈上升趋势，而乡村的失能、半失能人数呈下降趋势，尤其是 2015 年后，乡村的半失能人数下降显著，从 2015 年的 2.71 万人下降到 2020 年的 5.32 万人。

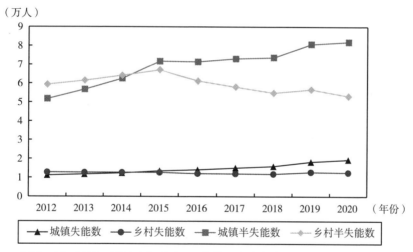

图 3 - 19　2012～2020 年河北省 60 岁及以上老年人分城乡失能人口数量
资料来源：《中国人口与就业统计年鉴》（2012～2020）。

造成该现象的原因是 2014 年新型城镇化在河北得到大力发展，乡村振兴与新型城镇化建设都取得了显著的效果，基本形成城乡发展一体化的格局，城镇人口增多，这也就使得河北城镇的老年人口数大于乡村，进而表现出乡村失能、半失能人数呈下降趋势。城镇和乡村的半失能人口数均大于失能人口数，2012～2014 年，乡村的失能、半失能人数都大于城镇，从

2015 年后，城镇的失能、半失能数大于乡村，这也与河北城镇化水平加快等因素相关。从失能、半失能人数的总量来看，截至 2020 年，城镇半失能数达到 8.20 万人，乡村半失能数达到 5.32 万人，城镇失能数达到 1.95 万人，乡村失能数达到 1.26 万人，合计 16.73 万人，这对相关的社区医护人员提出了更高的要求。

（三）河北省分城乡社区居家养老服务人员需求结构分析

1. 分城乡照料人员需求总量分析

河北省分城乡社区居家养老服务人员需求状况如图 3 - 20 所示。纵向来看，河北省城镇的照料人员需求呈上升趋势，城镇照料人员需求总量从 2012 年的 1.41 万人上升到 2020 年的 2.29 万人，增加了 0.88 万人，年均增长率为 6.27%；乡村照料人员需求总量从 2012 年的 1.61 万人变化到 2020 年的 1.48 万人，年均增长率为 - 0.31%，其原因主要是由于河北省的老年人口增速快，失能、半失能的老年群体的基数和变化也不同。

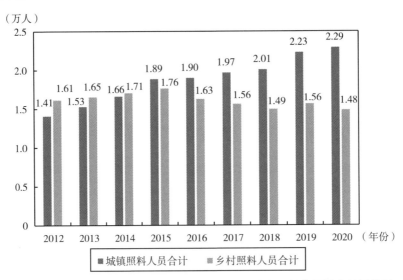

图 3 - 20　2012 ~ 2020 年河北省社区居家养老分城乡照料人员需求总量分析
资料来源：《中国人口与就业统计年鉴》（2012 ~ 2020）。

城乡间的年均增长率差异显著，相差 7.31%，在 2012 ~ 1014 年，乡村的照护人员需求总量大于乡村，主要是由于该时间段，乡村的老年人口基数大于乡村，老年居住环境建设滞后，农村老年人在健康和心理方面问题较为突出，所需要的照护人员也多。而经调查，新型城镇化于 2014 年后在河北得到大力发展，乡村振兴与新型城镇化建设都取得了显著的效果，基本形成城乡发展一体化的格局，这也就使得之后的乡村老年人所需要的照料人员需求总量低于城镇，尤其是 2020 年，城乡间所需照料人员需求呈现出差异显著的特点，相差 0.81 万人。

2. 城乡医师需求总量分析

2012～2020 年河北省社区居家养老分城乡医师需求状况如图 3－21 所示。2012～2020 年城乡社区居家养老所需医师总量都呈上升趋势。城镇所需医师总量由 2012 年的 1358 人上升到 2020 年的 2635 人，乡村所需医师总量由 2012 年的 1556 人上升到 2020 年的 1708 人。城乡间所需医师总量差异显著，城镇所需医师总量年均增长率为 8.64%，增长近 2 倍；而乡村所需医师总量年均增长率仅为 1.17%。呈现出这种现象的原因是 2016～2020 年这四年间河北省城镇化水平上升趋势更为显著，由 53.87% 上升至 60.07%，这也就使得河北省的城镇老年人口数在 2015 年后高于乡村，所需的医师也呈现出差异化的特征。

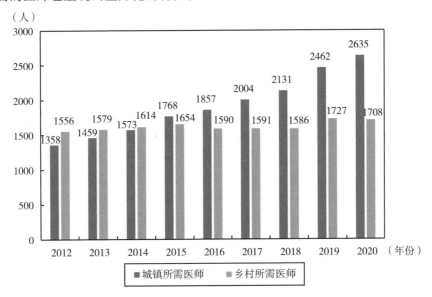

图 3－21　2012～2020 年河北省社区居家养老分城乡医师需求总量

资料来源：《中国人口与就业统计年鉴》（2012～2020）。

3. 城乡社区居家养老护士需求总量分析

河北省分城乡社区居家养老护士需求状况如图 3 - 22 所示。2012 ~ 2020 年河北省城乡社区居家养老所需护士总量都呈上升趋势。城镇所需护士总量由 2012 年的 3394 人上升到 2020 年的 6587 人，乡村所需护士总量由 2012 年的 3889 人上升到 2020 年的 4270 人。

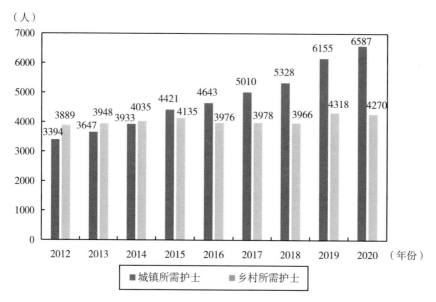

图 3 - 22 2012 ~ 2020 年河北省分城乡社区居家养老护士需求总量

资料来源：《中国人口与就业统计年鉴》（2012 ~ 2020）。

城乡间所需护士总量差异显著。城镇所需护士总量年均增长率为 8.64%，增长近 2 倍；而乡村所需护士总量年均增长率仅为 1.17%，城乡间的差距达到 7.74%。呈现出这种现象的原因是 2016 ~ 2020 年城乡之间的老年人口基数不同导致，这几年间河北省城镇化水平上升趋势显著，由 53.87% 上升至 60.07%，使得河北省城镇的老年人口数在 2015 年后高于乡村，所需的护士也呈现出需求不同的特征。截至 2020 年，城镇所需护士达到 6587 人，乡村所需护士达到 4270 人，虽然乡村比城镇所需护士人员少，但由于乡村地区居民的生活方式和健康观念相较于城镇地区较为落后，其护士照顾难度也较大，乡村地区对护士的质量等都提出了更高要求。

第三节　养老金需求分析

一、河北省城镇职工养老金支出情况分析

（一）城镇职工养老保险退休人数分析

河北省城镇职工养老保险退休人员数量如图 3 - 23 所示。2012 ~ 2020 年河北省城镇职工养老保险退休人数直线上升，退休人数逐年增加。从人数总量来看，河北省城镇职工养老保险退休人数从 2012 年的 261.52 万人上升到 2020 年的 348.32 万人，九年间增加了 86.8 万人；从增长速度来看，年均增长率达到了 3.65%。城镇职工养老保险退休人数的逐年上涨，使河北省养老金的支出随之增加。

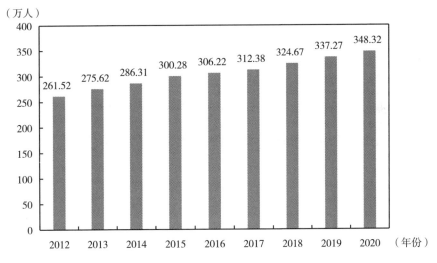

图 3 - 23　2012 ~ 2020 年河北省城镇职工养老保险退休人数分析
资料来源：Wind 数据库。

（二）河北省城镇职工养老保险养老金分析

2012 ~ 2019 年河北省城镇职工基本养老保险基金支出持续增加，由 2012 年的 674.38 亿元增加到 2020 年的 1981.57 亿元，增加了 1307.19 亿

元，年均增长率达到了 14.42%（见图 3-24）。虽然由于疫情的影响，2019～2020 年河北省城镇职工基本养老保险基金支出短暂的降低，但整体依然是上涨的趋势。造成这种现象的主要原因是河北省城镇职工养老保险退休人数逐年增加，相对应的城镇职工基本养老保险基金整体支出也呈现出上升的趋势。

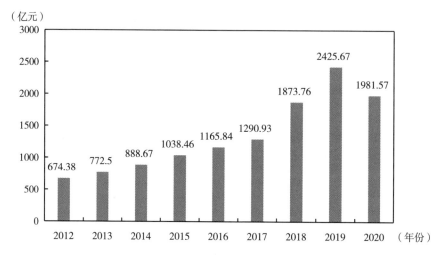

图 3-24　2012～2020 年河北省城镇职工基本养老保险基金支出分析
资料来源：Wind 数据库。

二、河北省城乡居民养老保险养老金支出分析

河北省城乡居民养老保险养老金支出情况如图 3-25 所示。2012～2020 年河北省城乡居民基本养老保险基金支出直线上升，从 2012 年的 49.12 亿元上升到 2020 年的 162.19 亿元，九年间增加了 113.07 亿元。从增长速度来看，年均增长率达到了 16.1%，2012～2018 年整体增速较高，而 2018 年后，增长趋势有所放缓，这是由于随着传统养老观念的变化，社会养老意识逐渐增强，参加城乡居民基本养老保险的人数越来越多，参保人数增长空间越来越小，城乡居民基本养老保险养老金支出增速会逐渐降低。

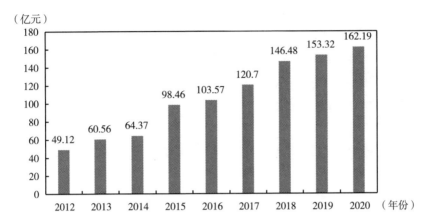

图3－25　2012～2020 年河北省城乡居民基本养老保险基金支出分析
资料来源：Wind 数据库。

第四节　社区居家养老实物资源需求分析

一、河北省社区居家养老床位数需求总量分析

河北省社区居家养老床位数需求状况如图 3－26 所示。2012～2020 年河北省社区居家养老床位数需求总量由 2012 年的 13.51 万张上涨到 2020 年的 16.73 万张，年均增长率为 2.71%，2016～2018 年及 2019～2020 年

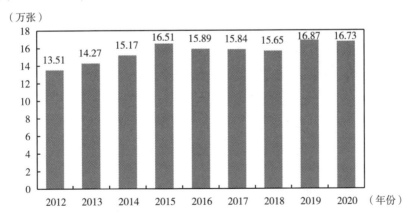

图3－26　2012～2020 年河北省社区居家养老床位数需求总量
资料来源：Wind 数据库。

需求总数略有降低，但需求总量仍较大。这是由于受到老年人口基数剧增的影响，河北有照料需求的老年人口大量增加，其床位需求总量增多。截至 2020 年，河北省的社区居家养老床位需求数达到了 16.73 万张。但是随着老年人数的逐年增加，失能、半失能的人数也随之增加，但增速有所放缓，床位数需求增速随之降低。

二、河北省分城乡社区居家养老床位数需求结构分析

河北省分城乡社区居家养老床位数需求数量如图 3 – 27 所示。2012 ~ 2020 年，河北省城镇的床位数需求总量呈直线上升趋势，由 2012 年的 6.29 万张上涨到 2020 年的 10.15 万张，年均增长率为 6.16%；乡村的床位数需求总量 2012 ~ 2015 年为上升趋势，2015 ~ 2020 年呈下降趋势，但需求总量仍较大。

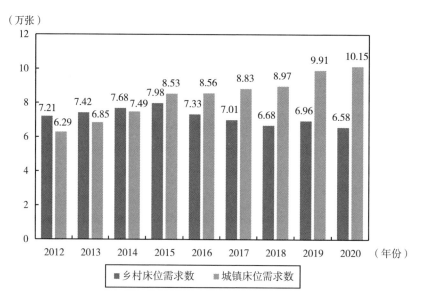

图 3 – 27　2012 ~ 2020 年河北省分城乡社区居家养老床位需求数量
资料来源：Wind 数据库。

造成城乡间社区居家养老床位需求差异的原因主要是城乡的老年人数和老年人口的增长率不同，同时受到近些年城镇化水平改善等因素的影响，乡村老年人的数量受到就地城镇化等因素影响，从 2015 年后人口

数量有所降低，随之的失能、半失能人数也因此降低，因而，床位需求数呈现出下降的趋势，但居住在农村地区的老年人，由于居住环境相对差、常年务农带来身体方面的压力也较大。过去老年人失能率的下降，基本可以抵消老年人口增长所导致的失能人数上涨量。但未来随着老龄化程度加剧，失能率的降幅将无法"拉平"老年人口的增长速度，失能、半失能人口仍会呈现上涨的趋势，所需要的床位数的增长仍然不可忽视。

第五节　河北省社区居家养老服务需求影响因素的实证分析

一、数据说明和变量选取

（一）数据说明

本节所使用的数据均来自 2020 年大学生"调研河北"数据，调查对象为居住在河北省的城乡居民，调查内容涵盖人口学因素、感知性因素、经济因素、文化因素四大方面，采取入户访谈和问卷调查的方法收集数据。共发放调查问卷 2680 份，有效问卷 2500 份，样本有效率为 93.28%。本节主要利用统计分析软件 Stata 对样本进行统计分析。

（二）变量选取

本节将解释变量分为目标群体的人口学因素、感知性因素、经济因素、文化因素四大方面。人口学因素包括性别、年龄两个要素，感知性因素指的是自评健康状况，经济因素用月收入表示，文化因素用文化程度表示。被解释变量是社区居家养老服务需求，主要包括生活照料、医疗保健、家政服务、精神慰藉等方面。生活照料主要体现在助餐服务、助浴服务方面；医疗保健主要体现在上门看病、康复护理、健康教育服务方面；家政服务主要体现在上门做家务方面；精神慰藉主要体现在聊天解闷方面。

（三）目标群体的基本情况

本次调查的河北省目标群体男性占比52%，女性占比48%，男性比例略高于女性，并且本次调研以中龄（40~59岁）目标群体为主，占全部调研人数的64.8%（见表3-1）。

表3-1   目标群体的基本情况

变量		变量取值	比例（%）
人口学因素	性别	女 = 0	48.0
		男 = 1	52.0
	年龄	低龄（40岁以下）= 1	12.8
		中龄（40~59岁）= 2	64.8
		老龄（60岁及以上）= 3	22.4
感知性因素	健康状况	非常好 = 1	40.4
		比较好 = 2	39.2
		一般 = 3	16.8
		比较差 = 4	3.6
		非常差 = 5	0.0
经济因素	收入状况	3000元以下 = 1	26.8
		3000~4999元 = 2	38.4
		5000~7999元 = 3	24.0
		8000元及以上 = 4	10.8
	经济来源	家庭其他成员供给 = 1	14.0
		退休金及养老金 = 2	28.4
		劳动所得 = 3	53.6
		其他收入 = 4	4.0
文化因素	文化程度	小学及以下 = 1	14.4
		初中 = 2	28.0
		高中 = 3	28.4
		大中专及本科 = 4	20.0
		研究生及以上 = 5	9.2

（注：表格左侧最外列"解释变量"跨越"感知性因素""经济因素""文化因素"及部分行）

身体状况方面，自评健康状况非常好、比较好的占比较高，分别为40.4%、39.2%，一般的占比为16.8%，而比较差的占比仅为3.6%，这与调查的中年目标群体居多有关。

收入状况方面，月收入在 3000～4999 元的目标群体占多数，所占比例为 38.4%，月收入 3000 元以下和 5000～7999 元的目标群体所占比例相当，分别占 26.8% 和 24.0%，月收 8000 元及以上的人数较少，仅占 10.8%。从经济来源看，河北省目标群体主要收入来源是劳动所得，占总经济来源的 53.6%，其次是退休金及养老金收入，占比为 28.4%，家庭其他成员供给和其他收入占比分别仅为 14% 和 4.0%。

文化程度方面，初中、高中占比较高，分别为 28.0%、28.4%，其次是大中专及本科，占比为 20.0%；小学及以下的占比为 14.4%；研究生及以上学历的占比较低，为 9.2%。可见，大多数调查对象接受过中等教育。

二、不同目标群体社区居家养老服务需求状况分析

对社区居家养老服务类型需求调研发现，有 21.2% 的目标群体至少需要一项社区居家养老服务。医疗服务需求占总需求的比重高达 43.3%；其次是康复护理需求，其占总需求比例为 22.6%；上门做家务、心理咨询/聊天解闷需求比例相对较低，占总需求比例分别为 11.3%、11.3%。可见，目标群体最需求的社区居家养老服务主要是医疗服务和康复护理，然后才是家政生活服务、精神慰藉服务，所以发展社区居家养老服务要注重医疗健康服务的供给，同时兼顾老年人日常生活照料和精神慰藉服务。由于人们对社区居家养老服务需求主要是医疗服务，其他需求相对较少，所以本节从人口学因素、感知性因素、经济因素、文化因素等方面来分别描述目标群体社会居家养老服务整体需求情况。

（一）基于人口学因素目标群体的社区居家养老服务需求

基于人口学因素目标群体的社区居家养老服务需求状况如表 3-2 所示。以性别为依据进行目标群体分类，对社区居家养老服务有需求的男性群体占所有男性调研群体的比例为 15.5%，对社区居家养老服务有需求的女性群体占所有女性调研群体的比例为 27.3%，男性需求比例明显低于女性。就年龄因素进行分类，在 60 岁及以上的老年人中，对社区居家养老服务有需求的占调研老龄人的比例为 26.8%，处于中龄段目标群

体的需求比例为16.7%，老龄群体需求明显高于中龄群体。尽管低龄群体统计结果需求比例较大，但是距离年老还有相当长的时间，变数较大，没有比较价值。

表3-2　　基于人口学因素目标群体社区居家养老服务需求状况

变量	变量分类	社区居家养老服务需求比例（%）		
		没有	有	总计
性别	女	72.7	27.3	100
	男	84.5	15.5	100
	总计	78.8	21.2	100
年龄	低龄（40岁以下）	65.6	34.4	100
	中龄（40~59岁）	83.3	16.7	100
	老龄（60岁及以上）	73.2	26.8	100
	总计	78.8	21.2	100

（二）基于感知性因素的目标群体社区居家养老服务需求

基于感知性因素目标群体的社区居家养老服务需求状况如表3-3所示。从身体状况上分析，自评健康状况比较差的目标群体的社区居家养老服务需求比例为33.3%，自评健康状况一般的需求占比为31.0%，自评健康状况比较好的需求占比为19.4%，而自评健康状况非常好的需求占比仅为17.8%，可见，随着身体状况的恶化，其社区居家养老服务需求越来越大。

表3-3　　基于感知性因素目标群体社区居家养老服务需求状况

变量	变量分类	社区居家养老服务需求比例（%）		
		没有	有	总计
自评健康状况	非常好	82.2	17.8	100
	比较好	80.6	19.4	100
	一般	69.0	31.0	100
	比较差、很差	66.7	33.3	100
	总计	78.8	21.2	100

（三） 基于文化因素目标群体社区居家养老服务需求

基于文化因素目标群体的社区居家养老服务需求状况如表 3 – 4 所示。从文化程度上看大学及以上目标群体的社区居家养老服务需求比例最高，占 25.7%；初中、高中文化程度的需求比例为 18.5%；小学及以下文化程度的需求比例最低，仅占 16.7%，由此可见，文化程度越高的目标群体，其社区居家养老服务需求也越大。

表 3 – 4　　基于文化因素目标群体的社区居家养老服务需求状况

变量	变量分类	社区居家养老服务需求比例（%）		
		没有	有	总计
文化程度	小学及以下	83.3	16.7	100
	初中、高中	81.5	18.5	100
	大学及以上（包括大中专）	74.3	25.7	100
	总计	79.7	20.3	100

（四） 基于经济因素目标群体社区居家养老服务需求

基于经济因素目标群体的社区居家养老服务需求状况如表 3 – 5 所示。月收入在 3000 ~ 4999 元的目标群体社区居家养老服务需求比例为 28.1%，需求比例最高；其次是月收入 3000 元以下的目标群体，需求比例为 19.4%；再次是月收入 5000 ~ 7999 元的目标群体，需求比例为 16.7%；8000 元及以上的目标群体需求仅为 11.1%。由此可见，月收入在 3000 元及以上的目标群体，收入水平越低，社区居家养老服务需求越高，但是月收入在 3000 元以下反而需求减少了，这是由于收入太低，基本生活保障往往都难以保证，无能力购买养老服务，养老服务需求减少。

表 3 – 5　　基于经济因素目标群体社区居家养老服务需求状况

变量	变量分类	社区居家养老服务需求比例（%）		
		没有	有	总计
收入状况	3000 元以下	80.6	19.4	100
	3000 ~ 4999 元	71.9	28.1	100

变量	变量分类	社区居家养老服务需求比例（%）		
		没有	有	总计
收入状况	5000～7999元	83.3	16.7	100
	8000元及以上	88.9	11.1	100
	总计	78.8	21.2	100

三、社区居家养老服务需求影响因素的实证研究

本节采用二元 Logistic 模型，依次将人口学因素、感知性因素、经济因素、文化因素等解释变量纳入方程，分析各变量对不同目标群体社区居家养老服务需求的影响。

（一）模型假设

结合已有研究成果，笔者提出如下研究假设。

假设1：各类目标群体的性别影响其社区居家养老服务需求。由于女性比男性更加具有恋家情结，相比男性，其社区居家养老服务需求更为强烈。

假设2：年龄也影响着各类目标群体社区居家养老服务需求。中老年人随着年龄的增长，自理能力逐渐减弱，其社区养老服务需求将会增强。

假设3：各类目标群体的健康状况影响其社区居家养老服务需求。健康程度越低，其社区居家养老服务需求越高。

假设4：经济状况影响各类目标群体的社区居家养老服务需求。月收入水平较低的目标群体购买力不足，社区居家养老服务需求较弱；月收入较高的目标群体具备更高的购买力，更倾向于获得社区居家养老服务；而月收入很高的目标群体追求养老品质，可能选择更加高端的养老服务形式。需求曲线也会呈现"中间大两头小"的态势。

假设5：文化程度制约着各类目标群体的社区居家养老服务需求，随着文化程度的提高，他们思想更为开放，接受新事物的能力增强，其需求意愿也会相应增加。

（二）模型的设定及变量的赋值

1. 模型的设定

本书选择"是否有社区居家养老服务需求"作为被解释变量，用性别、年龄作为解释变量，体现人口学因素，建立二元 Logistic 模型 1：

$$y_1 = \alpha_1 + \beta_{11}x_1 + \beta_{12}x_2 + \mu_1 \qquad (3.1)$$

其中，y_1 代表被解释变量"是否有社区居家养老服务需求"，x_1 代表选取的解释变量性别，x_2 代表年龄，α_1 代表常数项，$\beta_{1i}(i=1、2)$ 代表解释变量系数，μ_1 代表随机误差项。

在模型 1 的基础上，将目标群体自评的身体健康状况此感知性因素纳入方程得到模型 2：

$$y_2 = \alpha_2 + \beta_{21}x_1 + \beta_{22}x_2 + \beta_{23}x_3 + \mu_2 \qquad (3.2)$$

其中，y_2 代表被解释变量"是否有社区居家养老服务需求"，x_1 代表选取的解释变量性别，x_2 代表年龄，x_3 代表自评身体健康状况，α_2 代表常数项，$\beta_{2i}(i=1、2、3)$ 代表解释变量系数，μ_2 代表随机误差项。

在模型 2 的基础上将代表经济因素的月收入水平纳入方程得到模型 3：

$$y_3 = \alpha_3 + \beta_{31}x_1 + \beta_{32}x_2 + \beta_{33}x_3 + \beta_{34}x_4 + \mu_3 \qquad (3.3)$$

其中，y_3 代表被解释变量"是否有社区居家养老服务需求"，x_1 代表选取的解释变量性别，x_2 代表年龄，x_3 代表自评身体健康状况，x_4 代表月收入水平，α_3 代表常数项，$\beta_{3i}(i=1、2、3、4)$ 代表解释变量系数，μ_3 代表随机误差项。

在模型 3 的基础上，将目标群体的文化程度此文化因素纳入方程后得到模型 4：

$$y_4 = \alpha_4 + \beta_{41}x_1 + \beta_{42}x_2 + \beta_{43}x_3 + \beta_{44}x_4 + \beta_{45}x_5 + \mu_4 \qquad (3.4)$$

其中，y_4 代表被解释变量"是否有社区居家养老服务需求"，x_1 代表选取的解释变量性别，x_2 代表年龄，x_3 代表自评身体健康状况，x_4 代表月收入水平，x_5 代表文化程度，α_4 代表常数项，$\beta_{4i}(i=1、2、3、4、5)$ 代表解释变量系数，μ_4 代表随机误差项。

2. 变量的赋值

被解释变量"是否有社区居家养老服务需求","有"赋值为1,"无"赋值为0。解释变量性别(男性赋值为1)为二分类变量,并将"女性"设置为参照组。文化程度变量取值较多,为了便于分析进行相应合并,文化程度"小学及以下的"设为一类,合并为"低",赋值为1,并将其设置为参照组;"初中"和"高中"设为一类,合并为"中等",赋值为2;"大中专及本科"和"研究生及以上学历"设为一类,合并为"高",赋值为3。自评健康状况变量取值也较多,也进行相应合并,将"非常好"和"比较好"合并为"好",赋值为1;"一般"赋值为2;"比较差"和"非常差"合并为"差",赋值为3,并将自评健康好的设置为参照组。年龄、月收入、保留原来的取值,分别将"低龄40岁以下""8000元以上"设为参照组。

四、回归结果分析

模型1~模型4回归结果如表3-6所示。

表3-6 Logistic 回归结果

变量	模型1		模型2		模型3		模型4	
	B	Exp(B)	B	Exp(B)	B	Exp(B)	B	Exp(B)
参照组:女性								
性别:男性	-0.656*** (-6.360)	0.519	-0.607*** (-5.847)	0.545	-0.635*** (-5.940)	0.530	-0.508*** (-4.631)	0.602
参照组:年龄								
39岁及以下								
40~59岁	-0.812*** (-5.883)	0.444	-0.858*** (-6.186)	0.424	-1.051*** (-7.224)	0.350	-1.036*** (-7.023)	0.355
60岁及以上	-0.178 (-1.145)	0.837	-0.494*** (-2.952)	0.610	-0.643*** (-3.638)	0.526	-0.644*** (-3.573)	0.525
参照组:身体健康好								

续表

变量	模型 1		模型 2		模型 3		模型 4	
	B	Exp(B)	B	Exp(B)	B	Exp(B)	B	Exp(B)
一般			0.646 *** (5.104)	1.908	0.664 *** (5.102)	1.943	0.739 *** (5.574)	2.094
差			1.025 *** (4.412)	2.787	0.825 *** (3.514)	2.282	0.862 *** (3.622)	2.368
参照组：月收入8000元及以上								
2999 元及以下					0.566 ** (2.412)	1.761	1.207 *** (4.767)	3.343
3000 ~ 4999 元					1.268 *** (5.746)	3.554	1.781 *** (7.571)	5.936
5000 ~ 7999 元					0.599 *** (2.576)	1.820	0.949 *** (3.944)	2.583
参照组：文化程度低								
中等							0.331 * (1.943)	1.392
高							1.127 *** (6.062)	3.086
常量	− 0.477 *** (− 3.938)	0.621	− 0.572 *** (− 4.648)	0.564	− 1.231 *** (− 5.721)	0.292	− 2.330 *** (− 8.244)	0.097
最大似然对数值	− 1240.606		− 1222.240		− 1191.306		− 1164.078	
LR chi2	101.760		138.490		200.360		245.820	
Prob > chi2	0.000		0.000		0.000		0.000	
pseudo R^2	0.039		0.054		0.078		0.099	

注：* 表示显著性水平 p<10%，** 表示显著性水平 p<5%，*** 表示显著性水平 p<1%；括号内数值表示回归系数的标准误差。

（一）人口学因素影响分析

模型 1 实证结果显示，性别对社区居家养老服务需求的影响在 1% 的显著性水平上通过了检验。在其他变量保持不变的情况下，男性社区居家养老服务需求概率是女性的 0.519 倍；40～59 岁的目标群体对社区居家养老服务需求影响在 1% 的水平上通过了显著性检验，在其他变量保持不变的情况下，此目标群体社区居家养老服务需求概率是年龄 39 岁及以下目标群体的 0.444 倍，而 60 岁及以上的目标群体社区居家养老服务需求概率是年龄 39 岁及以下目标群体的 0.837 倍，但是不显著。可见，中老年人的社区居家养老服务需求随着年龄的增长逐步增强，假设 2 成立；并且女性比男性更有恋家情结，女性社区居家养老需求比男性大，假设 1 成立。

（二）感知性因素影响分析

在模型 1 的基础上，将目标群体自评的身体健康状况此感知性因素纳入方程得到模型 2。回归结果显示，人口学因素对社区居家养老服务需求的影响在模型 2 中依然非常显著。目标群体自评的身体健康状况在 1% 的显著水平上通过了检验。从健康状况上分析，在其他变量保持不变的情况下，健康状况一般、健康状况差目标群体的社区居家养老服务需求概率分别是健康状况好的目标群体的 1.908 倍、2.787 倍，健康状况越差的目标群体社区居家养老服务需求越强烈，假设 3 成立。

（三）经济因素影响分析

在模型 2 的基础上将代表经济因素的月收入水平纳入方程得出模型 3。回归结果显示，模型 3 较模型 2 有较大改善，说明经济因素变量统计学意义显著。以月收入为 8000 元及以上为参照组，月收入在 2999 元及以下、月收入在 3000～4999 元、月收入在 5000～7999 元的目标群体的社区居家养老服务需求概率分别是其 1.761 倍、3.554 倍、1.820 倍，这表明，中低收入水平目标群体社区居家养老服务需求比高收入目标群体更为强烈，月收入在 3000～4999 元的目标群体需求最强，假设 4 成立。因为月收入非常高的目标群体往往追求更好的生活照料或者更专业的医疗服务，从而减少社区居家养老需求。而收入太低的目标群体由于经济限制不能把需要变成需求，中等收入水平目标群体有此需要并且能够实现，因此中等收入水平目标群体将是这种需求的最大人群。

(四) 文化因素对社区居家养老服务需求的影响

在模型3的基础上，将代表文化因素的文化程度纳入方程得出模型4。回归结果显示，在模型3中人口学因素、感知性因素、经济因素的影响依然非常显著。从文化程度角度分析，在其他变量保持不变的情况下，文化程度高的目标群体的社区养老服务需求概率较高，与文化程度低的目标群体相比，文化程度中等、文化程度高的目标群体的社区居家养老服务需求概率是其1.392倍、3.086倍。可见，文化程度越高，人们对社区居家养老服务的需求越大，假设5成立。

五、研究结论

(一) 社区居家养老服务需求整体不高

有社区居家养老服务需求的目标群体只占到所有调研群体的21.2%，需求程度整体偏低，并且主要的需求是医疗服务和康复护理，其他服务需求较少。

(二) 性别对社区居家养老服务需求影响显著

女性比男性对社区居家养老服务需求大，这是由于女性比男性更有恋家情结，更愿意在离家近、熟悉的环境中进行养老。另外，年龄也是制约社区居家养老需求的因素。对于40岁及以上的中老年人，随着年龄的增长，体力逐渐弱化，越来越愿意选择社区居家养老服务。

(三) 自评身体状况越差的目标群体社区居家养老服务需求越高

因为健康状况好的目标群体可以自食其力，对社区居家养老服务需求比较低，而身体状况越差的目标群体越需要他人帮助，由于少子化的现实，传统依靠家人照顾的养老方式不能满足需求，而老年人大多又愿意住在自己熟悉的家里，社区居家养老方式成为他们的最佳选择。

(四) 中等收入水平的目标群体社区居家养老服务需求最大

收入水平显著影响着社区养老服务需求。月收入很低的目标群体虽然渴望获得社区居家养老服务，但是由于收入有限，除满足基本生活需要外所剩无几，尽管有需要，但是往往不容易实现。收入中等的目标群体有需要并且有能力达到，所以他们是社区居家养老服务需求的主力军。

（五）文化程度对社区居家养老服务需求影响显著

文化程度越高的目标群体，接受新鲜事物的能力比较强，不再依靠传统的"养儿养老"，增加社区居家养老需求，文化程度与社区居家养老需求呈正相关关系。

第六节　本章小结

本章主要是对河北省人口老龄化现状、河北省社区居家养老资源的需求及影响需求的因素进行了分析。

首先，本章对河北省人口老龄化现状进行了分析，该部分主要从人口规模与结构上对数据进行分析和结论归纳。经过分析得知，河北省 60 岁及以上老龄人口呈现明显递增趋势，且年均增速超过全国水平，这说明河北省人口老龄化速度较快，社会养老压力较大；60 岁及以上老龄人口城镇和农村存在总体分布不均的特点，城镇 60 岁及以上老龄人口明显多于农村；河北省 60 岁及以上老龄群体中，半自理和不能自理人口比重较大，随着老龄化程度的加剧，社会养老压力越来越大，发展社区居家养老服务势在必行；河北省 60 岁及以上不同性别的老龄人口中，女性占比往往大于男性，尤其是高龄人口，所以社区居家养老服务要重视女性高龄人口的养老；2011~2021 年河北省老年人口抚养比呈递增趋势，反映出河北省青年人养老负担越来越大，随着老龄化程度的加剧和青年外出流动务工的增加，河北省老年人养老压力增加，发展社区居家养老是缓解社会养老压力的重要举措。

其次，对社区居家养老需求的分析主要包括社区居家养老服务人员、养老金和养老实物资源等需求分析。通过分析得出如下结论：新型城镇化城乡老年人对照料人员、医护人员的数量以及质量都显现出了更高的需求度，呈现出需求量大、增速快、要求质量高的特征，不仅需要解决日常生活需求的护士人员，也迫切需要专业性、医养结合的长期护理服务，以及能将社会工作、医学护理、心理学、营养学等跨领域融会贯通的综合性医护人才，这对相关医护人员的数量和质量方面都提出了更高要求；河北省城镇和乡村的基本养老保险基金支出都持续增加，但人均基本养老保险数额较低，反映出老年人对养老金的需求量呈上升趋势，对老年人老年生活的日常开销是一个挑战，同时在财政方面也形成了一定压力；床位数方面呈现出需求量大、增速较缓的特征，当下失能、半失能率呈下降的趋势，但当失能、半失能率的降幅无法"拉平"老年人口的增长速度时，仍会产生对床位数的巨大需求，当下而言，既要关注其需求总量，同时也要关注相关床位等医疗资源的分布均匀性问题。综上所述，当前河北省面临着老龄化严重、相关医护养老资源需求度高的特征。

最后，是对社区居家养老需求影响因素的实证分析。研究发现：社区居家养老服务需求整体不高，并且主要的需求是医疗服务和康复护理，其他服务需求较少；性别对社区居家养老服务需求影响显著，女性比男性对社区居家养老服务需求大；年龄也是制约社区居家养老需求的因素，随着年龄的增长，体力逐渐弱化，越来越愿意选择社区居家养老服务；自评身体状况越差的目标群体社区居家养老服务需求越高；收入水平显著影响社区养老服务需求，中等收入水平的目标群体社区居家养老服务需求最大；文化程度对社区居家养老服务需求影响显著，文化程度与社区居家养老需求呈正相关关系，文化程度越高的目标群体，社区居家养老需求越大。

第四章

河北省社区居家养老
服务供给分析

随着社区居家养老服务需求的增加，社区居家养老服务的供给问题受到了重视。本章首先介绍中国和河北省社区居家养老服务的历史演进，然后分析河北省社区居家养老的供给现状及发展趋势，并对存在的问题进行原因分析。

第一节　社区居家养老服务供给的历史演进

一、中国社区居家养老服务供给的历史和发展

社区居家养老是社区养老的一个细分领域，是以社区为平台，通过调动包括医疗、配送、陪护等社会力量，将社区内外资源汇集到一起，从而为社区老人提供更为贴心和便利的居家养老服务。中国的社区居家养老服务从新中国成立便开始进行，一直发展至今，社区居家养老服务的方式和支持政策也一直在变化，本书将其发展历程分为四个阶段。

第一阶段，居家养老和养老院共存（新中国成立到 1978 年）。当时我国养老方式主要是延续了几千年的传统家庭养老，老年群体依靠子女提供居家照料。新中国成立后到改革开放初期，我国的社会福利制度慢慢确立，政府开始承担符合标准的老年群体的养老责任，通过建立公办养老院

为特定老年群体提供养老服务。对于农村里缺乏生活自理能力的老年群体，政府实施"五保供养"的方式为该群体提供养老服务。在这一过程中，符合福利覆盖标准的老年群体进入公办养老院享受养老服务，然而不符合标准的老年人在当时占多数，他们最后仍然选择居家养老，所以这一阶段我国的养老体系呈现了居家养老和养老院共存的养老局面。

第二阶段，社会养老事业改革阶段（1979～1999年）。我国社会福利的改革进程最早开始于1979年，1984年我国政府对当时的社会福利事业发展状况进行改革，力求改变政府完全主导的局面，鼓励社会积极参与到社会福利养老事业中来，对于现有的公办养老机构，大力推行公建民营的策略，让社会各方力量逐渐参与到社会福利养老体系中来。2000年，我国为了进一步激励社会力量参与到社会养老事业中来，出台了《关于加快实现社会福利社会化的意见》，提出要全力支持社会各方力量参与社会养老事业，养老主体要实现多元化目标，改变政府包揽的局面，让养老市场恢复活力；要致力于实现养老服务对象公众化，改变过去福利养老事业只有部分人能享受的情况，要让广大老龄民众都能参与进来；要大力发展养老服务内容多样化，随着社会经济发展水平的提升，老龄人养老需求已不仅仅局限于基本的日常生活照料，更应该侧重于精神需求的满足，而这也要求社区养老服务内容必须与时俱进，必须能够提供多样化的养老服务供给。

第三阶段，社区居家养老初始阶段（2000～2012年）。2000年我国尚未进入老龄化社会，而2000年后我国面对的老龄化压力越来越大，社会养老压力与日俱增，从前那种完全依靠家庭供给的养老模式已经难以适应养老现状，因此必须大力发展社区养老。2000年出台的《中共中央　国务院关于加强老龄工作的决定》明确提出，现阶段我国社会的养老供给，应当从家庭向社区转变，社区具有更强大的供给能力，这种转变可以有效减小养老服务供求缺口；应当由政府包揽向主体多元化转变，从而激发市场活力，提升养老服务水平，满足老龄人更高层次的养老需求。要实现这些转变，必须加快推进社区、居家和机构养老模式共同发展。

2006年我国发布《关于加快发展养老服务业意见的通知》，第一次明确指出，必须要发展居家养老，这也是家庭养老第一次被居家养老替代，这表明居家养老模式已经成为一种新的、可以代替家庭养老的、科学的养老模式，并且得到政府大力支持。也正是从 2006 年开始，政府文件开始频繁提出，要重视居家养老在社会养老中的地位，给予充分关注与支持。

2008 年，社区居家养老服务概念被正式提出，社区居家养老模式是对居家养老模式和社区养老模式的凝合，兼具它们的优点，同时一定程度上弥补了社区养老和居家养老的缺陷。社区居家养老的定义为社区老人的养老服务由政府及社会力量共同提供，供应载体为社区，是供给主体依靠社区为社区老人提供必要生活照料服务、上门照护、医疗服务和精神慰藉服务等的一种服务模式。

2011 年《中国老龄事业发展"十二五"规划》总结了我国社会养老中三种养老模式的比重，指出要发展机构养老为支撑、居家养老为基础、社区养老为依托的养老模式，认为居家养老必须发挥基础性作用，目标要求 90% 的老龄人主要都是接受居家养老服务，为 7% 的老龄人提供社区养老服务，为 3% 的老年人提供机构养老服务。这一养老资源分配比例也为我国各地区养老事业发展提供了参考基准，从而加快推进了社区、机构、居家统筹一体化的发展格局。

第四阶段，社区居家养老发展阶段（2016 年至今）。2016 年我国发布的《中华人民共和国国民经济和社会发展第十三个五年规划纲要》提出，要确定好社区、居家和机构养老的相互关系，居家在我国养老服务体系中必须发挥基础性作用，同时，以机构作为补充，社区为依托。这一思路为我国社会养老服务体系提供了基本的发展思路。2017 年《"十三五"国家老龄事业发展和养老体系建设规划》提出，社区居家养老服务的发展离不开完善的基础设施建设，因此，需要鼓励社会各方力量加大对居家社区养老服务的基础性投资，同时，要加快转变政府主导的局面，通过优惠政策，鼓励社会资本参与到社区居家养老服务基建投资中来。社区居家养老服务这一发展模式是对社区、居家和机构三者的创新发展，充分结合了三者的优点，是一种适合我国社会养老现状的养老模式。2019 年党的十九届四中全会就指出，我国的社区养老发展必须以社区居家养老模式为根本，要加大推进社区照护、社区医疗、社区精神慰藉等服务的统筹发展，完善社区居家养老服务体系。社区居家养老模式的内核是以居家为基础性养老形式，这一形式的现代化实现必须要有良好的社区环境作为依托，社区为居家养老提供基础的生活照料、休闲娱乐、医疗康复和精神慰藉等服务，通过机构人员上门服务的形式，让社区老年人获取便利而全面的养老服务。这一模式建立在传统家庭养老的基础之上。传统家庭养老的供给能力较弱，且服务内容单一，服务水平差异较大，而福利机构养老往往养老成本又过高，并且要远离家庭环境。社区居家养老有效地避免了这些缺陷，机构具有较为专业的养老服务水平，以社区为服务载体，通过上门的形式为居家的老人提供较为完善而便利的养老服务，这样既可以满足老人居家养老的需求，又可以实现机构专业养老资源与社区老人养老之间的适配。

二、河北省社区居家养老服务供给的历史演进

2012 年，河北省发布《河北省人民政府关于加快推进养老服务体系建设的意见》和《河北省基本养老服务体系建设"十二五"规划》，文件指出，河北省将通过宏观管理和支持扶持居家养老产业发展，积极引导社会组织和企业力量进入该领域，力争在 2015 年实现城市社区居家养老服务中心 80% 覆盖率。同时，文件对河北省社区居家养老服务中心提出建设标准，新建的社区居家养老中心建筑面积应当不低于 300 平方米，已建的旧小区建设社区居家养老中心面积应不低于 150 平方米，所有居家养老中心的服务应当满足生活照料、健康保健、配餐送餐的呼叫上门服务和精神慰藉服务四项基本内容。对于满足以上要求的社区居家养老服务中心，将通过以下方式进行政策支持：一是各地政府应该通过运营补贴的形式对新建或者改建的养老机构发展给予支持；二是社区居家养老机构的日常运转费用，包括电费、水费、取暖和燃气费等，将按照《河北省物价局关于落实养老机构有关价格及收费标准的通知》标准享受价格优惠；三是对于有条件的地区，应当制定老年困难群体的补贴政策，使老年困难群体也能享受到居家养老服务。

2015 年，河北省发布《关于对养老服务机构实行奖补的意见》（以下简称《意见》），《意见》表明，河北省各地政府应当积极鼓励和吸引社会力量兴办养老服务机构，加快推进河北省社区养老服务的发展进程，使社区居家养老能够满足逐渐增加的老年人养老需求，同时，应当根据各地实际情况，加大对新建和改建的社区居家养老中心的补贴力度。其中，《意见》

明确了居家养老服务机构的界定和社区居家养老服务机构的具体支持措施。《意见》指出，新建和改建的社区居家养老中心应当取得《民办非企业单位登记书》和《养老服务机构设立许可证》，同时满足对应面积和服务内容要求。满足要求的社区居家养老中心可以申请一次性建设奖补和运营奖补。其中，一次性建设奖补主要针对新建和改建的非营利性社区居家养老机构，按照4000元每张床位的补贴方式给予一次性补贴发放；而对于租赁合同5年以上运营的非营利性社区居家养老服务机构，政府将按照2000元每张床位的标准给予一次性补贴发放。补贴上限不得超过200万元。

2017年，河北省印发的《关于全面放开养老服务市场提升养老服务质量的实施意见》指出，要提升人民幸福感，河北省积极推进养老服务市场的全面开放，到2020年，河北省养老服务市场实现全面放开。具体措施包括：一是进一步放宽准入条件，降低资本进入门槛，设立营利性机构，采取"先照后证"简化企业登记注册流程，鼓励外资进入养老服务市场，外资设立养老机构享受和境内投资者同等优惠。二是提高行政审批效率，简化审批流程，提高养老机构设立的审批效率，提高审批服务的透明化和标准化，推行养老机构申办一站式服务。三是完善价格形成机制，不再由政府规定定价，而是由民办营利性企业自主定价，同时，民办营利性企业的社区居家养老服务内容设定标准也实行企业自主化，对于民办非营利性养老机构，服务收费标准也由经营者自主确定，但是有关部门应当对其进行必要监管，确保价格合理。四是加快公办养老机构改革，推进公办养老机构转制成为民营企业，力争到2020年政府运营养老机构床位全省占比不超过50%，鼓励社会资本参与公办养老机构改革。五是要加强社区居家养老机构的信用监督管理，这要求全省的社区养老参与主体必须纳入省建公共信用信息管理系统，加强对各主体的信用监督。

2017年，为了鼓励河北省社区居家养老服务的快速发展，对于新建或者改建的社区养老服务机构，如果符合《社区老年人日间照料中心服务基本要求》和《社区老年人日间照料中心设施设备配置》要求，政府则对其建设费用进行一次性补贴，补贴标准为：对于建造面积在750平方米及以上的，政府一次性给予50万元建设补贴，建造面积在70平方米以下的，给予10万~50万元不等的建设补贴；对于合同年限5年以上的租赁机构，补贴标准为新建养老机构的1/3，同时，对实际入住使用的床位数量也给予每张每月 100 元的运营补贴。

2018 年，河北省发布《关于老年人照顾项目的实施意见》，鼓励社会力量通过市场化运作，开办社区居家养老服务机构和养老性质的医疗机构，为老年群体提供居家护理，加大对相关机构居家养老服务项目的补贴力度，降低老年人群体的费用负担，提升困难老年人群体居家养老服务覆盖率。

2022 年《河北省养老服务体系建设"十四五"规划》发布，根据要求，到 2025 年，河北省要实现社区居家养老一体化协同发展，形成高质量、全方位的养老服务体系。全省农村社区构建成三级养老服务网络，农村社区养老服务不再限于提供基本照料服务，而是提供专业化养老服务供给，丰富养老内容，提升服务质量，提升农村老年人群体的幸福感。全省城市加快形成"一刻钟"社区居家养老服务圈，构建便利快捷的养老服务供给网络。不断丰富完善养老服务业态、加速提升养老服务市场活力，让老龄群体在日趋完善的养老服务体系中收获幸福。同时，打造更加完善的基本养老服务保障体系，为失能和半失能老年群体提供兜底保障服务，建立老年人能力综合评估制度，健全基本养老服务清单发布及动态调整制度。优化普惠型养老服务供给体系。面向社会老年人突出普惠性，强化居家养老政策供给，支持养老服务机构建设和运营家庭养老床位，根据老年人意愿和需求提供长期照护服务，打造多元化养老产业发展体系。

第二节 河北省社区居家养老服务供给主体分析

利用福利多元主义理论中的四分法，分别对政府、企业、社会组织以及志愿者四种社区居家养老服务供给主体进行分析。

一、政府养老服务供给分析

河北省财政厅于 2017 年发布的《关于深化财政支持养老服务体系建设改革的实施意见》和河北省政府于 2022 年发布的《河北省养老服务体系建设"十四五"规划》，提出了河北省在 2025 年基本建立居家社区机构相协调、医养康养相结合的养老服务体系。城市构建养老服务供给网络，基本形成"一刻钟"社区居家养老服务圈，助餐等日间照料服务覆盖所有小区；农村全面建立"三级"养老服务网络，专业化服务水平明显提高。养老服务市场活力充分激发，为老服务业态不断丰富，老年人获得感、幸福感、安全感显著提升。河北省政府在本省的社区居家养老服务发展中，一直提供政策支持，发挥着社区居家养老服务事业发展的"领头人"作用，通过各领域养老政策的不断出台，引导着各方资金的加入与共建。这些政策包括新建养老机构提供的补贴和规范，以及社区居家养老机构运营的补贴政策；社区居家养老服务的内容完善；政府审批流程的简化；养老服务定价机制的调整；等等。全方面、宽领域地去为社区居家养老服务机构开"绿灯"。

同时，河北省政府正在积极推进现有的事业单位养老机构市场化转型，转变过去社区居家养老职责完全由政府接管的局面，让养老从公共产品向非公共产品性质转变，养老职能向社会大众转嫁。在这个过程中，政府需要推进实现养老服务的竞争性、非排他性和可收费性，让社区居家养老服务真正在市场上被激活，为多方合力实现社区居家养老服务创新性发展提供契机。

在 2017 年河北省发布《关于全面放开养老服务市场提升养老服务质量的实施意见》以前，社区居家养老服务在河北省一直是属于公共产品，公共产品的主要购买方就是河北省政府。在发展水平不高的情况下，这个境况可以维持，但随着河北省人口老龄化速度的加快，社区居家养老服务的需求激增，政府已经无力再完全独揽这个职能，为了匹配需求的递增速度，必须加快河北省社区居家养老服务的供给侧结构性改革。但是就目前而言，这一进程依旧缓慢，企业及社会组织在养老服务的参与比例仍然不到 50%，2020 年河北省企业参与社区居家养老服务比例更是仅为 15.06%，其原因主要是政府定位不明确和相关法律政策不健全。

政府定位不明确：一直以来，河北省养老机构养老服务的定价、运营到产品类型，一直是由政府来决定的，养老机构也完全是依靠政策资金支持来维持的，所以即使是在河北省进行养老服务供给侧结构性改革，养老机构也还是摆脱不了政府扶持的惯性。另外，一直以来河北省政府发挥作用的途径是单一的，基本上是通过全盘接管和购买形式来影响养老服务市场。这一模式在供给侧结构性改革之后有所改变，但是政府发挥作用的途径没有得到拓展，政府对自身在养老服务市场中的定位也较为模糊。

法律法规不健全：健全的法律法规体系可以为河北省社区居家养老服务提供较好的发展环境。河北省近些年出台了许多社区居家养老法律法规，2014 年河北省出台的《河北省老年人优待办法》提出，要利用各种渠道为老年人提供法律援助，切实保障老年人群体的养老权益。2017 年河北省发布《河北省居家养老服务条例》，从六个方面规定社区居家养老服务准则，明确服务主体各方的责任分配，落实服务设施供应标准，确定相应的惩戒制度。这些规范很大程度地保障了老年群体的养老服务权益。2018年河北省发布《河北省老年人权益保障条例》，进一步对社区居家养老服务各个方面进行法律规范。虽然河北省社区居家养老的法律法规近些年在不断出台，然而河北省养老服务法律保障的情况仍不乐观，社区居家养老服务产品价格纠纷常常发生，养老服务质量标准的相关界定仍然较为模糊，老年人社区居家养老权益仍得不到切实保障。

二、企业供给现状分析

从 2020 年《河北省民政统计年鉴》发布的社区居家养老机构数据来看，2020 年河北省社区居家养老机构共有 1726 家，其中民办非企业法人共有 1176 家，占比 68.13%，固定资产总额为 297822.6 万元。河北省目前的社区居家养老服务供给依旧是以民办非企业法人为主体，但是自从 2017 年河北省发布《关于全面放开养老服务市场提升养老服务质量的实施意见》以后，河北省鼓励国内外资本参与社区居家养老市场，河北省的社区居家养老机构企业占比得到了快速提升，社会企业的比重正在逐渐增加。2020 年，河北省事业单位法人 260 家，占比 15.06%，固定资产总额为 216392.5 万元；社会企业法人 290 家，占比 16.8%，固定资产总额为 72210.2 万元。[①] 目前河北省的社区居家养老服务中心的收费较低，主要是集中在每月 1000～3000 元，其中政府还会对居家养老进行较大幅度的补贴，补贴金额在 1000～2000 元不等。在服务水平上，河北省社区居家养

---

① 《河北统计年鉴》（2021）。

老机构正努力提供智慧养老服务，以社区为依托，以智慧养老服务平台为支撑，以智能终端和热线为纽带，为老人提供多样化的居家养老服务，包括"呼叫服务、居家照料、健康服务和档案管理服务等"，也因此，居家养老服务受到了老龄人的热烈欢迎。

　　由图 4 – 1 可以得知，2020 年河北省社区居家养老机构社会企业法人 290 家，占比 16.8%，这是 2017 年河北省供给侧结构性改革发展数年后的数据，可以明晰的是，河北省社区居家养老市场中，社会资本的参与度仍然较低，没有企业积极参与的养老市场是没有活力的，也难以适应养老需求的发展，河北省 2025 年的社区居家养老规划中，明确支持河北省要发展社区机构协调、医养康养相结合的养老服务体系，构建养老服务供给网络，基本形成"一刻钟"社区居家养老服务圈，而这离不开一个充满竞争活力的市场环境，也离不开充裕的资金补充，而这些条件，依照以前政府单干的模式是行不通的，目前河北省养老市场急需加大供给侧结构性改革力度，调整政府购买养老服务的局面，让更多企业进入这个市场。

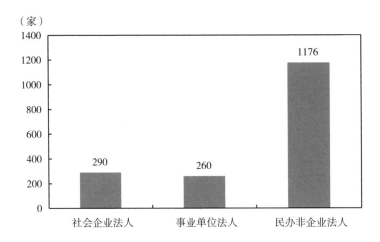

图 4 – 1　2020 年河北省社区居家养老机构法人数
资料来源：《中国民政统计年鉴》（2020）。

三、社会组织供给现状分析

　　中国《九大城市老年人状况抽样调查》显示，生活在城市的老年人一年里经常在他们居住地方附近活动的比例达到 50.1%，在其家门口活动的比例达到 65.8%，经常在市内活动的比例达到 15.6%，经常离开本市去外地活动的比例仅为 1.4%。由此可见，退休后老年人的主要生活空间就是其所居住的社区。因此构建起科学的社区居家养老服务体系，不仅可以有效地弥补我国社会化养老机构的不足，还能尽可能地避免老年人因离开家而产生的孤独、失落等负面情绪，这也是以后我们要建设和完善养老服务体系的必经之路。

在河北省政府发布的基本养老服务体系建设的"十二五"规划中明确提出，河北社区居家养老服务要积极引导社区居委会、街道办和社会组织参与，尤其是要加大社会组织和企业参与比例，通过补贴政策减轻他们运营负担，通过改革进入审批流程，减小社会组织参与"门槛"和阻力。根据调查，河北省各个地区城市社区管理以"自治与服务"为宗旨，在构建新型养老模式的过程中都作出了不少努力。例如，唐山市路南区通过"星光计划"募集资金，建立社区居家养老服务站；邯郸市峰峰矿区义井镇矿院社区实行社区志愿者鼓励机制；石家庄市各区成立社区服务总公司，提供专业化服务等。河北省在这方面只是刚刚起步，随着社区养老慢慢开始被大家所关注，要构建并完善社区居家养老服体系一切都还需要深入了解研究。近年来，河北省社区居家养老服务体系逐步完善。直至 2010 年建成并投入使用了 595 个社区养老服务站和服务中心，它们借鉴机构养老的一些优秀经验，面向老年群体提供日常照料、日托、临托等服务，组织文化娱乐活动为老年人打造一个多姿多彩的生活环境。2012 年 50 项社区服务中心和服务站等建设项目被纳入省级储备库，投资 6932 万元用于项目建设，新建、改建、扩建 30113 平方米，中央政府投资 1200 万元支持 25 个社区服务中心和服务站项目建设。

河北省社会组织近些年发展速度较快，但是在河北省社区养老服务市场中的占比依然较小，且社会组织由于具有自发性的特点，缺少政府的规范化特性，也缺乏企业的制度化特征，社会组织的发展质量一直较为欠缺，其粗放型的发展方式已经难以与不断升级的养老需求相匹配。首先，社会组织的规范性较差，且服务种类单一，这就使得社会组织的社区居家养老服务通常只能满足最基础的养老需求，服务领域集中在日常照料。根据马斯洛的需求理论，精神生活的满足需求比物资满足要更高级也更难满足，河北省的老年群体养老需求已经从基本物资需求的满足向精神需求满足转变了，所以社会组织的发展模式迫切需要转变。其次，社会组织的服务队伍也不稳定，人员素质难以得到保证，其主要原因是社会组织的员工往往文化层次较低，且社会组织的工资报酬通常低于企业，难以吸引高素质人才参与养老服务活动，而低水平的员工群体来源多是外来务工人员，多数流动性较大，队伍稳定性差。

四、志愿者供给现状分析

志愿者组织是社区居家养老服务的重要力量，志愿者群体往往具有较高的服务热情，整体素质较高，且具有较强的补给能力，他们是社区居家养老服务供应的重要组成，河北省政府也一直大力支持志愿者组织参与社区居家养老服务。根据表 4 - 1 可知，2020 年全国共有 794631 个志愿服务组织，注册志愿者数量达到 19347.4 万人，河北省志愿服务组织为 32744 个，注册志愿者数量为 1094.6 万人。而 2014 河北省志愿服务组织数量还只是约 12000 个，6 年增幅约 270%，可见，河北省志愿服务组织的发展速度很快，这也得益于河北省对志愿服务的政策支持。2014 年河北省出台了《关于推进志愿服务制度化的若干措施》，指出要大力培育志愿文化，政府宣传部门发挥宣传引导作用，鼓励社会大众参与志愿者组织，同时，积极搭建志愿服务平台，政府牵头，鼓励社会组织参与社会平台的共建，为志愿者服务提供一个较好的发展环境，并通过明确政府对志愿者活动及志愿者本人的补贴措施，为志愿者较好开展活动给予财政支持，一系列的措施并举极大地推动了河北省志愿者组织的发展，社区居家养老服务志愿者组织也在此过程中迅速发展。

表 4 - 1　　　　　　　　2020 年河北省志愿者组织及人数数据

地区	志愿服务组织（个）	注册志愿者数量（万人）
全国	794631	19347.4
河北	32744	1094.6

资料来源：《中国统计年鉴》（2020）。

河北省志愿者队伍近些年在数量上发展较快，但是志愿者群体由于缺乏制度化和规范化的管理，总体上较为松散和不稳定。一方面，志愿者群体是没有工资报酬驱动的，多数出于爱心和被动参与，通常较难约束，因为不同于事业单位机构和企业机构，志愿者主要是靠自觉参与，所以也具有较强的流动性。另一方面，由于志愿者群体是自发参与，选拔标准较低，参与群体以中年下岗群体居多，所以队伍整体素质较低，只能提供较为基础的养老服务，无法满足老年群体更高层次的养老需求。

第三节 河北省社区居家养老服务资源供给分析

河北省社区居家养老服务资源主要为实物资源、养老服务人员资源以及养老金资源，分别代表河北省社区居家养老服务"物""人""钱"的因素，下面从这三个方面进行供给分析。

一、社区居家养老服务实物资源供给分析

（一）河北省社区养老机构分析

河北省社区养老机构近几年发展速度很快。如图 4-2 所示，2014~2020 年七年间，河北省社区养老机构实现了年均 1605.92% 的增长速度，呈明显递增趋势。其中，增长速度最快的一年是 2020 年，2020 年河北省社区养老机构数量为 28935 家，同比增速 594.05%，增长量为 24766；其次是 2019 年，社区养老机构数量为 4169 家，同比增速 253.01%，增长量为 2988 家。这两年河北省社区居家养老机构的快速发展主要得益于政策的导向和扶持。2019 年 2 月河北召开民政工作会议，2019 年河北社区居家养老机构发展提出要加快脚步，加大政策引导，鼓励内外资金参与，加快社区养老机构新建和改建速度。2019 年 4 月，河北省财政厅发布《关于建立城乡居民基本养老保险待遇确定和基础养老金正常调整机制的实施意见》，提出改善高龄社区人群养老金待遇，减轻社区老龄群体养老服务负担。在全方位、多层次的养老政策支持下，河北省社区养老机构正在实现大跨步发展。

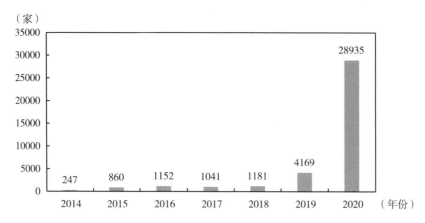

图 4 - 2 2014～2020 年河北省养老机构数量变化情况
资料来源：《中国民政统计年鉴》（2020）。

近几年河北省社区养老机构的增长速度很快，尤其是在 2019 年后，通过分析其机构构成与发展，河北省社区养老机构发展的侧重点也一直在变化，由表 4 - 2 可知，2016～2018 年新增的社区养老机构主要是城镇社区养老机构，2016 年河北省城镇社区养老机构数为 802 家，同比增量为 409 家，全省社区养老机构占比为 69.62%，2017 年占比为 70.70%，2018 年为 85.69%，城镇社区养老机构占比远超乡村，这几年河北省加快城镇社区养老机构的覆盖率，以城镇社区养老为试点，加快推进社区居家养老发展。而在 2018 年后，乡村社区养老机构受到政策支持得到快速发展，2019 年乡村社区养老机构占比为 64.79%，2020 年乡村社区养老机构更是实现了 897.89% 的增速。同时，河北省正在努力提升社区养老的基础设施供应水平，从而为社区老年人提供更舒适的养老环境，满足老年人逐渐提升的养老需求，河北省 2020 年居家养老呼叫服务网络实现城乡全覆盖，入网人数突破 100 万人，入网老年人 72 万人。河北省连续 3 年将社区和居家养老工程列入 20 项民心工程。

表 4 - 2　　　　河北省 2014～2020 年社会养老服务机构数

年份	总机构数	乡村机构数（个）	乡村占比（%）	城镇机构数（个）	城镇占比（%）
2014	247	150	60.73	97	39.27
2015	860	467	54.30	393	45.70
2016	1152	350	30.38	802	69.62

续表

年份	总机构数	乡村机构数（个）	乡村占比（%）	城镇机构数（个）	城镇占比（%）
2017	1041	305	29.30	736	70.70
2018	1181	169	14.31	1012	85.69
2019	4169	2701	64.79	1468	35.21
2020	28935	26953	93.15	1982	6.85

资料来源：《中国民政统计年鉴》（2014~2020）。

（二）河北省社区养老服务中心分析

社区养老服务中心是社区居家养老服务的一线力量，社区服务中心因为离社区老人更近，联系更密切，对社区老年群体的养老需求更为了解，同时，社区养老服务中心具有更全面、更高质量的社区服务，更能满足社区老年人群体的养老需求，河北省社区居家养老服务中心发展速度很快，尤其是在近几年，河北省正努力实现全省社区服务站全覆盖，由图4-3可知，2020年河北省社区养老服务站总量达13459个，同比增长183.4%，2015~2020年河北省社区养老服务站增长量达到11776个，增长近10倍；同年，河北省建立乡镇老年福利服务中心372个，覆盖率达19%。全省有29415个村建立了老年服务组织，为老年人提供医

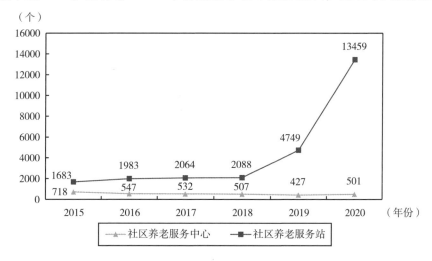

图4-3 河北省2015~2020年社区养老服务机构变化

资料来源：皮书数据库。

疗康复、日间照料、紧急救助和精神慰藉等服务。全省共建立农村互助幸福院22779个，覆盖45%的行政村。社区居家养老市场供给水平大大提升。

社区卫生服务中心是社区养老服务发展的重要力量，根据马斯洛需求理论，安全需求在基本物资需求之上，要实现这一需求，高水平的医疗卫生供给必不可少，而社区卫生服务中心就是提供社区老人医疗卫生需求的直接力量。由图4-4可知，河北省社区卫生服务中心2015~2020年实现了96.46%的增长率，六年来社区卫生服务中心数量整体呈递增趋势，这反映了河北省社区医疗卫生供给水平的迅速提升，河北省正在全方位推进社区养老服务的发展。

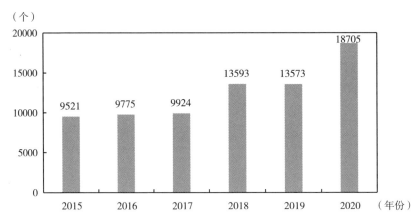

图4-4 河北省2015~2020年社区卫生服务中心数量变化

资料来源：《河北统计年鉴》（2016~2021）。

（三）河北省社区居家养老床位分析

社区居家养老机构的床位是社区养老的重要服务设施，也是提升社区居家养老服务水平的重要组成部分，根据图4-5数据可知，2012~2020年河北省社区居家床位供应数量总体上实现了增长，河北省社区日间照料床位数2012年为150615张，2020年为216853张，增量为66238张，增速为43.98%，其中，2012~2016年河北省社区日间照料床位数供应呈现递增趋势，2016年床位供应数为263010张，2016~2020年日间照料床位供应量呈波动趋势。河北省社区日间照料床位数供应量的高增速离不开河北省各级政府的大力支持，河北省 2020 年提出基本养老服务体系建设"十四五"规划，规划提出要全面提升河北省社区居家养老服务床位供给水平，满足床位的多样化需求，提升社区老年群体的养老服务体验水平。

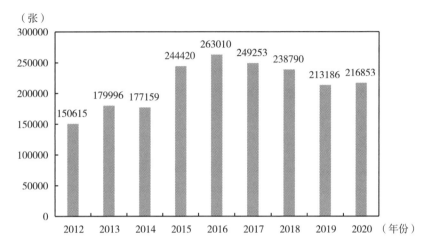

图 4 - 5　河北省 2012 ~ 2020 年社区日间照料床位数

资料来源：《河北统计年鉴》(2013 ~ 2021)。

河北省 2012 ~ 2020 年社区居家养老床位供给类型主要可分为社区日间照料床位和社区全托服务床位两种，由表 4 - 3 可知，河北省社区日间照料床位数供应数量要远大于社区全托服务床位数，其增长速度也快于社区全托服务床位数，2010 ~ 2020 年，河北省社区日间照料床位数的年均增长率为 8.45%，2020 年较 2012 年增长了 69431 张，增速达 72.33%，而社区全托服务床位数供应量则总体上较为稳定，在社区日间照料床位和社区全托服务床位数的供应中，乡村明显多于城镇，2020 年河北省社区居家养老机构床位供应中，乡村供应量为 193001 张，其中，社区日间照料床位供应量为 147406 张，社区全托服务床位为 45595 张，分别是同期城镇床位的 8.091 倍、8.182 倍和 7.813 倍，这主要是因为农村老年群体基数总体较大，社区养老服务机构对应较多，且农村因为失能和半失能老龄人口较多，农村老龄群体居住环境不如城镇等原因，其社区居家养老对床位的需求相应较大。

表4-3　　　　　河北省2012～2020年社区居家养老服务床位数据　　　　单位：张

年份	床位数总计			社区日间照料床位数			社区全托服务床位数		
	总计	城镇	乡村	总数	城镇	乡村	总数	城镇	乡村
2012	150615	33617	116998	95991	24293	71698	54624	9324	45300
2013	179996	20362	159634	114717	14751	99966	65279	5611	59668
2014	177159	17088	160071	105157	12256	92901	72002	4832	67170
2015	244420	37538	206882	137809	14369	123440	106611	23169	83442
2016	263010	24985	238025	172855	8879	163976	90155	16106	74049
2017	249253	20265	200542	168272	9505	158767	80981	10760	70221
2018	238790	21519	217271	166438	12185	154253	72352	9334	63018
2019	213186	17773	195413	168956	13661	155295	44230	4112	40118
2020	216853	23852	193001	165422	18016	147406	51431	5836	45595

资料来源：《中国民政统计年鉴》（2020）。

　　虽然河北省社区居家养老服务床位供给发展速度很快，然而就全国来看，河北省社区养老服务的床位供给水平总体上偏低。由图4-6数据可知，在2020年河北省社区居家养老服务机构中，无床位供给的机构占比29.71%、近1/3，1～9张的机构数占比6.47%，10～29张的机构数占比37.06%，30～49张的机构数占比16.18%，50～99张机构数占比9.71%，100张以上机构数占比为0.78%。由此可见，河北省社区居家养老服务的床位供给水平仍不乐观，还需要提升供给水平。

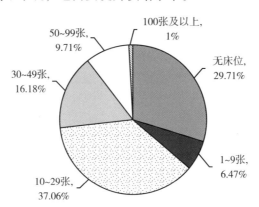

图4-6　河北省2020年不同床位机构数

资料来源：《中国统计年鉴》（2020）。

二、河北省社区居家养老服务人员供给分析

(一) 河北省社区养老服务人员供给总量分析

据图4-7可知，河北省社区养老服务机构职工数总量在不断增长，2014年河北省社区养老服务机构职工数量是1114人，到2020年达到53449人，增长了52335人，平均年增长率为671.13%。通过分析其增速变化可以发现，2014~2016年河北省社区养老服务机构职工数在稳步增长，年均增长率为118.10%，增长量为3947人，2017~2019年河北省社区养老服务机构职工数呈现了波动增长的趋势，直到2020年，其数量实现了迅猛增长，2020年河北省社区养老服务职工数同比增量为41946人，超过前六年人数的总和，同比增速364.65%。通过对比社区养老服务机构的数量变化可以发现，社区养老服务机构的新建和改建需要招募大量职工，尤其是社区居家养老服务机构，除了管理者和养老技能人员，还需要大量的社会工作者为老年人提供多元化的社区居家养老服务，2020年河北省社区养老服务机构数量出现快速增长，这也促使社区养老服务职工数快速增加。

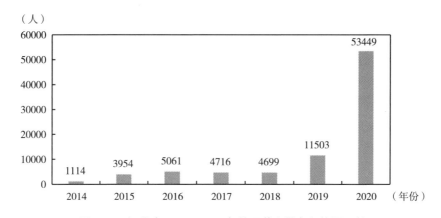

图4-7 河北省2014~2020年社区养老服务机构职工数

资料来源：《中国统计年鉴》(2015~2021)。

从表4-4可以看出，2012~2020年河北省社区卫生服务中心（站）服务人员和卫生技术人员数量也有较大增幅，2012年河北省社区卫生服务中心（站）职工数为14872人，2020年为19909人，增加了5037人，增

速为33.87%；2012年河北省社区养老卫生技术人员为12871人，2020年为17170人，增长了4299人，增速为33.4%。河北省每千人口卫生技术人员数呈现线性增长趋势，2012年河北省每千人口卫生技术人员为4.32人，2020年为6.96人，实现61.11%的增长率。河北省正不断改善社区养老卫生服务水平，通过大力建设社区卫生服务机构，从而为社区养老服务机构提供更优质的卫生配套供应。河北省社区养老服务不仅注重数量层面的发展，还强调养老服务质量的提升，从而满足更高层次、更多元的社区养老需求。

表4-4 河北省社区卫生服务中心（站）人员数量 单位：人

年份	社区卫生服务中心人员数	卫生技术人员数	每千人口卫生技术人员数
2012	14872	12871	4.32
2013	14457	12491	4.44
2014	15564	13521	4.76
2015	15977	13836	5.00
2016	16360	14099	5.30
2017	17487	14929	5.70
2018	18894	16110	6.10
2019	19480	16745	6.50
2020	19909	17170	6.96

资料来源：《中国卫生健康统计年鉴》（2012～2020）。

（二）河北省社区养老服务人员结构分析

随着河北省人口老龄化的加速，社区老龄人群体比重在不断上升，满足社区老龄人群体的养老服务需求，是我国社会保障事业的重要任务，要完成这一任务，必须加快社区养老服务机构职工数量的供给增长，而且要建设更高素质的服务职工队伍，要实现这一要求，服务人员队伍结构的优化尤为重要。根据表4-5可知，城镇社区养老机构职工数由2015年的1122人增长到2020年的5342人，五年间增长了4220人，年均增长率为36.6%，而乡村社区养老机构职工数由2015年的1412人增长到2020年的3944人，五年间增长了2532人，年均增长率为22.8%，河北省社区养老服务机构乡村和城镇职工数量差距较大，2015年城镇职工少于乡村职工，但城镇和乡村职工差距较小，处于平衡状态；2016 年，城镇职工数量远大于乡村职工，2016 年乡村职工数量为 1977 人，城镇为 2665 人，城镇职工人数是乡村职工人数的 1.34 倍，2017 年为 1.45 倍，2018 年为 3.58 倍。在政策支持下，这一时期城镇社区养老服务机构率先发展，城镇职工数量也快速得到补充。而在 2019 年，乡村社区养老机构在政策倾斜和需求快速增加的推动下，实现了迅猛发展，乡村社区养老服务职工供给量也在快速增加。2019 年河北省乡村社区养老服务职工人数为 4075 人，2020 年为 3944 人，虽然与 2019 年比有所下降，但整体同 2015～2018 年乡村社区养老职工规模相比依旧有很大提升，说明乡村社区养老服务供给水平正在快速提升。

表 4 - 5　　　河北省 2015～2020 年城镇、乡村社区养老机构职工数　　　单位：人

年份	乡村	城镇
2015	1412	1122
2016	1977	2665
2017	2358	3429
2018	1027	3680
2019	4075	4026
2020	3944	5342

资料来源：《中国民政统计年鉴》（2015～2021）。

河北省社区卫生技术人员组成结构中，主要可分为三类职工人员，包括执业助理医师、执业医师和注册护士，这三类职工占比差距不大，执业助理医师较职业医师和注册护士占比略高，从表 4 - 6 可以看出，河北省每千人口卫生技术人员数量呈波动上升趋势，2012 年每千人口为 12.77 人，2020 年为 13.95 人，总体增幅为 9.24%，其中城市每千人口卫生技术人员数一直高于农村，这主要是因为城市社区卫生水平较农村高，对应的社区卫生服务供给能力较强，所以每千人口卫生技术人员供给水平高于农村。但随着河北省农村社区供给服务水平的提升，城市和农村的差距已经越来越小，2012 年河北省社区卫生技术人员城市和农村每千人口差额为 6.65 人，2020 年二者差距仅仅为 3.51 人。

表 4 - 6 　　　　　　　　2012～2020 年每千人口卫生技术人员数 　　　　单位：人

年份	卫生技术人员			执业（助理）医师			执业医师			注册护士		
	合计	城市	农村	合计	城市	农村	合计	城市	农村	合计	城市	农村
2012	12.77	9.71	3.06	5.48	4.00	1.48	4.67	3.68	0.99	4.85	4.06	0.79
2013	13.46	10.28	3.18	5.70	4.17	1.53	4.86	3.83	1.03	5.23	4.37	0.86
2014	14.20	10.95	3.25	6.01	4.45	1.56	5.15	4.11	1.04	5.68	4.77	0.91
2015	13.80	10.40	3.40	5.80	4.10	1.70	4.90	3.80	1.10	5.60	4.60	1.00
2016	13.40	9.80	3.60	5.80	4.00	1.80	4.80	3.60	1.20	5.40	4.30	1.10
2017	13.50	9.50	4.00	5.8	3.90	1.90	4.80	3.50	1.30	5.50	4.20	1.30
2018	13.70	9.20	4.50	6.00	3.80	2.20	5.00	3.50	1.50	5.50	4.10	1.40
2019	13.40	8.40	5.00	6.10	3.50	2.60	4.90	3.20	1.70	5.40	3.80	1.60
2020	13.95	8.73	5.22	6.22	3.60	2.62	5.05	3.28	1.77	5.67	3.93	1.74

资料来源：《中国卫生健康统计年鉴》（2013～2021）。

　　河北省卫生技术人员组成机构中，执业助理医师、执业医师和注册护士每千人口数都呈逐年递增趋势。2012 年执业（助理）医师每千人口为 5.48 人，城市每千人口为 4.00 人，农村为 1.48 人；2020 年执业（助理）医师每千人口数为 6.22 人，较 2012 增长 13.5%，城市每千人口数为 3.60 人，较 2012 年下降 10%，农村每千人口数为 2.62 人，较 2012 年增长 77.03%，河北省执业（助理）医师农村供给速度大于城市，二者差距在迅速缩小。2012 年执业医师每千人口为 4.67 人，城市每千人口为 3.68 人，农村为 0.99 人，二者差距为 2.69 人，2020 年执业医师每千人口数为 5.05 人，较 2012 年增长 0.38，增长率为 8.14%，城市和农村差距为 1.51 人，较 2012 年下降 43.87%。

　　产生该现象的原因主要是河北省社区养老服务政策效应城市接收速度快于农村，社区养老服务的试点选择也多是在城市社区，这使得河北省城市社区发展速度早期快于农村，城市社区养老服务职工供给速度早期也增长快于城市。但随着政策落地，政策传导落实到了农村，农村的社区供给就开始迅速增加。河北省社区养老的需求农村大于城市，农村社区老龄人口的基数很大，随着河北老龄化程度的加大，农村老龄人口的社区养老需求开始迅速增加，这也使得相应供给在快速增加，2018 年后农村社区养老服务职工的快速增长就是表现。

三、社区居家养老服务养老金供给分析

社区居家养老事业的推动，离不开资金的支持。在 2017 年前，河北省社区养老的发展完全是由政府推动，社区养老服务的费用支出基本是由政府支付。2017 年河北省发布了《关于全面放开养老服务市场提升养老服务质量的实施意见》，鼓励社区养老服务支付各方主体共同参与。根据图 4-8 可知，2020 年河北省 60 岁及以上老年人主要收入来源中，依靠家庭供养的人数为 5513149 人，占比 38.26%；以劳动收入为主要收入来源的人数为 3764183 人，占比 26.12%；以离退休金/养老金为主要收入来源人数为 3451966 人，占比 23.96%，这三类收入类型基本占据了绝大多数。这首先是因为我国延续了几千年子女赡养父母的传统文化，在孝道文化下，子女大多会在父母老后履行赡养义务，所以大多数老年人收入主要是依靠家庭供养。其次是新中国成立初期，我国社会福利保障制度尚未发展健全，老龄群体养老选择主要是养老院，但当时养老院的供给容量较小，养老服务收费较高，且老龄群体养老金收入很低，所以大多数老年人是无法享受到养老服务的，但随着我国养老福利制度的发展，我国老年人养老金和退休金的发放规模越来越大，养老金和退休金已经逐渐成为老年人收入的主要

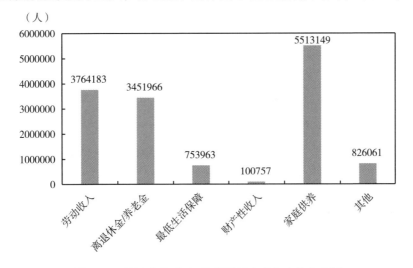

图 4-8 2020 年河北省 60 岁及以上老年人收入来源
资料来源：《中国民政统计年鉴》（2020）。

来源,原本依靠家庭供养的模式已不可持续。

根据表 4 - 7 可知,2020 年河北省 60 岁及以上城镇老人收入来源中,以离退休金/养老金为主的人数为 3008915 人,占比 41.36%,比重最大;其次是家庭供养的人数为 2422158 人,占比 33.29%;劳动收入为主的人数为 1189891 人,占比 16.36%;其他和最低生活保障分别为 389588 人和 222260 人,分别占比 5.36% 和 3.06%。根据各部分收入来源占比可以看出,离退休金/养老金收入已成为河北省城镇 60 岁及以上老年人最重要收入来源,其次是家庭供养和劳动收入,而根据图 4 - 8 可以得知,2020 年河北省 60 岁及以上老年人总体收入来源中,家庭供养占比为 38.26%,离退休金/养老金为收入来源的占比为 23.96%,家庭供养是最主要收入来源,这表明,河北省 60 岁及以上城镇老年人收入来源和全省 60 岁及以上老人收入来源情况具有一定的差异性。其主要原因有以下几点:首先,城镇老龄群体大多为企业和机关事业单位职工,职工退休群体的离退休金/养老金收入相对于农村 60 岁及以上老人收入较为可观,所以城镇 60 岁及以上老年人对于家庭供养的依赖性不强,多是以离退休金/养老金为主要收入来源。其次,城镇职工基本养老保险推行较早,覆盖率高,基本对全体职工实现养老保险全覆盖,因此城镇 60 岁及以上老年人基本上都有离退休金/养老金收入。

表 4 - 7　　　　　　河北省 2020 年 60 岁及以上城镇老人收入来源　　　单位:人

地区	劳动收入	离退休金/养老金	最低生活保障	财产性收入	家庭供养	其他
河北省	1189891	3008915	222260	42225	2422158	389588

资料来源:《中国年民政统计年鉴》(2020)。

根据表 4 - 8 可知,2020 年河北省农村以家庭收入为主要资金来源为 3090997 人,占比 43.32%;以劳动收入为主为 2574294 人,占比 36.08%;以离退休金/养老金为主要收入来源为 443057 人,占比 6.21%。农村老年人收入来源中,家庭收入和劳动收入基本占据了绝大部分,其次是离退休金/养老金和最低生活保障,由此可见,农村老年人收入来源仍然是以家庭供养为主,离退休金/养老金的重要程度仍待加强,这主要是以下几个原因导致的:首先,赡养文化对农村居民的影响较大,多数家庭仍然认同在家养老，子女承担父母的养老义务，因此，农村居民的收入来源中，家庭供养是最重要的，社保养老金收入在他们的收入来源中占比不高；其次，农村基本养老保险覆盖率远远低于城镇，农村未参保老年人数量仍然很大，虽然在政策的推动下，河北省农村参保人数增长很快，但是就目前情况而言，农村居民参保人数总体数量仍然远低于城镇居民，所以这部分未参保老年人群体只能靠家庭供养和再劳动获取收入。

表 4 - 8　　　　河北省 2020 年农村 60 岁及以上老人收入来源　　　单位：人

地区	劳动收入	离退休金/养老金	最低生活保障	财产性收入	家庭供养	其他
河北省	2574294	443057	531713	58536	3090997	436489

资料来源：《中国民政统计年鉴》（2020）。

（一）城镇职工基本养老保险养老金供给现状

1. 政策发展不断完善，待遇水平不断提高

财政支持在河北省社区养老服务事业的发展过程中一直充当着重要角色。在 2017 年前，政府购买是河北省社区养老服务的主要支付方式，2017 年后，随着内外资金的参与，政府购买比重开始逐渐减少，但是依旧扮演着重要角色，尤其是在养老金待遇上，河北省不断加大养老金补助力度，以减轻老龄群体的社区养老服务支付负担。2006 年，河北省出台了《河北省完善企业职工基本养老保险制度实施意见》（以下简称《意见》），该项决议帮助加快推进了养老保险的覆盖进程。《意见》指出，要让更多老年人能够参与并且能够享受养老保险带来的养老支持，调整养老保险设定的相关范围，让养老保险走进千家万户，无论在何种地区或从事任何职业，都能成为保险覆盖的一员。2009 年，河北省政府发布《河北省人民政府关于河北省企业基本养老保险省级统筹的实施意见》，首次对职工养老保险的缴费标准进行规范，确定统一的缴费基数、比例和计量发放方式，极大完善了河北省养老保险市场的标准，让养老保险透明化，运转在"阳光"下，民众参与感大大增强，同时，规范化和标准化的费用界定也是增进市场活力的前提条件。2014 年，河北省为了进一步规范养老保险市场，对公务人员进行了缴费标准改革，机关事业单位人员开始实行缴费制，缴费比例和企业职工一样，按工资8%进行缴纳，在此之前，河北省机关事业单位人员是不需要缴纳养老保险金的，此项改革极大地拓展了河北省养老保险覆盖面，也使得养老保险更加规范和标准化。

与此同时，河北省也在不断通过财政补贴加大养老保险金的发放比重。根据图4-9可知，2012年河北省养老金上调率超10%，为11.4%，2013年河北省养老金上调率为10.7%，2014年为10.0%。连续三年10%及以上的上调速度，极大提升了养老金发放水平，也加大了养老金在老龄群体收入中的比重，养老保险的地位在迅速上升，2012~2020年河北省养老金年均上调率为6.98%，持续提升的养老金发放水平，使养老金逐渐成为老年人群体养老服务支付的主要依靠。

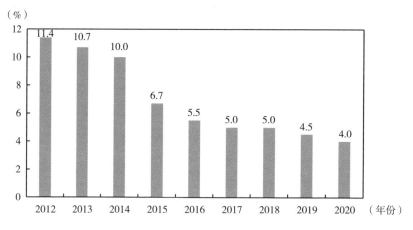

图4-9 河北省2012~2020年养老金上调率

资料来源：Wind 数据库。

由图4-10可知，河北省2012年企业职工养老保险基金财政补贴金额为2061.74亿元，2020年为6271.31亿元，增长了4209.57亿元，年均增长量为467.73亿元，实现了204.18%的增长，年均增长率达22.69%。通过观察图4-10中增长曲线可以看出，2012~2020年河北省养老保险基金补贴金额呈现增长趋势，这直接反映了河北省在通过财政补贴稳步推进养老保险事业的发展，持续减轻老年人群体养老负担，为老龄群体享受社区养老服务提供负担轻、稳定好和收益高的资源来源。

河北省社区居家养老服务供给分析

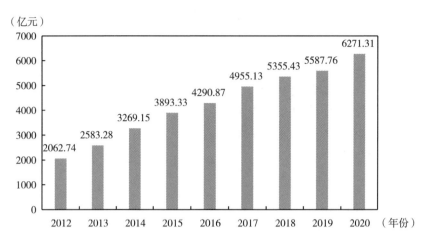

图 4 - 10　河北省 2012 ~ 2020 年企业职工养老保险基金财政补贴
资料来源：Wind 数据库。

2. 参保人数逐年增长，基金规模显著提升

养老保险参保人数是养老保险推行进展的具体表现，只有参保人数不断增加，养老保险基金的规模才能不断扩大，养老保险给予老年人群体的资金支持水平才能持续增强。根据图 4 - 11 可知，河北省城镇职工 2012 年参保人数为 312.3 万人，2020 年城镇职工参保人数达到 480.1 万人，实现增长量 167.8 万人，增长率为 53.73%；2012 年城乡居民参保人数为 3334.6 万

图 4 - 11　河北省城镇职工及城乡居民参保人数
资料来源：Wind 数据库。

人，到 2020 年，这一数额已经增长到了 3546.1 万人，增长量为 211.5 万人，增长率 6.34%，河北省城镇职工和城乡居民的参保人数都在稳步上升。这反映了河北省老龄群体对基本养老保险的认同，感受到了养老保险带来的实际收益，而随着参保人数的不断增加，河北省养老保险基金规模也在不断扩大，养老保险基金可利用资金规模优势创造出更高的收益，进而增加参保人群的养老金收益。这一过程已呈良性循环，助推河北省养老事业的发展。

然而通过分析图 4-11 数据可以发现，河北省城镇职工和城乡居民参保人数的年均增长速度较为缓慢，河北省城镇职工参保人数年均增长率仅有 5.97%，远低于全国城镇职工参保增长率水平，河北省城乡居民参保人数年均增长率更是低至 0.7%。这主要是河北省以家庭供养为主的养老思维依旧占据主导，这尤其反映在农村居民老龄群体中，他们大多数认同子女赡养模式的养老文化，所以对参与基本养老保险来获取养老资金的积极性不高。

3. 养老保险基金收入稳步增加

养老保险基金的收入情况是河北省老龄群体社区居家养老服务支付水平的决定性因素，只有参保人群能从养老保险基金获得较高的收入，社区养老保险才能推行顺利，社区养老服务的需求才能持续增长。根据表 4-9 可知，2012 年城镇职工基本养老保险基金收入为 702.00 亿元，收入增长率为 17.72%，2012~2020 年城镇职工养老保险基金收入一直呈递增趋势，增长率最高的是 2018 年，同比增速 51.27%，最低的是 2020 年，同比下降 30.92%。2012~2020 年城镇职工基本养老保险基金支出也呈递增趋势，其中，增长率最高的是 2018 年，同比增长率为 45.15%，最低的是 2020 年，同比下降 18.31%，城镇职工基本养老保险基金累计结存呈波动趋势。

表 4-9　　河北省 2012~2020 年城镇职工基本养老保险基金收入

年份	城镇职工基本养老保险基金收入（亿元）	收入增长率（%）	年份	城镇职工基本养老保险基金收入（亿元）	收入增长率（%）
2012	702.00	17.72	2017	1276.45	18.22
2013	791.21	12.71	2018	1930.91	51.27
2014	858.38	8.49	2019	2437.38	26.23
2015	933.64	8.77	2020	1683.65	-30.92
2016	1079.68	15.64			

资料来源：Wind 数据库。

　　造成上述现象的主要原因包括以下几个方面：首先，城镇职工基本养老保险基金收入主要来源于参保者的保费和基金投资收益，而河北省城镇职工基本养老保险参保人员增速相对于全国增速明显较慢，参保人数的放缓使得基本养老保险基金收入下降，同时保险基金的养老金支出在不断上升，因此出现某些年份收不抵支的现象。其次，城镇职工基本养老保险基金主要是投资于存款和国债，资金利用效率较低，收益常常"跑"不过通货膨胀，因此基金投资收益较低，造成收不抵支。

　　根据表 4 - 10 可知，2012 年城乡居民基本养老保险基金收入为 91. 01亿元，收入同比增长率为 8. 34% ；2020 年城乡居民基本养老保险基金收入为 238. 51 亿元，收入同比增长率为 7. 12% ，2020 年较 2012 年增长了147. 5 亿元，实现 162. 07% 的增长率。2012 ~ 2020 年城乡居民基本养老保险基金收入年均增长率为 18. 01% ，同比增长率最高的是 2015 年，为39. 73% ，同比增长率最低的为 2014 年，增长率为 0. 54% ，不同年份增速波动较大，但整体呈递增趋势。这主要是由以下几个原因决定的：首先，农村近些年在政策推动下，参保人数增长很快，参保人数的增加使得养老金总收入出现较大增长；其次，政府也在不断提高农村居民养老金收入，改善农村居民生活，使农村居民能够有能力、有意愿购买农村社区居家养老服务，从而推动农村社区基本养老服务事业的发展。

表 4 - 10　　　　河北省 2012 ~ 2020 年城乡居民基本养老保险基金收入

年份	城乡居民基本养老保险基金收入（亿元）	收入增长率（%）	年份	城乡居民基本养老保险基金收入（亿元）	收入增长率（%）
2012	91. 01	8. 34	2017	162. 67	14. 91
2013	99. 88	9. 75	2018	194. 76	19. 73
2014	100. 42	0. 54	2019	222. 65	14. 32
2015	140. 32	39. 73	2020	238. 51	7. 12
2016	141. 56	0. 88			

资料来源：Wind 数据库。

（二）河北省城镇职工基本养老保险供给面临的问题

1. 法定退休年龄过早与平均预期寿命延长不匹配

　　早年我国根据当时经济条件制定的养老保险制度要求男性退休年龄应当满 60 岁，普通女职工应当满 50 岁，女干部满 55 岁，且要求参保人员必须缴纳养老保险费用满15年，这是早期对养老金领取设定的基本条件，这一制度目前依旧在沿用。这一养老保险制度是根据当时中国所处经济实际而适配的，但目前中国的经济实际情况已经发生了天翻地覆的改变，经济总量大大提升，经济结构日渐完善，人民生活水平不断提升，人民平均寿命持续增加。根据人口普查数据显示，2016年底，河北省男性人均寿命为73.9岁，女性平均寿命为78.67岁，职工身体素质大大增强，很多职工满60岁但劳动素质远未下降，不少职工退休之后仍然想要寻找就业以实现自我价值，如果按照60岁退休领取养老金的指定标准，不少优秀人力资源将会流失；同时，养老金支付压力进一步增大，这加剧了养老保险基金缺口程度。反观世界各国退休年龄设置，英国和美国退休年龄设定是67岁，澳大利亚是68岁，全球多数国家男性退休年龄基本在60～65岁区间，女性在60岁左右，所以，河北省选择沿用早期基本养老保险制度的退休年龄设定是不符合河北省当前经济发展实际的。

2. 人口老龄化加大退休养老社会压力

在河北省城镇职工基本养老保险推行初期，参保人数稳步增长，保费收入持续增加，同时，保险金支出维持稳定状态，保养老险基金也因此处于较为良性的发展阶段。然而随着河北省人口老龄化的加剧，河北省城镇职工基本养老保险基金运营压力也与日俱增，由图4-12可知，河北省2012年60岁及以上人口规模1040.42万人，老龄化率为14.33%，而在2020年，河北省60岁及以上人口规模达到1551.44万人，老龄化率为20.79%，老龄化率较2012年上升6.46个百分点，河北省已进入中度老龄化社会。根据2012～2020年人口变动趋势线可以得知，这一趋势仍将继续发展，缴费群体规模会进一步下降。养老保险基金支出对象不断增多，这会不断增加河北省城镇职工基本养老保险收支压力，因此，要想维系河北省城镇职工基本养老保险的可持续性发展，河北省必须采取相关改善措施。

3. 养老金替代率长期处于较低水平

养老金替代率是指参保退休职工的养老金领取水平占当年城镇平均工资的比例，可以用来反映一个地区退休人员退休后的生活水平，养老金替代率是衡量养老保障水平的最重要的指标。本章用到的养老金替代率为企业退休人员月平均养老金与城镇非私营单位在岗职工月平均工资的比值。根据图4-13可得知，河北省2011年企业退休人员养老金替代率为48.52%，

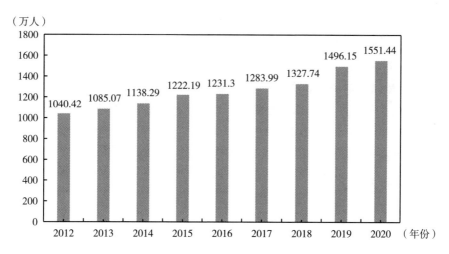

图 4 - 12   河北省 2012 ~ 2020 年 60 岁及以上人口规模

资料来源：Wind 数据库。

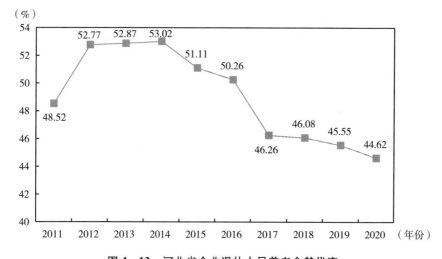

图 4 - 13   河北省企业退休人员养老金替代率

资料来源：Wind 数据库。

2019 年为 45.55%，2019 年较 2011 年下降 2.97%，2011 ~ 2014 年，河北省企业退休人员养老金替代率呈上升趋势，而在 2015 ~ 2020 年，养老金替代率呈逐年递减趋势，总体呈现先上升后下降的趋势。这主要是由于随着河北省老龄化程度的加剧，养老保险基金收支压力逐渐增大，河北省从 2015 年开始放缓养老金上调率，2015 ~ 2020 年河北省养老金上调率呈逐年递减趋势，这导致养老金领取水平增速相应放缓，进而致使河北省企业退休人员养老金替代率呈先上升后下降趋势，其结果是以养老金为主要生活来源的老龄群体支付能力下降。

4. 养老保险基金面临收不抵支风险

由表4-11可知，河北省城镇职工基本养老保险收支2012年累计结存为661.80亿元，2020年累计结存为641.59亿元，2020年较2012年累计结存减少20.21亿元，下降率为3.05%；2012~2020年，城镇职工基本养老保险基金累计结存最多的年份为2019年，累计结存金额为910.02亿元，同比增长71.38%，累计结存金额最低的年份为2017年，结存金额为444.06亿元，同比下降3.13%。2014~2017年河北省城镇基本养老保险基金累计结存增长率均为负值，2020年养老基金累计结存增长率为-29.35%，2012~2020年负增长年份居多，且2012~2020年累计结存总体增长率也为负值，河北省城镇职工基本养老保险收不抵支压力持续上升。根据专家预测，如果延续这种趋势，预计2030年河北省城镇职工基本养老保险基金将出现耗尽的情况，这将对城镇职工养老保险制度的可持续运行造成较大冲击。造成这种现象的原因主要是河北省老龄化程度逐渐加大，城镇老龄人口比重逐年增长，这导致养老保险缴费人群减少，养老金支出人群增大，养老基金支出和收入呈反向变化，且支出增长速度大于收入增长速度，同时，由于河北省基本养老保险基金的投资渠道较为单一，投资模式单一，投资收益较低，在通货膨胀的压力下存在贬值损失的可能，综上因素，河北省城镇职工基本养老保险基金收不抵支现象加剧。

表4-11　河北省2012~2020年城镇职工基本养老保险基金累计结存变化

年份	城镇职工基本养老保险基金累计结存（亿元）	累计结存增长率（%）	年份	城镇职工基本养老保险基金累计结存（亿元）	累计结存增长率（%）
2012	661.80	10.00	2017	444.06	-3.13
2013	679.91	2.74	2018	531.01	19.58
2014	649.52	-4.47	2019	910.02	71.38
2015	544.60	-16.15	2020	641.59	-29.5
2016	458.43	-15.82			

资料来源：Wind数据库。

根据表4-12可以得到，河北省城乡居民基本养老保险基金2012年累计结存金额为93.29亿元，累计结存增长率为35.17%，是累计结存最低的年份，2020年城乡居民基本养老保险基金累计结存金额为485.04亿元，累计结存增长率为18.67%，是累计结存最高的年份，2020年较2012年累计结存增长391.75亿元，实现419.93%的增长，年均增长率为46.66%，累计结存增长率也全部呈正向增长。这表明，河北省城乡居民基本养老保险2012~2020年整体呈现收大于支的现象，这主要是因为城乡居民基本养老保险覆盖率水平较高，城乡居民基本养老保险每年参保人数较多，城乡居民基本养老保险缴费群体持续扩大，缴费收入增加，最终使得累计结存收大于支。但是根据表4-12中数据可知，河北省2012年累计结存增长率为35.17%，2020年为18.67%，2012~2020年河北省城乡居民基本养老保险基金累计结存增长率总体上呈递减趋势，这是因为城乡居民基本养老保险覆盖率已经上升，参保人数增长率逐渐呈现递减趋势，加之河北省老龄化程度的加剧，坐视这种趋势延续的话未来很可能产生收不抵支现象。

表4-12　　河北省2012~2020年城乡居民基本养老保险基金累计结存变化

年份	城乡居民基本养老保险基金累计结存（亿元）	累计结存增长率（%）	年份	城乡居民基本养老保险基金累计结存（亿元）	累计结存增长率（%）
2012	93.29	35.17	2017	291.12	16.84
2013	133.24	42.82	2018	339.40	16.58
2014	169.29	27.06	2019	408.73	20.43
2015	211.17	24.74	2020	485.04	18.67
2016	249.16	17.99			

资料来源：Wind数据库。

5. 养老保险基金保值增值面临挑战

河北省基本养老保险基金因为覆盖范围大、参保人数多，基金规模较大，基金通常具有较高的资金积累，而较高的资金积累如果不能通过合理投资获得收益，会因通货膨胀产生较大的贬值损失。目前，河北省城镇职工基本养老保险基金的要求主要侧重于保值，这使得河北省城镇职工基本养老保险的投资方向基本为国债和银行存款，这种投资方向虽然风险小，但是收益往往很低，实际投资收益甚至常常"跑"不过通胀率，因此，仅靠这种投资方式无法满足保值增期的目标。国债与银行储蓄这两种投资方式所带来的投资收益率、回报率相对较低，在面对高通货膨胀率时的收益更是不尽如人意。河北省城镇职工养老金在累计规模不断增加的同时，如何使缴纳的养老金保值增值是当前面临的主要问题。总体来看，河北省养老保险基金主要投资在银行存款和购买债券上，投资总回报率低于通货膨胀率，这部分养老保险基金保值面临挑战，增值更是难以实现。

6. 养老保险基金制度监管体系存在缺陷

有效的监管机制是确保养老保险基金安全可持续运营的重要保障。但目前，河北省城镇职工养老保险基金制度监管体系存在缺陷。具体表现在三个方面：一是河北省城镇职工养老保险基金监管机构尚不健全，养老保险基金主要是由本地政府机构独立管理，征缴、管理和使用三权集于一身，由于没有脱离政府管理部门，仍隶属于社保经办机构和政府部门，缺乏应有的独立性，第三方监管以及社会监督力量较为乏力。二是养老保险基金行政监管机构责任重叠，在政策制定和执行过程中，各部门组织、权力和利益无法统一，导致在实际工作中出现分歧，并且容易出现重复监督的情况，在这样的环境下，不仅对日常检查工作造成干扰，还造成了社会资源的极大浪费。三是养老保险基金监管信息披露透明力度较差。一方面，现行法规文件缺乏对养老保险基金信息披露的明确制度要求；另一方面，现行养老保险基金监管运行模式不完善，社会公众无法做到对基金运营信息的了解和监督，会打消公众对基金运营进行监督的积极性。

第四节 本章小结

本章主要对河北省社区居家养老服务的发展历程与政策演进、供给现状及存在的问题进行了分析。

首先，本章介绍了河北省社区居家养老服务供给发展历程与政策演进，经过分析后得出结论，社区居家养老服务事业的发展早期基本上是政府在主导，政府承担社区居家养老服务支付义务。2017 年以前河北省新建和改建的社区居家养老服务机构基本上是由政府资金在推动，而在 2017 年河北省养老服务市场化改革后，社区居家养老市场形成政府、公共组织、企业共存的局面，政府支付比重逐渐下降，这有利于社区居家养老服务供给总量和供给水平的提升。

其次，本章从政府、企业、社会组织和志愿者四个层面对河北省社区居家养老服务供给主体进行分析，通过分析可以得知，目前河北省社区居家养老服务支付主体主要为政府、企业和社会组织，其中，政府存在职能定位不明确、法律法规尚未健全等问题，政府参与市场的方式急需改变；企业供给市场参与度较低，养老服务产品存在质量参差不齐问题，政府需要进一步对企业经营养老机构进行规范，对养老服务产品质量进行监管；社会组织因为是自发组织参与且不以营利为目标，所以社会组织养老服务供给规范性较弱，质量差异较大；志愿者供给总量速度增加，由于志愿者队伍主要以外来务工中老年人居多，队伍松散、稳定性较差，服务水平需要提升。

最后，本章从三个部分对河北省社区居家养老服务资源供给现状进行分析，包括养老服务实物资源供给、养老服务人员供给和养老金供给。经过分析得出以下结论：一是在政策助力下，河北省居家养老机构、社区服务中心和社区床位供给增长很快，但由于河北省社区居家养老实物资源供给主体仍然是政府作为主体，社会资金参与度较低，市场活力不足，河北省养老实物资源供给距离满足养老需求仍具有较大差距；二是伴随社区养老服务相关机构的快速增加，河北省社区居家养老服务人员供给总量出现较快增长，这在一定程度上满足了社区居家养老服务人员需求，但是与河北省日益增长的养老服务人员需求相比，目前养老服务人员的供给量和供给结构都远远未能满足，城镇和农村养老服务人员供给情况也存在较大差距；三是河北省城镇 60 岁及以上老龄人口的主要资金来源为离退休金/养老金收入，农村老龄人口收入来源也正在由家庭供给向离退休金/养老金转变。因此，本章重点研究河北省城镇职工养老保险供给现状和问题。通过分析发现，河北省养老保险政策支持持续提升，政策补贴支撑着养老金收入不断提升；参保人数在不断增多，基金规模不断扩大。同时，河北省养老保险发展情况也存在诸多问题，包括法定退休年龄过早与平均预期寿命延长不匹配、人口老龄化加大退休养老社会压力、养老金替代率长期处于较低水平、养老保险基金面临收不抵支风险、养老保险基金保值增值面临挑战和养老保险基金制度监管体系存在缺陷等。

第五章

河北省社区居家养老服务人员供需缺口测算

社区居家养老服务人员主要包括照料服务人员和医护人员，所以对于社区居家养老服务人员供需缺口测算分别就这两方面进行。本章选取河北省老年人口数、选择社区居家养老的老年人口数、半失能率、养老照料人员数、医护人员数等指标，构建社区居家养老照料人员供需缺口测算模型、社区居家养老医护人员供需缺口测算模型，测算其供需缺口。

第一节 指标选取及模型构建

一、指标选取

（一）河北省老年人口数（O_z）

河北省老年人口数是指河北省处于老年年龄界限以上的人口数量，用字母 O_z 表示。老年人口包括：低龄老年人口（60~69 岁）、中龄老年人口（70~79 岁）、高龄老年人口（80 岁以上）三部分。我们将老年人口数口径统一为 60 岁及以上，这个年龄段的老年人也是养老服务需求的主要年龄段，对养老服务的需求更大。

（二）选择社区居家养老的老年人口数（O_s）

目前主要的养老方式有三种：机构养老、家庭养老和社区养老。我们研究的社区居家养老指的是居住在家中，由社区提供养老服务的养老方式。选择社区居家养老的老年人口数，用字母 O_s 表示。

（三）半失能率（K_1）和失能率（K_2）

半失能率指的是半失能老年人口数占 60 岁及以上老年总人口数的比重，用字母 K_1 表示；失能率指的是失能老年人口数占 60 岁及以上老年总人口数的比例，用字母 K_2 表示。目前，河北省半失能、失能老年人是养老服务的主要需求人群，因此已知老年人口总数的情况下，通过引用半失能率、失能率等指标可以便于计算和预测半失能、失能老年人的数量，利于后续对河北省社区居家养老服务人员和养老实物资源的计算。

（四）养老照料人员数（C）

养老照料人员数指的是从事老年人生活照料的人员数量，用字母 C 表示。这是一个对河北省社区居家养老服务供给人员进行评价的指标，照护人员是照顾老年人基础生活的主力军，处于养老服务的一线，因此养老照顾员的数量是反映河北省社区居家养老供给人员数量的重要衡量指标。

（五）社区居家养老医生数（D）和护士数（N）

老年人分三种：第一种是身体各功能基本没有问题的，虽然有减退，但是能够自理的；第二种是半失能状态的老人，部分生活需要人照料；第三种是全失能的老人，完全需要人照顾的。对于半失能和全失能的老人，除了生活方面的照料，还需要医疗方面的照料。一般年龄越大，需要的医疗照顾服务就越多。社区居家养老医生数用字母 D 表示，社区居家养老护士数用字母 N 表示。

随着年龄的增大，各种疾病逐渐出现，特别是慢性病造成的半失能、失能老人逐渐增多，其基本的生存生活保障难以保证，需要有专门护理员长期护理，社区居家养老服务人员需求主要是半失能、失能老人对养老照料、养老医护人员的需求。

二、模型构建

（一）社区居家养老照料人员需求测算模型

1. 河北省社区居家养老的老年人规模测算模型

设 $O_z(n,t)$ 为 t 年 n 岁河北省 60 岁及以上老年人口数量，$P(n,t)$ 为 t 年 n 岁河北省 60 岁及以上选择社区居家养老的老年人所占比例，$O_s(n,t)$ 为 t 年 n 岁社区居家养老老年人口的数量，则：

$$O_s(n,t) = O_z(n,t) \times P(n,t) \qquad (5.1)$$

其中，$O_z(n,t) = \begin{bmatrix} O_z(60,t) \\ O_z(61,t) \\ O_z(62,t) \\ \cdots \\ O_z(m,t) \end{bmatrix}, P(n,t) = \begin{bmatrix} P(60,t) \\ P(61,t) \\ P(62,t) \\ \cdots \\ P(m,t) \end{bmatrix}, n = \begin{bmatrix} 60 \\ 61 \\ \cdots \\ m \end{bmatrix}$，$m$ 为 n 的最大值。

2. 河北省社区居家养老半失能、失能老人规模测算模型

设 $O_1(n,t)$ 和 $O_2(n,t)$ 为 t 年 n 岁半失能、失能老年人口的数量，$K_1(n,t)$ 和 $K_2(n,t)$ 为 t 年的 n 岁老年人半失能、失能人口的比例，即半失能率和失能率，则 t 年的 n 岁社区居家养老半失能、失能老年人数量分别为：

$$O_1(n,t) = O_s(n,t) \times K_1(n,t) = O_z(n,t) \times P(n,t) \times K_1(n,t) \quad (5.2)$$

$$O_2(n,t) = O_s(n,t) \times K_2(n,t) = O_z(n,t) \times P(n,t) \times K_2(n,t) \quad (5.3)$$

其中，$O_1(n,t) = \begin{bmatrix} O_1(60,t) \\ O_1(61,t) \\ O_1(62,t) \\ \cdots \\ O_1(m,t) \end{bmatrix}, O_2(n,t) = \begin{bmatrix} O_2(60,t) \\ O_2(61,t) \\ O_2(62,t) \\ \cdots \\ O_2(m,t) \end{bmatrix},$

$$K_1(n,t) = \begin{bmatrix} K_1(60,t) \\ K_1(61,t) \\ K_1(62,t) \\ \cdots \\ K_1(m,t) \end{bmatrix}, K_2(n,t) = \begin{bmatrix} K_2(60,t) \\ K_2(61,t) \\ K_2(62,t) \\ \cdots \\ K_2(m,t) \end{bmatrix}, n = \begin{bmatrix} 60 \\ 61 \\ \cdots \\ m \end{bmatrix}, m \text{ 为 } n \text{ 的最大值。}$$

t 年 60 岁及以上社区居家养老半失能老年人数量为：

$$O_1(t) = \sum_{n=60}^{m} O_z(n,t) \times P(n,t) \times K_1(n,t)$$

$$= \sum_{n=60}^{m} \begin{bmatrix} O_z(60,t) \\ O_z(61,t) \\ O_z(62,t) \\ \cdots \\ O_z(m,t) \end{bmatrix} \times \begin{bmatrix} P(60,t) \\ P(61,t) \\ P(62,t) \\ \cdots \\ P(m,t) \end{bmatrix} \times \begin{bmatrix} K_1(60,t) \\ K_1(61,t) \\ K_1(62,t) \\ \cdots \\ K_1(m,t) \end{bmatrix} \quad (5.4)$$

t 年 60 岁及以上社区居家养老失能老年人数量为：

$$O_2(t) = \sum_{n=60}^{m} O_z(n,t) \times P(n,t) \times K_2(t)$$

$$= \sum_{n=60}^{M} \begin{bmatrix} O_z(60,t) \\ O_z(61,t) \\ O_z(62,t) \\ \cdots \\ O_z(m,t) \end{bmatrix} \times m \begin{bmatrix} P(60,t) \\ P(61,t) \\ P(62,t) \\ \cdots \\ P(m,t) \end{bmatrix} \times \begin{bmatrix} K_2(60,t) \\ K_2(61,t) \\ K_2(62,t) \\ \cdots \\ K_2(m,t) \end{bmatrix} \quad (5.5)$$

3. 社区居家养老照料人员需求测算模型

目前，不同的地区也出台了不同的养老机构人员的配比标准，上海市出台的《养老机构设施与服务要求》规定重度照护比约为 $1:2.5$，中度照护比约为 $1:6.6$，轻度照护比约为 $1:12$。湖南省的《养老机构岗位设置及人员配备指南》《连锁养老机构管理服务规范》（DB43/T1438）规定介护型老年人与护理员的比例 $1:3$，介助型老年人与护理员的比例 $1:8$，自理型老年人与护理员的配比 $1:13$。河南省的《社会办养老服务机构管理暂行办法》规定护理人员与服务对象的配备比例符合要求，服务对象生活能自

理的，配备比例不低于 1∶10；需要半护理的，配备比例不低于 1∶5；需要
全护理的，配备比例不低于 1∶3。福建省的《养老机构护理服务规范》规
定护理人员包括注册护士和养老护理员，服务对象为完全不能自理的老年
人，养老护理员和老年人配比不应低于 1∶4，其他不应低于 1∶10 等。根据
人力资源社会保障部与民政部颁布的《养老护理员国家职业技能标准》，
假设养老护理员与半失能、失能老年人数量的比例分别为 1∶5 和 1∶3，t 年
60 岁及以上的社区居家养老半失能和失能老年人养老护理员的需求（C_d）
测算模型为：

$$
\begin{aligned}
C_d(t) &= \frac{1}{5} O_1(t) \times \frac{1}{3} \times O_2(t) \\
&= \frac{1}{5} \times \sum_{n=60}^{m} O_z(n,t) \times P(n,t) \times K_1(n,t) \\
&\quad + \frac{1}{3} \times \sum_{n=60}^{m} O_z(n,t) \times P(n,t) \times K_2(n,t) \tag{5.6}
\end{aligned}
$$

4. 社区居家养老照料人员供需缺口测算模型

基于前面对社区居家养老照料人员需求的测算，设社区居家养老照料
人员供给为 $C_s(t)$，构建以 $C_{ds}(t)$ 为社区居家养老照料人员供需缺口的
测算模型为：

$$
\begin{aligned}
C_{ds}(t) &= C_s(t) - C_d(t) \\
&= C_s(t) - \frac{1}{5} \times \sum_{n=60}^{m} O_z(n,t) \times P(n,t) \times K_1(n,t) \\
&\quad - \frac{1}{3} \times \sum_{n=60}^{m} O_z(n,t) \times P(n,t) \times K_2(n,t) \tag{5.7}
\end{aligned}
$$

（二）社区居家养老医护人员供需缺口测算模型

1. 社区居家养老医护人员需求测算模型

河北省 2019 年每千人口卫生技术人员为 6.5 人，低于全国平均水平，
其中城市为 8.4 人，远远低于全国城市平均水平，而农村和全国农村的平
均水平持平；每千人口医师数 3 人，略高于全国平均水平。河北省每千人
口护士数 2.4 人。据此前世卫组织统计，挪威每千人拥有护士数量达

17.27 人，美国和日本分别为 9.8 人和 11.49 人。

本书假设社区居家养老每千人老人需要 4 名医生、10 名护士，则 t 年 60 岁及以上社区居家养老年人对医生的需求（$D_d(t)$）和对护士的需求（$N_d(t)$）的测算模型分别为：

$$D_d(t) = \frac{4}{1000}\sum_{n=60}^{m}O_{sn}(n,t) = \frac{1}{250}\sum_{n=60}^{m}O_z(n,t) \times P(n,t) \qquad (5.8)$$

$$N_d(t) = \frac{10}{1000}\sum_{n=60}^{M}O_{sn}(n,t) = \frac{1}{100}\sum_{n=60}^{M}O_{zn}(n,t) \times P_n(n,t) \qquad (5.9)$$

2. 社区居家养老医护人员供需缺口测算模型

基于前面对社区居家养老医护人员需求的测算，设社区居家养老医生、护士供给分别为 $D_s(t)$、$N_s(t)$，构建以 $D_{ds}(t)$、$N_{ds}(t)$ 为社区居家养老医生和护士供需缺口的测算模型分别为：

$$D_{ds}(t) = D_s(t) - D_d(t) = D_s(t) - \frac{1}{250}\sum_{n=60}^{m}O_z(n,t) \times P(n,t)$$
$$\qquad (5.10)$$

$$N_{ds}(t) = N_s(t) - N_d(t) = N_s(t) - \frac{1}{100}\sum_{n=60}^{m}O_z(n,t) \times P(n,t)$$
$$\qquad (5.11)$$

第二节 参数设定

一、失能率设定

当前关于老年人失能率的测算大多依据中国老年健康影响因素跟踪调查（CLHLS）、中国健康与养老追踪调查（CHARLS）和中国城乡老年人追踪调查（SSAPUR）等抽样调查数据。而这些数据在调查过程中，可能存在集中于某一群体的情况，所以本书根据人口普查和 1% 人口查重中 60 岁及以上半失能和完全失能老年人人口数量，来推算河北省 60 岁及以上老年人的半失能率和完全失能率。

根据以往年龄别失能率的变动，估计未来老年人的失能率。利用2010
年第六次人口普查、2015年1%抽样调查以及2020年第七次人口普查年龄
别半失能和完全失能人口数据，分别计算出2010年、2015年、2020年年
龄别半失能率 $b(t_{2010}, b_j)$、$b(t_{2015}, b_j)$、$b(t_{2020}, b_j)$（b_j 表示第 j 年龄段）和
完全失能率 $h(t_{2010}, b_j)$、$h(t_{2015}, b_j)$、$h(t_{2020}, b_j)$（b_j 表示第 j 年龄段），计
算2010～2015年各年龄段的半失能率与完全失能率的平均变动率分别为
$\Delta b(t_{2015} - t_{2010}, b_j)$ 和 $\Delta h(t_{2015} - t_{2010}, b_j)$，2015～2020年各年龄段半失能率
与完全失能率的平均变动率分别为 $\Delta b(t_{2020} - t_{2015}, b_j)$ 和 $\Delta h(t_{2020} - t_{2015}, b_j)$，
就半失能率和完全失能率，分别取两年龄段平均变动率的平均值作为未来
年度各年龄段半失能率和完全失能率的变动率。

$$\Delta h(t_{2015} - t_{2010}, b_j) = \left(\frac{h(t_{2015}, b_j)}{h(t_{2010}, b_j)} \right)^{1/5} - 1 \tag{5.12}$$

$$\Delta h(t_{2020} - t_{2015}, b_j) = \left(\frac{h(t_{2020}, b_j)}{h(t_{2015}, b_j)} \right)^{1/5} - 1 \tag{5.13}$$

$$\Delta h(t, b_j) = \frac{1}{2} [\Delta h(t_{2020} - t_{2015}, b_j) + \Delta h(t_{2015} - t_{2010}, b_j)] \tag{5.14}$$

$$\Delta b(t_{2015} - t_{2010}, b_j) = \left(\frac{b(t_{2015}, b_j)}{b(t_{2010}, b_j)} \right)^{1/5} - 1 \tag{5.15}$$

$$\Delta b(t_{2020} - t_{2015}, b_j) = \left(\frac{b(t_{2020}, b_j)}{b(t_{2015}, b_j)} \right)^{1/5} - 1 \tag{5.16}$$

$$\Delta b(t, b_j) = \frac{1}{2} [\Delta b(t_{2020} - t_{2015}, bj) + \Delta b(t_{2015} - t_{2010}, b_j)] \tag{5.17}$$

以2020年人口普查年龄别半失能率 $b(t_{2020}, b_j)$ 和完全失能率 $h(t_{2020}, b_j)$ 为基础起点，变动率为 $\Delta b(t, bj)$ 和 $\Delta h(t, b_j)$，测算2021～2050年河北
省各年份各年龄段半失能率和完全失能率。

$$b(t_i, b_j) = b(t_{2020}, b_j) \times [1 + \Delta b(t, b_j)]^{t - 2020} \tag{5.18}$$

$$h(t_i, b_j) = h(t_{2020}, b_j) \times [1 + \Delta h(t, b_j)]^{t - 2020} \tag{5.19}$$

其中，$i = 2021, 2022, 2023, \cdots, 2050$。设第 i 年 j 年龄段的人口数为
$\alpha(t_i, b_j)$，则第 i 年 j 年龄段的半失能和完全失能人口情况分别如下所示。

半失能人口为：

$$B(t_i, b_j) = b(t_i, b_j) \times a(t_i, b_j) \qquad (5.20)$$

第 i 年的半失能人口规模为：

$$O_{1n}(t) = \sum_j B(t_i, b_j) \qquad (5.21)$$

第 i 年的半总失能率为：

$$b(ti) = \frac{\sum_j B(ti, bj)}{\sum_j a(tj, bj)} \times 100\% \qquad (5.22)$$

完全失能人口为：

$$H(t_i, b_j) = h(t_i, b_j) \times a(t_i, b_j) \qquad (5.23)$$

第 i 年的完全失能规模为：

$$O_{2n}(t) = \sum_j H(t_i, b_j) \qquad (5.24)$$

第 i 年的完全总失能率为：

$$h(t_i) = \frac{\sum_j H(t_i, b_j)}{\sum_j a(t_i, b_j)} \times 100\% \qquad (5.25)$$

二、护理员与失能老人比例设置

本书根据河南省的《社会办养老服务机构管理暂行办法》中的护理人员与服务对象的配备比例，服务对象生活能自理的，配备比例不低于1∶10；需要半护理的，配备比例不低于1∶5；需要全护理的，配备比例不低于1∶3。设定半失能老人的护理员比例为1∶5，完全失能老人的护理比例为1∶3，而健康的老人，生活可以自理，所以本书暂不考虑完全能自理的老人的护理比例。其中，2010~2020年河北省的养老护理人员数根据2011~2021年《中国民政统计年鉴》整理所得，并假设未来三十年增速与前十年保持一致，依此测算2021~2050年的养老护理人员缺口。

第三节　社区居家养老不同健康状况老人规模测算

一、半失能率及失能率的测算

根据失能率的计算方法，得到河北省的半失能率变动率为 - 1.535%，完全失能率的变动率为 - 1.54%，城镇的半失能率变动率为 - 1.48%，完全失能率的变动率为 - 0.94%，乡村的半失能率变动率为 - 0.78%，完全失能率变动率为 - 1.41%，整体处于下降的趋势。根据 2020 年的基期半失能率和完全失能率，推算出 2021 ~ 2050 年河北省、城镇与乡村的半失能率与完全失能率，如表 5 - 1 所示。

表 5 - 1　　2021 ~ 2050 年河北省、城镇和乡村的半失能率及完全失能率　单位：%

年份	半失能率			完全失能率		
	河北省	城镇	乡村	河北省	城镇	乡村
2021	12.26	9.16	15.54	2.92	2.56	3.30
2022	12.07	9.02	15.42	2.87	2.54	3.25
2023	11.88	8.89	15.30	2.83	2.51	3.20
2024	11.70	8.75	15.18	2.78	2.49	3.16
2025	11.52	8.62	15.06	2.74	2.47	3.11
2026	11.34	8.50	14.94	2.70	2.44	3.07
2027	11.17	8.37	14.82	2.66	2.42	3.03
2028	11.00	8.25	14.71	2.62	2.40	2.98
2029	10.83	8.12	14.59	2.58	2.37	2.94
2030	10.66	8.00	14.48	2.54	2.35	2.90
2031	10.50	7.88	14.37	2.50	2.33	2.86
2032	10.34	7.77	14.25	2.46	2.31	2.82
2033	10.18	7.65	14.14	2.42	2.29	2.78
2034	10.02	7.54	14.03	2.38	2.27	2.74
2035	9.87	7.42	13.92	2.35	2.24	2.70
2036	9.72	7.31	13.81	2.31	2.22	2.66
2037	9.57	7.20	13.71	2.28	2.20	2.62

续表

年份	半失能率			完全失能率		
	河北省	城镇	乡村	河北省	城镇	乡村
2038	9.42	7.10	13.60	2.24	2.18	2.59
2039	9.28	6.99	13.49	2.21	2.16	2.55
2040	9.13	6.89	13.39	2.17	2.14	2.51
2041	8.99	6.79	13.28	2.14	2.12	2.48
2042	8.86	6.68	13.18	2.11	2.10	2.44
2043	8.72	6.58	13.07	2.07	2.08	2.41
2044	8.59	6.49	12.97	2.04	2.06	2.37
2045	8.45	6.39	12.87	2.01	2.04	2.34
2046	8.32	6.30	12.77	1.98	2.02	2.31
2047	8.20	6.20	12.67	1.95	2.00	2.27
2048	8.07	6.11	12.57	1.92	1.98	2.24
2049	7.95	6.02	12.47	1.89	1.97	2.21
2050	7.82	5.93	12.38	1.86	1.95	2.18

由表 5-1 中 2021~2050 年河北省、城镇和乡村的半失能率及完全失能率的数据可知，河北省半失能率和完全失能率均呈现出降低的趋势。从半失能率及完全失能率的城镇和乡村的比较中可以看出，乡村的半失能率与完全失能率都明显高于城镇。造成此现象的原因，可能是因为城镇地区的医疗水平高于乡村，有效降低了 60 岁及以上老人的失能风险。再者，从时间纵轴上看 2021~2050 年的半失能率和完全失能率无论是乡村还是城镇，都随着年份的增加而降低，而造成这一预测结果的原因，也可能与医疗服务水平有关，随着年份的增加，以及医疗技术和相关人员水平的提升，老年人的失能率下降。

二、社区居家养老老年人半失能及完全失能规模测算

（一）河北省、城镇和乡村的社区居家养老老年人规模测算

对于半失能以及完全失能老人养老方式选择的变化趋势数据相对缺乏（李建伟等，2022），而在养老方式的统计中也存在两种具有说服力的比

率，因此，本书选择两种方案来计算河北省社区居家养老的半失能和完全失能老人的规模。其中在河北省对社区居家养老服务类型需求调研发现，河北省全省、城镇和乡村分别有21.20%、22.65%和17.39%的目标群体至少需要一项社区居家养老服务（方案一），这一数据也反映出河北省老年群体较为积极参与到社区居家养老的服务中来。在全国，从2011年民政部发布的数据来看，我国总体形成"9073"模式，即由90%的居家养老、7%的社区养老、3%的机构养老组成（方案二）。根据以上分类，结合2021~2050年预测河北省城镇及乡村老年人口规模，得到表5-2方案一2021~2050年河北省、城镇和乡村60岁及以上老年人社区居家养老规模和图5-1方案一2021~2050年河北省、城镇和乡村社区居家养老老人规模变化趋势，以及表5-3方案二2021~2050年河北省、城镇和乡村60岁及以上老年人社区居家养老规模与图5-2方案二2021~2050年河北省、城镇和乡村社区居家养老老人规模变化趋势。

表5-2　　　　　方案一2021~2050年河北省、城镇
和乡村社区居家养老老人规模　　　　　　　单位：人

年份	河北省	城镇	乡村
2021	3305309	2080754	1111628
2022	3428189	2194688	1124834
2023	3554126	2313233	1137002
2024	3680676	2434872	1147295
2025	3807788	2559588	1155682
2026	3942706	2692347	1164288
2027	4078168	2828363	1170838
2028	4214166	2967647	1175315
2029	4335302	3099209	1173538
2030	4441887	3222798	1165953
2031	4523257	3310794	1165050
2032	4591215	3389928	1159957
2033	4646104	3460199	1150958
2034	4692405	3524722	1139334
2035	4730307	3583475	1125255

续表

年份	河北省	城镇	乡村
2036	4755702	3633159	1107890
2037	4773322	3677178	1088502
2038	4783495	3715638	1067279
2039	4797525	3757249	1046797
2040	4815994	3802546	1027124
2041	4845554	3856906	1009580
2042	4881048	3916406	992953
2043	4923115	3981676	977280
2044	4974423	4055018	962983
2045	5035793	4137284	950078
2046	5130488	4247928	942693
2047	5237945	4370432	936658
2048	5359158	4505879	931958
2049	5455713	4621988	921897
2050	5529529	4719923	907156

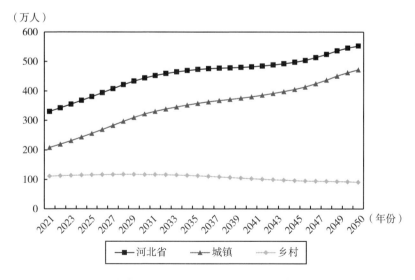

图 5-1　方案一 2021~2050 年河北省、城镇和乡村社区
居家养老老年人规模变化趋势

河北省社区居家养老服务人员供需缺口测算

表 5－3　　　　　　方案二 2021～2050 年河北省、城镇

和乡村社区居家养老老年人规模　　　　单位：人

年份	河北省	城镇	乡村
2021	1091376	643912	447464
2022	1131949	679170	452780
2023	1173532	715855	457677
2024	1215318	753497	461821
2025	1257289	792092	465197
2026	1301837	833176	468661
2027	1346565	875267	471298
2028	1391470	918370	473100
2029	1431468	959083	472384
2030	1466661	997329	469331
2031	1493528	1024560	468968
2032	1515967	1049049	466918
2033	1534091	1070796	463296
2034	1549379	1090763	458616
2035	1561894	1108945	452949
2036	1570279	1124320	445959
2037	1576097	1137942	438155
2038	1579456	1149844	429612
2039	1584088	1162721	421368
2040	1590187	1176738	413449
2041	1599947	1193561	406387
2042	1611667	1211973	399693
2043	1625557	1232172	393385
2044	1642498	1254869	387630
2045	1662762	1280327	382435
2046	1694029	1314567	379463
2047	1729510	1352477	377033
2048	1769533	1394392	375141
2049	1801415	1430323	371091
2050	1825788	1460630	365158

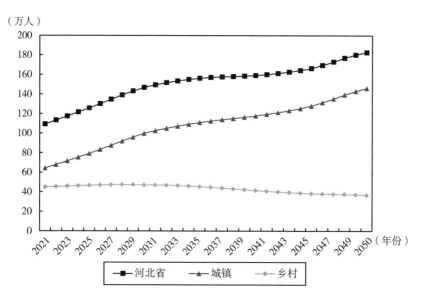

**图 5 - 2   方案二 2021 ~ 2050 年河北省、城镇和乡村
社区居家养老老年人规模变化趋势**

由表 5 - 2 可以分析得出，河北省整体老年社区居家养老人数呈现出上升的状态，到 2050 年达到近三十年预测的峰值，具体人数由 2021 年的 3305309 人增加到 2050 年的 5529529 人，增加了 2224220 人。造成这一现象的原因与老龄人口数的不断增加有着密不可分的关系。而分城乡来看，城镇的老年居家养老人数也呈现出逐年增加的趋势，而乡村的老年居家养老人数则呈现出先增加后降低的趋势，即从 2021 年的 1111628 人逐渐增加，在 2028 年达到 1175315 人的峰值，之后出现人数的缓慢下降，这一现象可能与未来乡村老年人口向城市流动有关。横向综合比较，城镇社区居家养老人数远远大于乡村社区居家养老人数，并且 2021 年城镇居家养老人数为乡村社区居家养老人数的 1.87 倍，造成这一现象的原因可能与城镇的整体规模以及老年人规模大于乡村有关，另外也可能是城镇和乡村所处的客观条件与文化环境不同，造成城镇与乡村选择居家养老的观念差异所带来的。

由图 5 - 1 可以清楚地看出河北省、城镇和乡村的社区居家养老老人规模趋势，其中河北省居家养老的老年人数呈现出上升的趋势，总体增速可以分为三个阶段：先增速较快，后增速放缓较不明显，之后再明显增加。

而分城镇和乡村来看，城镇与河北省整体老年居家养老人数的趋势大致相同，也总体为增加的趋势，而乡村的社区居家养老规模呈现出先增加后降低的趋势，在2028年左右达到最大值，但乡村社区居家养老规模相对于城镇的变化不明显，造成这一现象的原因可能与河北省乡村老年人口基数小于城镇老年人口数有关。

由表5-3可以分析得出，河北省整体社区居家养老人数随年份增加而逐渐增多，具体由2021年的1091376人增加到2050年的1825788人，2050年社区居家养老人数为2021年的1.67倍，导致这一现象的原因可能与我国未来老龄化的趋势有关。分城镇和乡村来看，城镇的社区居家养老人数呈现出明显的上升趋势，2050年城镇社区居家养老人数达到1460630人，为2021年的2.2倍。这说明城镇社区居家养老的老年人数增加明显。而乡村社区居家养老人数呈现出先增加后降低的趋势，于2028年达到最大值473100人。而城镇和乡村对比来看，城镇的社区居家养老人数远多于乡村社区居家养老人数，并且随着年份的增加，城镇与乡村社区居家养老人数的差距也逐渐增大，2021年城镇比乡村的社区居家养老人数多196448人，到2050年两者相差1095472人，造成这一现象的原因可能与总体人口基数的规模相差较多有关。

由图5-2可以看出2021~2050年河北省、城镇和乡村社区居家养老老人规模变化趋势，河北省整体呈现出先快速增加、后增速放缓、再增加的趋势，到2050年河北省社区居家养老规模达到最大值，2021~2030年的增速最为明显。城镇社区居家养老老人规模趋势总体与河北省总体规模类似，但乡村的社区居家养老老人规模趋势呈现出先缓慢增加后较为明显下降的趋势，在2050年达到最低值。总体来看，城镇与乡村社区居家养老老人规模的差距逐渐扩大，这一结果可能与乡村医疗水平以及城乡之间的人口流动造成的总体老年人群规模差异有关。

（二）河北省、城镇和乡村社区居家养老半失能及完全失能老年人规模测算

根据半失能率和完全失能率的测算模型，计算出的2021~2050年河北省、城镇和乡村的半失能率及完全失能率，如表5-1所示，结合表5-2方案一2021~2050年河北省、城镇和乡村的社区居家养老老人规模，得到

表 5-4 方案一 2021～2050 年河北省、城镇和乡村社区居家养老半失能及完全失能规模和表 5-5 方案二 2021～2050 年河北省、城镇和乡村社区居家养老半失能及完全失能规模。

表 5-4　　　　方案一 2021～2050 年河北省、城镇和乡村社区居家

养老半失能及完全失能老年人规模　　　　单位：人

年份	半失能			完全失能		
	河北省	城镇	乡村	河北省	城镇	乡村
2021	405123	190539	172743	96387	53297	36657
2022	413731	197982	173428	98432	55687	36567
2023	422342	205572	173933	100478	58143	36438
2024	430662	213162	174135	102454	60625	36247
2025	438692	220747	174036	104361	63131	35994
2026	447260	228742	173961	106396	65781	35748
2027	455521	236723	173572	108357	68455	35440
2028	463483	244685	172873	110248	71150	35071
2029	469483	251731	171261	111671	73606	34521
2030	473637	257875	168824	112656	75821	33812
2031	474920	260975	167374	112954	77159	33307
2032	474638	263237	165339	112887	78261	32691
2033	472935	264696	162773	112478	79132	31977
2034	470313	265621	159869	111851	79849	31206
2035	466830	266031	156658	111019	80417	30383
2036	462128	265706	153034	109897	80765	29490
2037	456716	264925	149180	108607	80975	28563
2038	450660	263713	145128	107163	81053	27609
2039	445040	262699	141230	105823	81190	26695
2040	439892	261911	137492	104596	81396	25822
2041	435795	261703	134086	103618	81784	25021
2042	432245	261786	130846	102771	82264	24260
2043	429274	262190	127774	102061	82849	23539
2044	427086	263047	124920	101538	83582	22866
2045	425715	264390	122282	101208	84475	22239
2046	427059	267422	120383	101525	85919	21754
2047	429307	271041	118677	102056	87566	21308
2048	432496	275284	117157	102811	89431	20901
2049	433526	278176	114986	103052	90872	20382
2050	432643	279844	112263	102839	91925	19772

河北省社区居家养老服务人员供需缺口测算

表 5 - 5 　　方案二 2021～2050 年河北省、城镇和乡村社区居家
养老半失能及完全失能老年人规模　　　　单位：人

年份	半失能			完全失能		
	河北省	城镇	乡村	河北省	城镇	乡村
2021	133767	58964	69534	31826	16493	14756
2022	136609	61268	69810	32501	17233	14719
2023	139452	63616	70013	33177	17993	14668
2024	142200	65965	70095	33829	18761	14591
2025	144851	68313	70055	34459	19537	14489
2026	147680	70787	70025	35131	20357	14390
2027	150408	73256	69868	35778	21184	14266
2028	153037	75720	69586	36403	22018	14117
2029	155018	77901	68938	36873	22778	13896
2030	156390	79802	67957	37198	23464	13610
2031	156809	80761	67373	37296	23878	13407
2032	156720	81462	66554	37274	24219	13159
2033	156158	81913	65521	37139	24488	12872
2034	155292	82199	64352	36932	24710	12561
2035	154142	82326	63060	36657	24886	12230
2036	152589	82226	61601	36287	24994	11871
2037	150803	81984	60050	35861	25059	11498
2038	148803	81609	58418	35384	25083	11114
2039	146947	81295	56849	34942	25125	10746
2040	145247	81051	55345	34536	25189	10394
2041	143894	80987	53974	34214	25309	10072
2042	142722	81013	52670	33934	25458	9766
2043	141741	81137	51433	33699	25638	9475
2044	141019	81403	50284	33527	25865	9204
2045	140566	81818	49222	33418	26142	8952
2046	141010	82757	48458	33522	26589	8757
2047	141752	83877	47771	33698	27098	8577
2048	142805	85189	47159	33947	27675	8413
2049	143145	86085	46286	34027	28121	8204
2050	142854	86601	45189	33956	28447	7959

由表 5 – 4 方案一 2021 ~ 2050 年河北省、城镇和乡村社区居家养老半失能及完全失能老人规模分析可知，河北省总体半失能老人人数大于完全失能老人人数，其中 2021 年河北省半失能老人比完全失能老人多 308736 人，这一现象的原因与正常的老年结构有关，完全失能不能自理的老人人数小于半失能老人人数在正常的老年年龄结构下是正常的。而具体分城镇和乡村来看，城镇社区居家养老中完全失能和半失能老人的人数都低于乡村，这一现象与表 5 – 2 方案一河北省、城镇和乡村的社区居家养老老人规模中，城镇社区居家养老老人规模远大于乡村有关。纵向来看，随着时间变化，河北省社区居家养老半失能规模和完全失能规模先增加后降低，其中半失能规模于 2031 年达到最高值 474920 人，完全失能规模于 2031 年达到峰值 112954 人，这可能与随着年份的增加医疗水平的提升有关。而城镇社区居家养老中半失能与完全失能人数均呈现出上升的趋势，其中城镇社区居家养老半失能规模由 2021 年的 190539 人增加到 2050 年的 279844 人，增加了 89305 人，造成这一现象的原因可能与医疗水平进步造成半失能和完全失能人数的减少的绝对值低于城镇社区居家养老中老年规模的增加导致的半失能和完全失能人数增加的绝对值有关。最后，分析乡村的社区居家养老老人中半失能与完全失能的规模变化，总体来看两者均呈现出下降的趋势，其中乡村社区居家养老半失能人数 2050 年比 2021 年减少了60480 人，造成这一现象的原因可能与乡村的社区居家养老规模的下降和医疗水平提升有关。

由表 5 – 5 方案二 2021 ~ 2050 年河北省、城镇和乡村社区居家养老半失能及完全失能老人规模可知，河北省及城镇、乡村的社区居家养老中半失能规模要大于完全失能规模，造成这一现象的原因可能为在老年年龄结构合理的条件下，完全失能率低于半失能率所造成的。其中，预测到 2050 年河北省总体社区居家养老老人中，半失能老人规模比完全失能老人规模多 108898 人。纵向结合时间变化来看，河北省总体社区居家养老半失能规模人数呈现出总体增加再减少的趋势，在 2031 年达到峰值 156809 人，同时，河北省总体社区居家养老完全失能规模人数总体也呈现先增加后降低的状态，但在 2044 ~ 2050 年呈现出在数值 33522 人左右的水平波动的状态。对于城镇社区居家养老半失能规模随着年份变化呈现出总体波动上升的趋势，而乡村社区居家养老的半失能人数呈现出先短暂上升后下降的趋势，所以到2050年城镇社区居家养老的半失能规模远远大于乡村，具体城镇比乡村多41412人。对于完全失能规模，乡村社区居家养老完全失能规模呈现出逐年下降的趋势，这可能是由于医疗水平提升的结果。而城镇社区居家养老完全失能规模呈现出逐年上升的趋势，到2050年达到28447人，这可能与该方案社区居家养老规模基数较大有关。

第四节　社区居家养老照料人员供需缺口测算及结果分析

一、社区居家养老照料人员需求测算及结果分析

分析养老护理员的需求，离不开对养老机构人员配比的分析，本书设定半失能老人的护理员比例为1:5，完全失能老人的护理比例为1:3；而健康的老人，生活可以自理，所以本书暂不考虑完全能自理的老人的护理比例。因此，方案一2021~2050年社区居家半失能和完全失能老人所需护理人员数量如表5-6所示，方案二2021~2050年社区居家半失能和完全失能老人所需护理人员数量如表5-7所示。

表5-6　　　方案一河北省、城镇和乡村社区居家养老半失能
及完全失能老人照料人员需求　　　单位：人

年份	半失能			完全失能		
	河北省	城镇	乡村	河北省	城镇	乡村
2021	81025	38108	34549	32129	17766	12219
2022	82746	39596	34686	32811	18562	12189
2023	84468	41114	34787	33493	19381	12146
2024	86132	42632	34827	34151	20208	12082
2025	87738	44149	34807	34787	21044	11998
2026	89452	45748	34792	35465	21927	11916
2027	91104	47345	34714	36119	22818	11813
2028	92697	48937	34575	36749	23717	11690
2029	93897	50346	34252	37224	24535	11507
2030	94727	51575	33765	37552	25274	11271

续表

年份	半失能			完全失能		
	河北省	城镇	乡村	河北省	城镇	乡村
2031	94984	52195	33475	37651	25720	11102
2032	94928	52647	33068	37629	26087	10897
2033	94587	52939	32555	37493	26377	10659
2034	94063	53124	31974	37284	26616	10402
2035	93366	53206	31332	37006	26806	10128
2036	92426	53141	30607	36632	26922	9830
2037	91343	52985	29836	36202	26992	9521
2038	90132	52743	29026	35721	27018	9203
2039	89008	52540	28246	35274	27063	8898
2040	87978	52382	27498	34865	27132	8607
2041	87159	52341	26817	34539	27261	8340
2042	86449	52357	26169	34257	27421	8087
2043	85855	52438	25555	34020	27616	7846
2044	85417	52609	24984	33846	27861	7622
2045	85143	52878	24456	33736	28158	7413
2046	85412	53484	24077	33842	28640	7251
2047	85861	54208	23735	34019	29189	7103
2048	86499	55057	23431	34270	29810	6967
2049	86705	55635	22997	34351	30291	6794
2050	86529	55969	22453	34280	30642	6591

表5-7　　　　方案二河北省、城镇和乡村社区居家养老半失能
及完全失能老人照料人员需求　　　　　单位：人

年份	半失能			完全失能		
	河北省	城镇	乡村	河北省	城镇	乡村
2021	26753	11793	13907	10609	5498	4919
2022	27322	12254	13962	10834	5744	4906
2023	27890	12723	14003	11059	5998	4889
2024	28440	13193	14019	11276	6254	4864
2025	28970	13663	14011	11486	6512	4830
2026	29536	14157	14005	11710	6786	4797
2027	30082	14651	13974	11926	7061	4755
2028	30607	15144	13917	12134	7339	4706

续表

年份	半失能			完全失能		
	河北省	城镇	乡村	河北省	城镇	乡村
2029	31004	15580	13788	12291	7593	4632
2030	31278	15960	13591	12399	7821	4537
2031	31362	16152	13475	12432	7959	4469
2032	31344	16292	13311	12425	8073	4386
2033	31232	16383	13104	12380	8163	4291
2034	31058	16440	12870	12311	8237	4187
2035	30828	16465	12612	12219	8295	4077
2036	30518	16445	12320	12096	8331	3957
2037	30161	16397	12010	11954	8353	3833
2038	29761	16322	11684	11795	8361	3705
2039	29389	16259	11370	11647	8375	3582
2040	29049	16210	11069	11512	8396	3465
2041	28779	16197	10795	11405	8436	3357
2042	28544	16203	10534	11311	8486	3255
2043	28348	16227	10287	11233	8546	3158
2044	28204	16281	10057	11176	8622	3068
2045	28113	16364	9844	11139	8714	2984
2046	28202	16551	9692	11174	8863	2919
2047	28350	16775	9554	11233	9033	2859
2048	28561	17038	9432	11316	9225	2804
2049	28629	17217	9257	11342	9374	2735
2050	28571	17320	9038	11319	9482	2653

二、社区居家养老照料人员供给测算及结果分析

河北省的社区养老机构护理员数量近年来在不断增长，社区养老护理员自 2015 年的 2534 人增加到 2020 年的 9287 人，如图 5 - 3 所示，河北省社区养老护理员的增长速度较快，但是在 2017～2018 年还出现了负增长，出现了人才外流现象，这表明河北省的社区养老护理员的队伍建设不稳定，社区养老机构对护理员的招聘与留住人的能力较差，这也是河北省社

区养老护理员行业的整体状况，一方面是护理员的待遇较差；另一方面是社会对该行业的认可度不高，社区养老护理员的队伍大规模、高质量发展的难度较大。

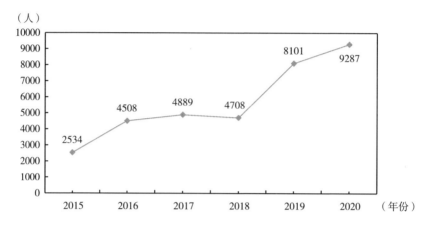

图 5 - 3 2015 ~ 2020 年河北省社区养老机构职工变化趋势
资料来源：根据《中国民政统计年鉴》（2016 ~ 2021）整理所得。

因为数据缺失，由乡村机构数量占河北省机构数量的占比计算出河北省乡村社区养老照料人员数量。根据 2015 ~ 2020 年我国农村养老机构职工数进行预测，2015 年我国农村养老机构职工数为 1412 人，到 2018 年减少到 1027 人，2018 ~ 2020 年总体上升，从 1027 人增加到 3944 人，2015 ~ 2020 年的年增长率为 22.8%（见图 5 - 4）。

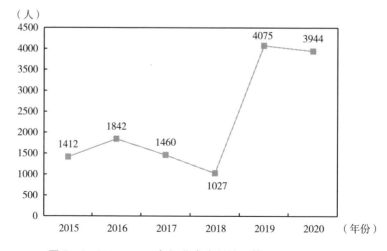

图 5 - 4 2015 ~ 2020 年河北省乡村社区养老机构职工数量

假设农村社区居家养老护理人员供给未来三十年增速与 2015～2020 年持平，年增速为 22.8%，则 2021～2050 年乡村养老照料人员供给数量由 4843 人增加到 1873053 人，总体上升约为 386 倍。根据河北省整体供给数量与农村供给数量之差得出河北省 2021～2050 年的城镇社区居家养老照料人员数（见表 5－8）。

表 5－8　2021～2050 年河北省及城乡社区居家养老照料人员供给数量　单位：人

年份	河北省	城镇	乡村
2021	12042	7198	4843
2022	15614	9666	5948
2023	20245	12940	7305
2024	26250	17280	8971
2025	34036	23020	11016
2026	44132	30604	13529
2027	57223	40609	16614
2028	74197	53794	20403
2029	96205	71149	25057
2030	124742	93971	30771
2031	161744	123955	37789
2032	209720	163314	46407
2033	271928	214938	56991
2034	352589	282601	69988
2035	457174	371225	85950
2036	592783	487232	105551
2037	768616	638992	129624
2038	996605	837419	159186
2039	1292222	1096731	195490
2040	1675525	1435450	240074
2041	2172524	1877698	294826
2042	2816945	2454880	362065
2043	3652516	3207877	444639
2044	4735936	4189892	546044
2045	6140725	5470149	670576

续表

年份	河北省	城镇	乡村
2046	7962206	7138697	823509
2047	10323980	9312659	1011321
2048	13386311	12144347	1241965
2049	17357001	15831791	1525210
2050	22505489	20632436	1873053

三、社区居家养老照料人员供需测算及结果分析

本书假设养老照料人员供给未来三十年增速与前十年持平，至2050年养老照料人员数量增加至22505489人。

由表5-9方案一2021~2050年河北省社区居家养老照料人员需求、供给及缺口规模可知，假设养老照料人员供给未来三十年增速与前十年持平，至2050年养老照料服务人员供给数量增加至22505489人。2021~2030年存在缺口并逐渐缩小，到2031年出现过剩，并逐渐扩大，说明2021~2030年这十年间河北省老年人养老照料服务人员需求大于供给，2030~2050年河北省老年人养老照料服务人员需求小于供给。由2021年缺口为-10.11万人，到2050年出现2238.47万人的富余，社区居家养老照料服务人员将出现严重的供过于求现象。这可能是河北省加大了养老照料人员招募和培训力度，同时有越来越多的社会公众愿意参与到社区照护服务工作中，增加了照料人员供给，进一步弥补了养老照料人员缺口。综合来看，河北省养老照料服务人员供给增速大于需求，可以适当调动老年人接纳和参与社区居家养老的积极性。

表5-9 方案一2021~2050年河北省社区居家养老照料
人员需求、供给及缺口 单位：人

年份	供给	需求	缺口
2021	12042	113154	-101112
2022	15614	115557	-99943
2023	20245	117961	-97716

续表

年份	供给	需求	缺口
2024	26250	120283	-94033
2025	34036	122525	-88489
2026	44132	124917	-80785
2027	57223	127223	-70000
2028	74197	129446	-55249
2029	96205	131121	-34916
2030	124742	132279	-7537
2031	161744	132635	29109
2032	209720	132557	77163
2033	271928	132080	139848
2034	352589	131347	221242
2035	457174	130372	326802
2036	592783	129058	463725
2037	768616	127545	641071
2038	996605	125853	870752
2039	1292222	124282	1167940
2040	1675525	122843	1552682
2041	2172524	121698	2050826
2042	2816945	120706	2696239
2043	3652516	119875	3532641
2044	4735936	119263	4616673
2045	6140725	118879	6021846
2046	7962206	119254	7842952
2047	10323980	119880	10204100
2048	13386311	120769	13265542
2049	17357001	121056	17235945
2050	22505489	120809	22384680

由图 5-5 方案一 2021~2050 年河北省社区居家养老照料人员需求、供给及缺口趋势图可知，2021~2050 年河北省社区居家养老照料服务人员供给是先保持稳定后快速上升的趋势，社区居家养老照料服务人员需求是

总体保持稳定的趋势，供需缺口的变动趋势与养老照料服务人员供给的变动趋势基本一致，造成这一现象的主要原因可能是河北省社区居家养老照料服务人员出现供需缺口主要是由养老照料服务人员供给不足引起的，只要河北省加大力度改善养老照料人员供给不足的问题，增加养老照料服务人员数量，鼓励社会公众更多地参与社区居家养老服务，贡献自己的力量，养老照料服务人员的供需缺口问题就可以得到解决。但要注意养老照料服务人员供给和正向缺口还有继续增大的趋势，河北省相关部门应该注意合理适度增加养老照料服务人员供给，避免造成不必要的养老资源浪费。

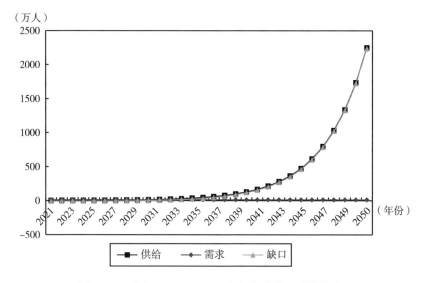

图 5-5　方案一 2021~2050 年河北省社区居家养老
照料人员需求、供给及缺口趋势

由表 5-10 方案一 2021~2050 年河北省城镇社区居家养老照料人员需求、供给及缺口规模可知，2021~2029 年城镇社区居家养老照料人员都是供给小于需求的情况，供需缺口为负，2021 年供需缺口最大为 48676 人，直到 2030 年才出现城镇社区居家养老照料人员供给大于需求的情况，可能的原因是城镇社区居家养老照料人员较匮乏，专业的养老技术人员较少，社会成员以及养老服务志愿者参与养老服务度较低。纵向结合时间来看，养老照料人员供给规模呈现不断上升的趋势；养老照料人员需求规模处于稳步上升的趋势，只在 2037~2042 年有过短暂波动；养老照料人员供需缺口刚开始为负，即养老照料人员供不应求，后来转为正值，出现供过于求

的现象，且正的缺口越来越大。造成这一现象的主要原因可能是随着人口
老龄化的加剧、老年人口的不断增加，老年人对于社区居家养老照料人员
的需求也逐年上升，但是城镇社区和政府为此做出巨大努力，加强宣传和
动员，社会形成了敬老爱老的良好社会风气，更多的社区民众参与到社区
居家养老行业中，弥补了养老照料人员的缺口。

表 5 - 10　　　　方案一 2021～2050 年河北省城镇社区居家养老

照料人员需求、供给及缺口　　　　单位：人

年份	供给	需求	缺口
2021	7198	55874	-48676
2022	9666	58158	-48492
2023	12940	60495	-47555
2024	17280	62840	-45560
2025	23020	65193	-42173
2026	30604	67675	-37071
2027	40609	70163	-29554
2028	53794	72654	-18860
2029	71149	74881	-3732
2030	93971	76849	17122
2031	123955	77915	46040
2032	163314	78734	84580
2033	214938	79316	135622
2034	282601	79740	202861
2035	371225	80012	291213
2036	487232	80063	407169
2037	638992	79977	559015
2038	837419	79761	757658
2039	1096731	79603	1017128
2040	1435450	79514	1355936
2041	1877698	79602	1798096
2042	2454880	79778	2375102
2043	3207877	80054	3127823
2044	4189892	80470	4109422

续表

年份	供给	需求	缺口
2045	5470149	81036	5389113
2046	7138697	82124	7056573
2047	9312659	83397	9229262
2048	12144347	84867	12059480
2049	15831791	85926	15745865
2050	20632436	86611	20545825

由图 5 – 6 方案一 2021~2050 年河北省城镇社区居家养老照料人员需求、供给及缺口趋势图可知，2021~2050 年河北省城镇社区居家养老照料人员供给在 2033 年及之前保持稳定趋势，2033 年之后呈快速上升的趋势，社区居家养老照料人员需求是总体保持稳定的趋势，供需缺口的变动趋势也是先保持稳定后快速上升。城镇社区居家养老照料人员需求、供给及缺口变动趋势与总计的社区居家养老照料人员需求、供给及缺口一致。

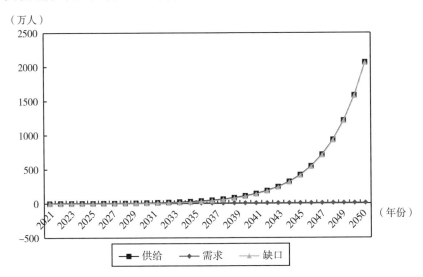

**图 5 – 6 方案一 2021~2050 年河北省城镇社区居家养老
照料人员需求、供给及缺口趋势**

由表 5 – 11 方案一 2021~2050 年河北省乡村社区居家养老照料人员需求、供给及缺口规模可知，2021 年乡村社区居家养老照料人员供给规模最小，仅为 4843 人，且远远小于城市社区居家养老照料人员供给数量 7198

人，几乎为城镇养老照料人员供给数量的一半，但是乡村的社区居家养老照料人员需求规模也比城镇的小，乡村的社区居家养老照料人员缺口相对于城镇也较小。农村经济基础相对较落后，养老服务基础设施不够完善，农村村委会等部门对于社区居家养老的重视程度不高，宣传力度不大，造成养老照料人员的供给出现严重不足的情况。本书假设养老照料人员供给未来三十年增速与前十年持平，至 2050 年乡村养老照料人员数量增加至 1873053 人，计算可知未来三十年缺口由负转正，2021～2031 年的预测缺口为负，说明乡村老年人所需养老照料人员需求大于供给，2032～2050 年的预测缺口为正，说明乡村老年人所需养老照料人员供给大于需求。具体分析，缺口由 2021 年的 -41925 人到 2050 年的 1844009 人，且养老照料人员供给增速大于养老照料人员需求，说明未来乡村老年人的养老照料人员需求能得到较好满足。

表 5-11　　　　　方案一 2021～2050 年河北省乡村社区居家养老
照料人员需求、供给及缺口　　　　　　　　　单位：人

年份	供给	需求	缺口
2021	4843	46768	-41925
2022	5948	46875	-40927
2023	7305	46933	-39628
2024	8971	46909	-37938
2025	11016	46805	-35789
2026	13529	46708	-33179
2027	16614	46527	-29913
2028	20403	46265	-25862
2029	25057	45759	-20702
2030	30771	45036	-14265
2031	37789	44577	-6788
2032	46407	43965	2442
2033	56991	43214	13777
2034	69988	42376	27612
2035	85950	41460	44490
2036	105551	40437	65114
2037	129624	39357	90267

续表

年份	供给	需求	缺口
2038	159186	38229	120957
2039	195490	37144	158346
2040	240074	36105	203969
2041	294826	35157	259669
2042	362065	34256	327809
2043	444639	33401	411238
2044	546044	32606	513438
2045	670576	31869	638707
2046	823509	31328	792181
2047	1011321	30838	980483
2048	1241965	30398	1211567
2049	1525210	29791	1495419
2050	1873053	29044	1844009

由图 5 - 7 方案一 2021 ~ 2050 年河北省乡村社区居家养老照料人员需求、供给及缺口趋势图可知，乡村社区居家养老照料人员的供给和供需缺

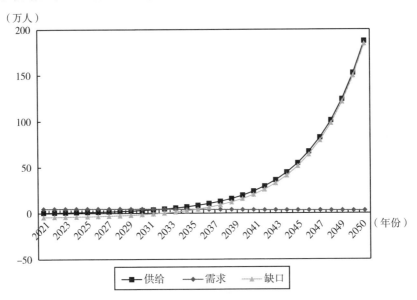

图 5 - 7　方案一 2021 ~ 2050 年河北省乡村社区居家养老
照料人员需求、供给及缺口趋势

口呈现先缓慢增长后指数化快速增长的趋势，到 2050 年达到峰值，而需求总体来看波动不大，这一趋势与河北省总体以及城镇的需求、供给及缺口的变化趋势一致，主要原因是受乡村社区居家养老照料人员供给的影响，供给持续上升，弥补了供需缺口。

由表 5 - 12 方案二 2021 ~ 2050 年河北省社区居家养老照料人员需求、供给及缺口规模可知，2050 年养老照料人员数量增加至 22505489 人，需求处于波动，但数量都在 3.7 万人以上，通过预测可知未来三十年养老照料人员的供需缺口由负转正，2021 ~ 2025 年的预测缺口为负，说明河北省老年人所需养老照料人员需求大于供给，2026 ~ 2050 年的预测缺口为正，说明河北省老年人所需养老照料人员供给大于需求。具体分析，缺口由 2021 年的 - 25320 人到 2050 年的 22465599 人，社区居家养老照料人员将出现严重的供过于求的现象。与方案一相比，方案二下的养老照料人员需求较低，导致缺口也较小，且供给可以弥补需求所需的年限也较短。

表 5 - 12　　　方案二 2021 ~ 2050 年河北省社区居家养老
照料人员需求、供给及缺口　　　　　　单位：人

年份	供给	需求	缺口
2021	12042	37362	- 25320
2022	15614	38156	- 22542
2023	20245	38949	- 18704
2024	26250	39716	- 13466
2025	34036	40456	- 6420
2026	44132	41246	2886
2027	57223	42008	15215
2028	74197	42741	31456
2029	96205	43295	52910
2030	124742	43677	81065
2031	161744	43794	117950
2032	209720	43769	165951
2033	271928	43612	228316
2034	352589	43369	309220
2035	457174	43047	414127
2036	592783	42614	550169

续表

年份	供给	需求	缺口
2037	768616	42115	726501
2038	996605	41556	955049
2039	1292222	41036	1251186
2040	1675525	40561	1634964
2041	2172524	40184	2132340
2042	2816945	39855	2777090
2043	3652516	39581	3612935
2044	4735936	39380	4696556
2045	6140725	39252	6101473
2046	7962206	39376	7922830
2047	10323980	39583	10284397
2048	13386311	39877	13346434
2049	17357001	39971	17317030
2050	22505489	39890	22465599

由图 5 - 8 方案二 2021 ~ 2050 年河北省社区居家养老照料人员需求、供给及缺口趋势图可知，在方案二下的需求、供给及缺口变动趋势与方案

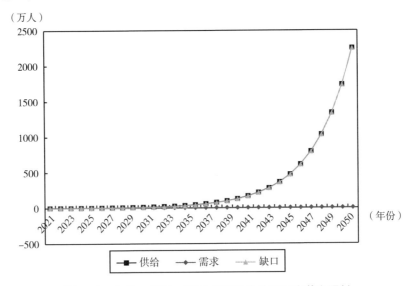

图 5 - 8　方案二 2021 ~ 2050 年河北省社区居家养老照料
人员需求、供给及缺口趋势

一的趋势一致，养老照料人员需求总体上保持稳定，所以养老照料人员缺口主要受养老照料人员供给的影响，两者都是呈现先稳定增长后快速增长的趋势。

由表 5 – 13 方案二 2021～2050 年河北省城镇社区居家养老照料人员需求、供给及缺口规模可知，养老护理人员供给按假设的未来三十年增速与前十年持平，至 2050 年城镇社区居家养老照料人员数量增加至 20632436人，社区居家养老照料人员需求数量稳定增长，计算可知未来三十年缺口为由负转正的变化趋势，2021～2024 年的预测缺口为负，说明河北省城镇老年人所需养老照料人员需求大于供给，2025～2050 年的预测缺口为正，说明河北省城镇老年人所需养老照料人员供给大于需求，原因可能在于政府财政投入、社区企业支持力度加大，造成河北省城镇社区居家养老照料人员的供给增速远远大于需求。

表 5 – 13　　　方案二 2021～2050 年河北省城镇社区居家养老
照料人员需求、供给及缺口　　　　　　　单位：人

年份	供给	需求	缺口
2021	7198	17291	– 10093
2022	9666	17998	– 8332
2023	12940	18721	– 5781
2024	17280	19447	– 2167
2025	23020	20175	2845
2026	30604	20943	9661
2027	40609	21712	18897
2028	53794	22483	31311
2029	71149	23173	47976
2030	93971	23781	70190
2031	123955	24111	99844
2032	163314	24365	138949
2033	214938	24546	190392
2034	282601	24677	257924
2035	371225	24760	346465
2036	487232	24776	462456
2037	638992	24750	614242

续表

年份	供给	需求	缺口
2038	837419	24683	812736
2039	1096731	24634	1072097
2040	1435450	24606	1410844
2041	1877698	24633	1853065
2042	2454880	24689	2430191
2043	3207877	24773	3183104
2044	4189892	24903	4164989
2045	5470149	25078	5445071
2046	7138697	25414	7113283
2047	9312659	25808	9286851
2048	12144347	26263	12118084
2049	15831791	26591	15805200
2050	20632436	26802	20605634

由图 5 - 9 方案二 2021～2050 年河北省城镇社区居家养老照料人员需求、供给及缺口趋势图可知，养老照料人员需求总体上看保持稳定，未来

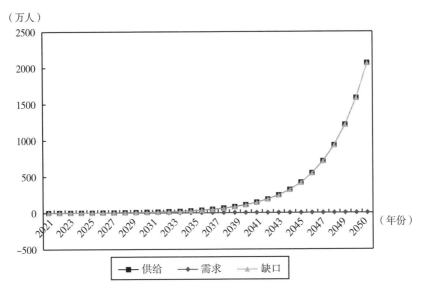

图 5 - 9　方案二 2021～2050 年河北省城镇社区居家养老照料
人员需求、供给及缺口趋势

三十年的变化不大，养老照料人员缺口和养老照料人员供给都是呈现先稳定增长后快速增长的趋势，正向的缺口逐渐加大，2050 年达到峰值，可能的原因是养老照料人员的供需缺口主要受供给的影响。

由表 5－14 方案二 2021～2050 年河北省乡村社区居家养老照料人员需求、供给及缺口规模可知，养老护理人员供给按假设的未来三十年增速与前十年持平，至 2050 年乡村社区居家养老照料人员数量增加至 1873053 人，社区居家养老照料人员需求数量是逐年下降的趋势，但是下降幅度不大，通过预测可知未来三十年缺口为由负转正的变化趋势，2021～2027 年的预测缺口为负，说明河北省乡村老年人所需养老照料人员需求大于供给，2028～2050 年的预测缺口为正，说明河北省乡村老年人所需养老照料人员供给大于需求，原因可能在于河北省乡村社区居家养老照料人员供给处于增加趋势，而需求处于下降趋势，导致缺口由负转正且一直增加。

表 5－14　　方案二 2021～2050 年河北省乡村社区居家养老照料人员需求、供给及缺口　　　　单位：人

年份	供给	需求	缺口
2021	4843	18826	－13983
2022	5948	18868	－12920
2023	7305	18892	－11587
2024	8971	18883	－9912
2025	11016	18841	－7825
2026	13529	18802	－5273
2027	16614	18729	－2115
2028	20403	18623	1780
2029	25057	18420	6637
2030	30771	18128	12643
2031	37789	17944	19845
2032	46407	17697	28710
2033	56991	17395	39596
2034	69988	17057	52931
2035	85950	16689	69261
2036	105551	16277	89274
2037	129624	15843	113781

续表

年份	供给	需求	缺口
2038	159186	15389	143797
2039	195490	14952	180538
2040	240074	14534	225540
2041	294826	14152	280674
2042	362065	13789	348276
2043	444639	13445	431194
2044	546044	13125	532919
2045	670576	12828	657748
2046	823509	12611	810898
2047	1011321	12413	998908
2048	1241965	12236	1229729
2049	1525210	11992	1513218
2050	1873053	11691	1861362

由图 5 - 10 方案二 2021～2050 年河北省乡村社区居家养老照料人员需求、供给及缺口趋势图可知，养老照料人员需求总体上看保持稳定，未来三十年的变化不大，养老照料人员缺口和养老照料人员供给呈现的变动趋

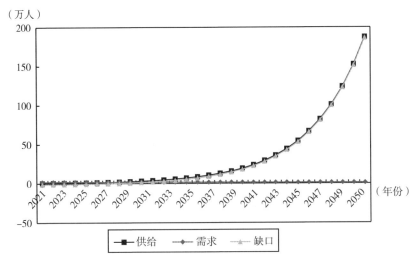

图 5 - 10 方案二 2021～2050 年河北省乡村社区居家养老
照料人员需求、供给及缺口趋势

势是一致的，都是先稳定增长后快速增长的趋势，且都在 2050 年达到峰值，未来可能会进一步增加。

第五节   社区居家养老医护人员供需缺口测算及结果分析

一、社区居家养老医生供需缺口测算及结果分析

（一）社区居家养老医生需求测算及结果分析

按照德国等发达国家每千人口医师超过 4 人的标准，结合表 5 - 2 方案一河北省、城镇和乡村居家养老规模和表 5 - 3 方案二河北省、城镇和乡村居家养老规模，计算出表 5 - 15 方案一 2021 ~ 2050 年河北省、城镇和乡村社区居家养老医生需求和表 5 - 16 方案二 2021 ~ 2050 年河北省、城镇和乡村社区居家养老医生需求。

表 5 - 15   方案一 2021 ~ 2050 年河北省、城镇
和乡村社区居家养老医生需求   单位：人

年份	河北省	城镇	乡村
2021	13221	8323	4447
2022	13713	8779	4499
2023	14217	9253	4548
2024	14723	9739	4589
2025	15231	10238	4623
2026	15771	10769	4657
2027	16313	11313	4683
2028	16857	11871	4701
2029	17341	12397	4694
2030	17768	12891	4664
2031	18093	13243	4660
2032	18365	13560	4640
2033	18584	13841	4604

续表

年份	河北省	城镇	乡村
2034	18770	14099	4557
2035	18921	14334	4501
2036	19023	14533	4432
2037	19093	14709	4354
2038	19134	14863	4269
2039	19190	15029	4187
2040	19264	15210	4108
2041	19382	15428	4038
2042	19524	15666	3972
2043	19692	15927	3909
2044	19898	16220	3852
2045	20143	16549	3800
2046	20522	16992	3771
2047	20952	17482	3747
2048	21437	18024	3728
2049	21823	18488	3688
2050	22118	18880	3629

表 5 – 16　　　　方案二 2021～2050 年河北省、城镇

和乡村社区居家养老医生需求　　　　单位：人

年份	河北省	城镇	乡村
2021	4366	2576	1790
2022	4528	2717	1811
2023	4694	2863	1831
2024	4861	3014	1847
2025	5029	3168	1861
2026	5207	3333	1875
2027	5386	3501	1885
2028	5566	3673	1892
2029	5726	3836	1890
2030	5867	3989	1877

续表

年份	河北省	城镇	乡村
2031	5974	4098	1876
2032	6064	4196	1868
2033	6136	4283	1853
2034	6198	4363	1834
2035	6248	4436	1812
2036	6281	4497	1784
2037	6304	4552	1753
2038	6318	4599	1718
2039	6336	4651	1685
2040	6361	4707	1654
2041	6400	4774	1626
2042	6447	4848	1599
2043	6502	4929	1574
2044	6570	5019	1551
2045	6651	5121	1530
2046	6776	5258	1518
2047	6918	5410	1508
2048	7078	5578	1501
2049	7206	5721	1484
2050	7303	5843	1461

由表 5 - 15 方案一 2021～2050 年河北省、城镇和乡村社区居家养老医生需求可知，城镇社区居家养老需求远远大于乡村地区的养老需求，并且两者的差距越来越大，2021 年城镇社区居家养老医生需求人数比乡村多 3876 人，到 2050 年城镇社区居家养老医生需求人数比乡村多 15251 人。纵向来看，随着年份的增加河北省社区居家养老整体所需医生数量增加，由 2021 年的 13221 人增加到 2050 年的 22118 人，是 2021 年的 1.67 倍。城镇社区居家养老所需医生数量也同样呈现出总体增长的趋势，而乡村社区居家养老医生需求由 2021 年的 4447 人增加到 2028 年的 4701 人，再逐年下降到 2050 年的 3629 人，造成这一现象的原因与乡村社区居家老人养老规模数变化有关。

由图 5 - 11 方案一 2021～2050 年河北省、城镇和乡村社区居家养老医生需求趋势可以看出，河北省社区居家养老需求呈现出波动增加的趋势，并且增长较为明显，城镇养老需求增长也较为明显，到 2050 年达到峰值。乡村养老需求则呈现出缓慢减少的趋势，并且城镇与乡村的社区居家养老需求差距逐年加大，这可能与城镇与乡村的社区居家养老规模差距有关。

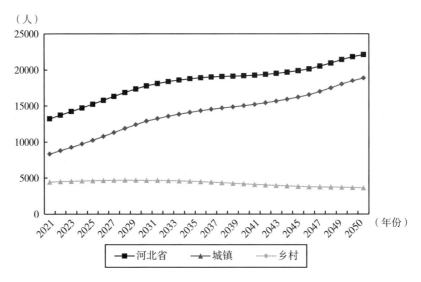

图 5 – 11　方案一 2021 ~ 2050 年河北省、城镇和乡村社区居家养老医生需求趋势

由表 5 – 16 方案二 2021 ~ 2050 年河北省、城镇和乡村社区居家养老医生需求可知，城镇社区居家养老需求远远大于乡村地区的养老需求，并且两者的差距越来越大，2021 年城镇社区居家养老医生需求人数比乡村多 786 人，到 2050 年城镇社区居家养老医生需求人数比乡村多 4382 人，造成这一现象的原因可能与方案二城镇与乡村养老社区居家规模的变化有关。纵向来看，随着年份的增加河北省社区居家养老整体所需医生数量增加，但是总体增长相对于方案一增长缓慢，由 2021 年的 4366 人增加到 2050 年的 7303 人，增加了 2937 人。城镇社区居家养老所需医生数量也同样呈现出逐年增长的趋势，由 2021 年的 2576 人增加到 2050 年的 5843 人，这可能与城镇社区居家养老规模增加有关，而乡村社区居家养老医生需求呈现出总体下降的趋势，这一现象与乡村养老规模的变化有着密不可分的关系。

由图 5 – 12 方案二 2021 ~ 2050 年河北省、城镇和乡村社区居家养老医生需求趋势可以看出，河北省总体和城镇社区居家养老需求总体呈现出波动增加的趋势，到2050年达到峰值，造成这一现象的原因可能与老龄人口基数的增加有关。乡村养老需求则呈现逐渐减少的趋势，且波动幅度在1000~2000人的区间。

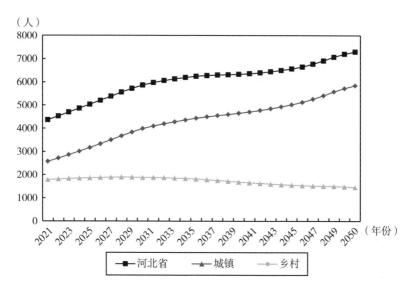

图 5-12　方案二 2021~2050 年河北省、城镇和乡村社区居家养老医生需求趋势

（二）社区居家养老医生供给测算及结果分析

根据 2011~2021 年的《中国健康统计年鉴》可以得出表 5-17 所示的 2010~2020 年河北省、城镇及乡村每千人供给职业（助理）医师人数，并以此表作为社区居家养老医生供给的基期数量。

表 5-17　　　　　2010~2020 年河北省、城镇及乡村每千人

供给职业（助理）医师人数　　　　　　　单位：人

年份	执业（助理）医师	城市执业（助理）医师	农村执业（助理）医师
2010	1.84	3.88	1.40
2011	1.86	3.89	1.42
2012	1.96	4.00	1.48
2013	2.00	4.17	1.53
2014	2.14	4.45	1.56
2015	2.20	4.10	1.70

续表

年份	执业（助理）医师	城市执业（助理）医师	农村执业（助理）医师
2016	2.40	4.00	1.80
2017	2.60	3.90	1.90
2018	2.80	3.80	2.20
2019	3.00	3.50	2.60
2020	3.21	3.60	2.62

根据表 5 - 17 整理出的 2010 ~ 2020 年河北省、城镇及乡村每千人供给职业（助理）医师人数，预测出河北省、城镇及乡村每千人供给职业（助理）医师的年增速，得到河北省每千人供给职业（助理）医师人数的年增速为 5.72%，河北省城镇每千人供给职业（助理）医师人数的年增速为 -0.11%，河北省乡村每千人供给职业（助理）医师人数的年增速为 6.47%，根据以上年增速，预测出表 5 - 18 未来三十年河北省、城镇及乡村每千人供给职业（助理）医师人数。

表 5 - 18　　　　　2021 ~ 2050 年河北省、城镇及乡村每千人供给

职业（助理）医师人数　　　　　　　单位：人

年份	河北省	城镇	乡村
2021	3.39	3.60	2.79
2022	3.59	3.59	2.97
2023	3.79	3.59	3.16
2024	4.01	3.58	3.37
2025	4.24	3.58	3.58
2026	4.48	3.58	3.82
2027	4.74	3.57	4.06
2028	5.01	3.57	4.33
2029	5.30	3.56	4.61
2030	5.60	3.56	4.90
2031	5.92	3.56	5.22
2032	6.26	3.55	5.56
2033	6.62	3.55	5.92
2034	7.00	3.54	6.30

续表

年份	河北省	城镇	乡村
2035	7.40	3.54	6.71
2036	7.82	3.54	7.14
2037	8.27	3.53	7.60
2038	8.74	3.53	8.09
2039	9.24	3.53	8.62
2040	9.77	3.52	9.18
2041	10.33	3.52	9.77
2042	10.92	3.51	10.40
2043	11.54	3.51	11.07
2044	12.21	3.51	11.79
2045	12.90	3.50	12.55
2046	13.64	3.50	13.36
2047	14.42	3.49	14.23
2048	15.25	3.49	15.15
2049	16.12	3.49	16.13
2050	17.04	3.48	17.17

2021～2050年河北省、城镇及乡村每千人供给职业（助理）医师人数如表5-18所示，可知河北省每千人供给职业（助理）医师人数由2021年3.39人增加到2050年17.04人，而乡村也呈现出增加的趋势，与乡村相比城镇每千人供给职业（助理）医师人数出现缓慢下降，但速度较为缓慢，造成这一现象的原因可能与对乡村地区医疗发展的支持不断增加有关。

由表5-19方案一2021～2050年河北省、城镇和乡村社区居家养老医生供给可知，河北省社区居家养老供给人数逐年增加，由2021年的11217人增加到2050年的94244人，是2021年的8.4倍，这说明河北省总体社区居家养老医师数量有所增加。城镇社区居家养老医生供给也呈现出增加的趋势，由2021年的7482人增加到2050年的16440人，增加了8958人，达到峰值；而乡村社区居家养老医生供给人数由2021年的3101人增加到2050年的15578人，达到峰值，这说明社区居家养老医生的供给受到总体社区居家养老人数的影响，有所变化。

表 5 – 19 　　　　方案一 2021～2050 年河北省、城镇
和乡村社区居家养老供给医生人数　　　　单位：人

年份	河北省	城镇	乡村
2021	11217	7482	3101
2022	12300	7884	3341
2023	13482	8300	3595
2024	14761	8727	3862
2025	16144	9164	4142
2026	17673	9629	4443
2027	19326	10104	4757
2028	21114	10590	5084
2029	22964	11047	5404
2030	24875	11475	5717
2031	26780	11775	6082
2032	28738	12044	6447
2033	30746	12280	6811
2034	32829	12495	7178
2035	34988	12689	7548
2036	37189	12851	7912
2037	39463	12992	8276
2038	41811	13114	8640
2039	44333	13246	9022
2040	47051	13391	9425
2041	50049	13568	9863
2042	53300	13762	10328
2043	56836	13976	10822
2044	60715	14218	11354
2045	64982	14490	11926
2046	69992	14861	12599
2047	75548	15273	13328
2048	81720	15729	14118
2049	87953	16116	14869
2050	94244	16440	15578

由图 5-13 可以看出，河北省社区居家养老供给医生人数呈现出上升趋势，城镇与乡村社区居家养老供给医生数量也均呈现出缓慢增加的趋势，这说明随着年份的增加医生数量不断增加，并且对于日益增多的老年人口的医生补充也逐年增加。

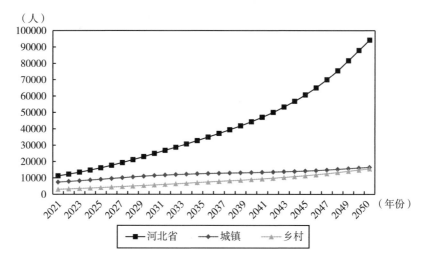

图 5-13　2021~2050 年河北省、城镇及乡村社区居家养老供给医生人数趋势

由表 5-20 方案二 2021~2050 年河北省、城镇和乡村社区居家养老医生供给可知，河北省社区居家养老医生供给人数逐年增加，由 2021 年的 3704 人增加到 2050 年的 31118 人，增加了 27414 人，这说明河北省总体社区居家养老医师数量有所增加。城镇社区居家养老医生供给也呈现出增加的趋势，由 2021 年的 2316 人增加到 2050 年的 5087 人，达到峰值。横向来看，2021 年乡村社区居家养老医生供给数为 1248 人，比同年城镇社区居家养老医生供给数 2316 人少 1068 人，说明可能 2021 年城镇社区居家养老规模大或者医疗规模比乡村发达。

表 5-20　　方案二 2021~2050 年河北省、城镇和乡村社区居家

养老供给医生人数　　　　　单位：人

年份	河北省	城镇	乡村
2021	3704	2316	1248
2022	4061	2440	1345
2023	4451	2569	1447

续表

年份	河北省	城镇	乡村
2024	4874	2701	1555
2025	5331	2836	1667
2026	5835	2980	1788
2027	6381	3127	1915
2028	6972	3277	2046
2029	7582	3419	2175
2030	8213	3551	2301
2031	8842	3644	2448
2032	9489	3727	2595
2033	10152	3800	2741
2034	10840	3867	2889
2035	11553	3927	3038
2036	12280	3977	3185
2037	13030	4021	3331
2038	13805	4058	3478
2039	14638	4099	3632
2040	15536	4144	3794
2041	16525	4199	3970
2042	17599	4259	4157
2043	18767	4325	4356
2044	20047	4400	4570
2045	21456	4484	4801
2046	23111	4599	5071
2047	24945	4726	5365
2048	26983	4867	5683
2049	29041	4987	5985
2050	31118	5087	6270

由图 5 - 14 可以看出，河北省社区居家养老医生供给呈现出上升趋势，说明河北省整体社区居家养老医生人数增加，并且较为明显，这可能与政府财政投入和市场经济引导有关，导致社区居家养老医生数量增加。城镇

和乡村社区居家养老供给医生人数也呈现出缓慢增加的趋势，2021～2043年乡村社区居家养老医生的规模逐渐与城镇持平，而2043～2050年乡村社区居家养老医生供给规模逐渐超过城镇，这可能与对乡村的医生供给逐渐增加有关。

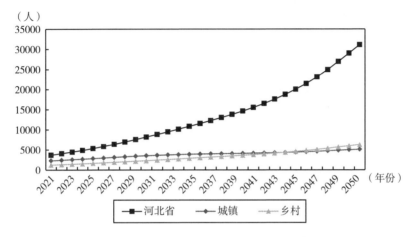

图5-14　方案二2021～2050年河北省、城镇及乡村
社区居家养老供给医生人数趋势

（三）社区居家养老医生供需缺口测算及结果分析

本书假设河北省社区居家养老医师人员供给未来三十年增速与前十年持平，如表5-21所示，至2050年河北省社区居家养老医生数量增加至94244人，计算可知未来三十年缺口为逐渐缩小，到2024年缺口为正数，说明河北省社区居家养老医生人员供给到2024年满足需求。综合来看，河北省社区居家养老医生人员从2024年满足供给，可以在2024年前适当增加省内总体的社区居家养老医生人员，以更好地满足河北省社区居家养老的需求。

表5-21　　方案一2021～2050年河北省社区居家养老医生需求、

供给及缺口　　　　　　　　　　　　　　　单位：人

年份	供给	需求	缺口
2021	11217	13221	-2004
2022	12300	13713	-1413
2023	13482	14217	-735
2024	14761	14723	38

续表

年份	供给	需求	缺口
2025	16144	15231	913
2026	17673	15771	1902
2027	19326	16313	3013
2028	21114	16857	4257
2029	22964	17341	5623
2030	24875	17768	7107
2031	26780	18093	8687
2032	28738	18365	10373
2033	30746	18584	12162
2034	32829	18770	14059
2035	34988	18921	16067
2036	37189	19023	18166
2037	39463	19093	20370
2038	41811	19134	22677
2039	44333	19190	25143
2040	47051	19264	27787
2041	50049	19382	30667
2042	53300	19524	33776
2043	56836	19692	37144
2044	60715	19898	40817
2045	64982	20143	44839
2046	69992	20522	49470
2047	75548	20952	54596
2048	81720	21437	60283
2049	87953	21823	66130
2050	94244	22118	72126

由图 5 - 15 可以看出 2021～2050 年河北省社区居家养老医生需求、供给及缺口趋势，2021～2024 年河北省社区居家养老医生需求大于供给，所以 2021～2024 年缺口为负数，到 2024～2050 年河北省社区居家养老需求增长缓慢，而社区居家养老供给的医生数量明显增加，导致出现大量缺

口，并且缺口逐年增加，因此，可以在 2024 年之后适当降低对河北省社区居家养老医生的供给，避免医疗资源的浪费。

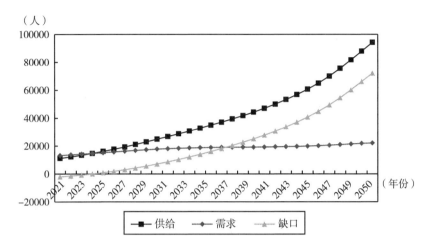

图 5 – 15　方案一 2021～2050 年河北省社区居家养老医生需求、供给及缺口趋势

本书假设河北省城镇社区居家养老医生人员供给未来三十年增速与前十年持平，由表 5 – 22 可知，至 2050 年城镇社区居家养老医生数量增加至 16440 人，计算可知未来三十年缺口逐渐扩大，从 2021 年的 841 人扩大到 2050 年的 2440 人，说明随着年份的增加河北省城镇社区居家养老医生的供给越来越不能满足需求，到 2050 年城镇社区居家养老医生的需求比供给多 2440 人，具体分析，这可能是由于城镇社区居家养老需求的规模越来越大，而城镇社区居家养老医生供给数量的规模增长速度赶不上需求所导致的。

表 5 – 22　　方案一 2021～2050 年河北省城镇社区居家养老

医生需求、供给及缺口　　　　　单位：人

年份	供给	需求	缺口
2021	7482	8323	– 841
2022	7884	8779	– 895
2023	8300	9253	– 953
2024	8727	9739	– 1012
2025	9164	10238	– 1074
2026	9629	10769	– 1140

续表

年份	供给	需求	缺口
2027	10104	11313	-1209
2028	10590	11871	-1281
2029	11047	12397	-1350
2030	11475	12891	-1416
2031	11775	13243	-1468
2032	12044	13560	-1516
2033	12280	13841	-1561
2034	12495	14099	-1604
2035	12689	14334	-1645
2036	12851	14533	-1682
2037	12992	14709	-1717
2038	13114	14863	-1749
2039	13246	15029	-1783
2040	13391	15210	-1819
2041	13568	15428	-1860
2042	13762	15666	-1904
2043	13976	15927	-1951
2044	14218	16220	-2002
2045	14490	16549	-2059
2046	14861	16992	-2131
2047	15273	17482	-2209
2048	15729	18024	-2295
2049	16116	18488	-2372
2050	16440	18880	-2440

由图 5-16 可以看出 2021~2050 年河北省城镇社区居家养老医生需求、供给及缺口趋势，2021~2050 年河北省城镇社区居家养老医生供给人数一直低于需求数，并且缺口越来越大，所以可以适当提升河北省城镇社区居家养老医生供给人数的增长速度，以更好地满足河北省城镇社区居家养老医生需求数量的增加。

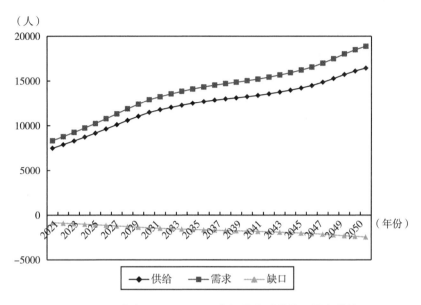

图 5 – 16 方案一 2021 ～ 2050 年河北省城镇社区居家供给
医生需求、供给及缺口趋势

本书假设河北省社区居家养老医生人员供给未来三十年增速与前十年
持平，由表 5 – 23 方案一 2021 ～ 2050 年河北省乡村社区居家养老医生需
求、供给及缺口可知，至 2050 年乡村社区居家养老医生数量增加至 15578
人，计算可知未来三十年河北省乡村社区居家养老医生人员缺口经历了逐
渐缩小—消失—供给过剩并逐渐扩大的过程，缺口消失出现在 2027 年，
2027 ～ 2050 年缺口数值为正数，并且数值越来越大，说明随着年份的增加
河北省乡村社区居家养老医生的供给越来越满足需求，到 2050 年乡村社区
居家养老医生的供给比需求多 11949 人，具体分析，可以在 2027 年后适当
降低供给医生的数量，以保持医疗人员资源的合理利用。

表 5 – 23 方案一 2021 ～ 2050 年河北省乡村社区居家养老
医生需求、供给及缺口 单位：人

年份	供给	需求	缺口
2021	3101	4447	– 1346
2022	3341	4499	– 1158
2023	3595	4548	– 953

年份	供给	需求	缺口
2024	3862	4589	-727
2025	4142	4623	-481
2026	4443	4657	-214
2027	4757	4683	74
2028	5084	4701	383
2029	5404	4694	710
2030	5717	4664	1053
2031	6082	4660	1422
2032	6447	4640	1807
2033	6811	4604	2207
2034	7178	4557	2621
2035	7548	4501	3047
2036	7912	4432	3480
2037	8276	4354	3922
2038	8640	4269	4371
2039	9022	4187	4835
2040	9425	4108	5317
2041	9863	4038	5825
2042	10328	3972	6356
2043	10822	3909	6913
2044	11354	3852	7502
2045	11926	3800	8126
2046	12599	3771	8828
2047	13328	3747	9581
2048	14118	3728	10390
2049	14869	3688	11181
2050	15578	3629	11949

由图 5 - 17 可以看出河北省 2021~2050 年河北省乡村社区居家养老医生需求、供给及缺口趋势，2021~2027 年河北省乡村社区居家养老医生供给人数一直低于需求数，并且缺口数值越来越小，所以在此期间可以适当

提升河北省乡村社区居家养老医生供给的增长速度，而当缺口数值为正数时，再保持与河北省乡村社区居家养老医生需求增长速度相同的频率，能够最大限度地避免医疗人员的资源浪费。

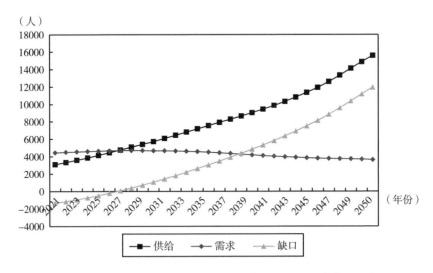

图 5 - 17　方案一 2021~2050 年河北省乡村社区居家养老医生
需求、供给及缺口趋势

本书假设河北省社区居家养老医生人员供给未来三十年增速与前十年持平，由表 5 - 24 方案二 2021~2050 年河北省社区居家养老医生需求、供给及缺口可知，至 2050 年河北省社区居家养老医生数量增加至 31118 人，计算可知未来三十年缺口逐渐增加，2024 年出现缺口为正值，说明 2024 年出现河北省社区居家养老医生的供给满足需求。2024~2050 年缺口数值越来越大，说明随着年份的增加，到 2050 年河北省社区居家养老医生的供给比需求多 23815 人，具体分析，可以在 2024 年前适当增加河北省社区居家养老医生供给的规模，以满足 2021~2023 年河北省社区居家养老的医生需求。

表 5 - 24　　　　方案二 2021~2050 年河北省社区居家养老
医生需求、供给及缺口　　　　　　　单位：人

年份	供给	需求	缺口
2021	3704	4366	- 662
2022	4061	4528	- 467

续表

年份	供给	需求	缺口
2023	4451	4694	−243
2024	4874	4861	13
2025	5331	5029	302
2026	5835	5207	628
2027	6381	5386	995
2028	6972	5566	1406
2029	7582	5726	1856
2030	8213	5867	2346
2031	8842	5974	2868
2032	9489	6064	3425
2033	10152	6136	4016
2034	10840	6198	4642
2035	11553	6248	5305
2036	12280	6281	5999
2037	13030	6304	6726
2038	13805	6318	7487
2039	14638	6336	8302
2040	15536	6361	9175
2041	16525	6400	10125
2042	17599	6447	11152
2043	18767	6502	12265
2044	20047	6570	13477
2045	21456	6651	14805
2046	23111	6776	16335
2047	24945	6918	18027
2048	26983	7078	19905
2049	29041	7206	21835
2050	31118	7303	23815

由图 5 - 18 可以看出河北省 2021～2050 年河北省社区居家养老医生需求、供给及缺口趋势，2021～2023 年河北省社区居家养老医生供给人数一直低于需求数，而到 2024 年缺口数值出现正值，并且缺口数值不断增大。

因此，可以在 2024 年后适当降低医生的供给数量。

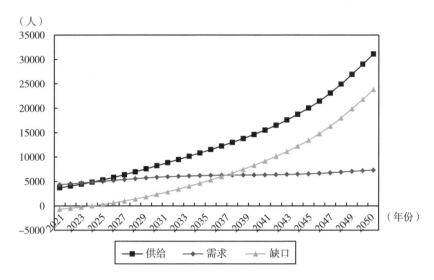

图 5 – 18   方案二 2021 ~ 2050 年河北省社区居家养老医生
需求、供给及缺口趋势

本书假设河北省城镇社区居家养老医生人员供给未来三十年增速与前十年持平，由表 5 – 25 方案二 2021 ~ 2050 年河北省城镇社区居家养老医生需求、供给及缺口可知，至 2050 年河北省社区居家养老医生数量增加至5087 人，计算可知未来三十年缺口越来越小，相反同时期乡村缺口为正值并且数值越来越大，所以综合来看，可以适当合理分配同时期乡村和城镇的医生供给数量，促进河北省社区居家养老医生资源的合理利用。

表 5 – 25   方案二 2021 ~ 2050 年河北省城镇社区居家
养老医生需求、供给及缺口   单位：人

年份	供给	需求	缺口
2021	2316	2576	– 260
2022	2440	2717	– 277
2023	2569	2863	– 294
2024	2701	3014	– 313
2025	2836	3168	– 332
2026	2980	3333	– 353

续表

年份	供给	需求	缺口
2027	3127	3501	-374
2028	3277	3673	-396
2029	3419	3836	-417
2030	3551	3989	-438
2031	3644	4098	-454
2032	3727	4196	-469
2033	3800	4283	-483
2034	3867	4363	-496
2035	3927	4436	-509
2036	3977	4497	-520
2037	4021	4552	-531
2038	4058	4599	-541
2039	4099	4651	-552
2040	4144	4707	-563
2041	4199	4774	-575
2042	4259	4848	-589
2043	4325	4929	-604
2044	4400	5019	-619
2045	4484	5121	-637
2046	4599	5258	-659
2047	4726	5410	-684
2048	4867	5578	-711
2049	4987	5721	-734
2050	5087	5843	-756

由图 5 - 19 可以看出 2021～2050 年河北省城镇社区居家养老医生需求、供给及缺口趋势，2021～2050 年缺口数值为负数，并且缺口的绝对值越来越大，也可以看出河北省城镇社区居家养老医生供给曲线越来越比需求曲线低。

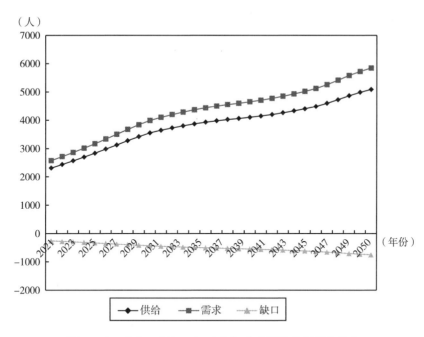

图 5 – 19　方案二 2021 ~ 2050 年河北省城镇社区居家养老
医生需求、供给及缺口趋势

　　本书假设河北省乡村社区居家养老医生人员供给未来三十年增速与前十年持平，由表 5 – 26 方案二 2021 ~ 2050 年河北省乡村社区居家养老医生需求、供给及缺口可知，至 2050 年河北省社区居家养老医生数量增加至 6270 人，计算可知未来三十年缺口越来越小，所以综合来看，可以适当合理分配同时期乡村和城镇的医生供给数量，促进河北省社区居家养老医生资源的合理利用。

表 5 – 26　　　　　　　方案二 2021 ~ 2050 年河北省乡村社区居家
养老医生需求、供给及缺口　　　　　　　　单位：人

年份	供给	需求	缺口
2021	1248	1790	– 542
2022	1345	1811	– 466
2023	1447	1831	– 384
2024	1555	1847	– 292
2025	1667	1861	– 194

续表

年份	供给	需求	缺口
2026	1788	1875	−87
2027	1915	1885	30
2028	2046	1892	154
2029	2175	1890	285
2030	2301	1877	424
2031	2448	1876	572
2032	2595	1868	727
2033	2741	1853	888
2034	2889	1834	1055
2035	3038	1812	1226
2036	3185	1784	1401
2037	3331	1753	1578
2038	3478	1718	1760
2039	3632	1685	1947
2040	3794	1654	2140
2041	3970	1626	2344
2042	4157	1599	2558
2043	4356	1574	2782
2044	4570	1551	3019
2045	4801	1530	3271
2046	5071	1518	3553
2047	5365	1508	3857
2048	5683	1501	4182
2049	5985	1484	4501
2050	6270	1461	4809

由图 5-20 可以看出河北省 2021~2050 年河北省乡村社区居家养老医生需求、供给及缺口趋势，2021~2026 年存在缺口，并且缺口越来越小，到 2027 年缺口消失，2028~2050 年河北省乡村社区居家养老医生供给过剩。

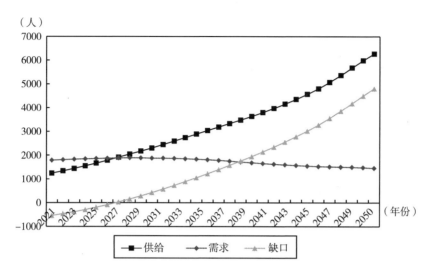

图 5 - 20 方案二 2021 ~ 2050 年河北省乡村社区居家
养老医生需求、供给及缺口趋势

二、社区居家养老护士供需缺口测算及结果分析

(一)社区居家养老护士供给测算及结果分析

根据 2011 ~ 2021 年的《中国健康统计民鉴》可以得出表 5 - 27 所示
的 2010 ~ 2020 年河北省、城镇及乡村每千人供给注册护士人数,并以此表
作为社区居家养老医生供给的基期数量。

表 5 - 27   2010 ~ 2020 年河北省、城镇及乡村每千人供给注册护士人数   单位:人

年份	河北省	城镇	乡村
2010	1.20	3.66	0.66
2011	1.27	3.78	0.73
2012	1.40	4.06	0.79
2013	1.49	4.37	0.86
2014	1.65	4.77	0.91
2015	1.80	4.60	1.00
2016	1.90	4.30	1.10
2017	2.10	4.20	1.30

续表

年份	河北省	城镇	乡村
2018	2.30	4.10	1.40
2019	2.40	3.80	1.60
2020	2.70	3.93	1.74

结合表 5 - 27 整理出的 2010～2020 年河北省、城镇及乡村每千人供给注册护士人数，预测河北省每千人注册护士的年增长率为 8.4%，城镇每千人注册护士的年增长率为 1.83%，乡村每千人注册护士的年增长率为 10.17%。在 2020 年每千人注册护士人数的基础上，以上述年增长率得到 2021～2050 年河北省、城镇及乡村每千人供给注册护士预测人数（见表 5 - 28）。

表 5 - 28   2021～2050 年河北省、城镇及乡村每千人供给注册护士人数   单位：人

年份	河北省	城镇	乡村
2021	2.93	4.00	1.92
2022	3.18	4.08	2.11
2023	3.44	4.15	2.33
2024	3.73	4.23	2.56
2025	4.05	4.30	2.83
2026	4.39	4.38	3.11
2027	4.76	4.46	3.43
2028	5.17	4.55	3.78
2029	5.60	4.63	4.16
2030	6.08	4.71	4.59
2031	6.59	4.80	5.05
2032	7.14	4.89	5.57
2033	7.75	4.98	6.14
2034	8.40	5.07	6.76
2035	9.11	5.16	7.45
2036	9.88	5.26	8.21
2037	10.72	5.35	9.04
2038	11.62	5.45	9.96

续表

年份	河北省	城镇	乡村
2039	12.60	5.55	10.98
2040	13.67	5.65	12.09
2041	14.82	5.76	13.32
2042	16.08	5.86	14.68
2043	17.43	5.97	16.18
2044	18.91	6.08	17.82
2045	20.50	6.19	19.64
2046	22.24	6.30	21.64
2047	24.11	6.42	23.84
2048	26.15	6.54	26.26
2049	28.36	6.66	28.94
2050	30.75	6.78	31.88

如表5-29方案一2021~2050年河北省、城镇及乡村社区居家养老注册护士供给人数可知，河北省社区居家养老注册护士人数逐年增加，由2021年的9678人增加到2050年的170059人，增加了160381人，城镇和乡村的社区居家养老注册护士供给人数也同样逐年增加。分城乡来看，城镇社区居家养老注册护士供给人数一直多于乡村，但两者的差距由2021年的6196人减少到2050年的3081人，说明城镇社区居家养老注册护士供给增加远低于乡村社区居家养老注册护士人数的增加。

表5-29 方案一2021~2050年河北省、城镇及乡村社区居家养老注册护士供给人数 单位：人

年份	河北省	城镇	乡村
2021	9678	8327	2131
2022	10886	8945	2376
2023	12239	9601	2646
2024	13746	10291	2942
2025	15422	11016	3265
2026	17317	11800	3624

续表

年份	河北省	城镇	乡村
2027	19425	12624	4016
2028	21768	13489	4441
2029	24286	14345	4886
2030	26984	15191	5349
2031	29800	15892	5888
2032	32803	16570	6459
2033	35999	17224	7062
2034	39429	17867	7702
2035	43105	18498	8381
2036	46997	19099	9092
2037	51156	19685	9842
2038	55595	20256	10633
2039	60468	20858	11490
2040	65829	21497	12422
2041	71827	22205	13452
2042	78465	22961	14578
2043	85827	23772	15808
2044	94047	24654	17163
2045	103249	25615	18656
2046	114077	26783	20395
2047	126304	28061	22328
2048	140143	29461	24477
2049	154719	30775	26678
2050	170059	32004	28923

如图 5-21 可以看出，河北省、城镇及乡村社区居家养老注册护士供给人数均呈现上升的趋势，但是明显可以看出河北省乡村社区居家养老注册护士供给人数的增长速度大于城镇，并且两者的趋势曲线越来越接近。

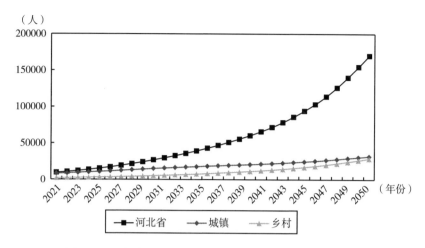

图 5 – 21　方案一 2021～2050 年河北省、城镇及乡村社区居家养老注册护士供给人数趋势

如表 5 – 30 方案二 2021～2050 年河北省、城镇及乡村社区居家养老注册护士供给人数可知，河北省社区居家养老注册护士数逐年增加，由 2021 年 3196 人增加到 2050 年的 56152 人，是 2021 年的 17.6 倍，城镇和乡村的社区居家养老注册护士供给人数也同样逐年增加。分城乡来看，2021～2046 年城镇社区居家养老注册护士供给人数一直多于乡村，从 2047 年以后城镇社区居家养老注册护士供给人数小于乡村，说明河北省乡村社区居家养老注册护士供给人数增长较快。

表 5 – 30　　　　方案二 2021～2050 年河北省、城镇及乡村社区
居家养老注册护士供给人数　　　　　　　单位：人

年份	河北省	城镇	乡村
2021	3196	2577	858
2022	3594	2768	956
2023	4041	2971	1065
2024	4539	3185	1184
2025	5092	3409	1314
2026	5718	3652	1459
2027	6414	3907	1616
2028	7188	4174	1788

续表

年份	河北省	城镇	乡村
2029	8019	4439	1967
2030	8910	4701	2153
2031	9840	4918	2370
2032	10831	5128	2600
2033	11886	5330	2843
2034	13019	5529	3100
2035	14233	5725	3374
2036	15518	5910	3660
2037	16891	6092	3962
2038	18357	6268	4280
2039	19966	6455	4625
2040	21736	6653	5000
2041	23717	6871	5415
2042	25908	7105	5868
2043	28339	7356	6363
2044	31053	7629	6908
2045	34092	7927	7510
2046	37667	8288	8210
2047	41704	8684	8988
2048	46274	9117	9853
2049	51087	9524	10739
2050	56152	9904	11642

如图 5-22 可以看出，河北省、城镇及乡村社区居家养老注册护士供给人数均呈现上升的趋势，但是明显可以看出河北省乡村社区居家养老注册护士供给人数的增长速度大于城镇，并且到 2046 年左右开始超越城镇社区居家养老注册护士供给人数。

（二）社区居家养老护士需求测算及结果分析

根据表 5-2 方案一的 2021~2050 年河北省、城镇和乡村社区居家养老规模，结合世卫组织统计数据中美国、日本每千人拥有护士数量分别为

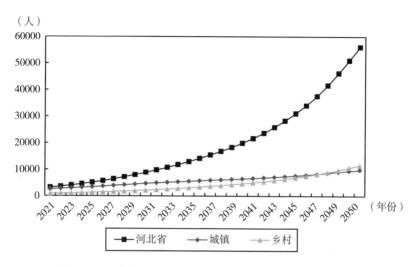

（人）

图 5-22　方案二 2021～2050 年河北省、城镇及乡村社区
居家养老注册护士供给人数趋势

9.8 人和 11.49 人，本书取中间值 10 人，作为河北省每千人社区居家养老
护士的需求标准，得到表 5-31 方案一 2021～2050 年河北省、城镇及乡村
社区居家养老注册护士需求人数。

表 5-31　　　　方案一 2021～2050 年河北省、城镇及乡村社区
居家养老注册护士需求人数　　　　　单位：人

年份	河北省	城镇	乡村
2021	33053	20808	11116
2022	34282	21947	11248
2023	35541	23132	11370
2024	36807	24349	11473
2025	38078	25596	11557
2026	39427	26923	11643
2027	40782	28284	11708
2028	42142	29676	11753
2029	43353	30992	11735
2030	44419	32228	11660
2031	45233	33108	11651
2032	45912	33899	11600

续表

年份	河北省	城镇	乡村
2033	46461	34602	11510
2034	46924	35247	11393
2035	47303	35835	11253
2036	47557	36332	11079
2037	47733	36772	10885
2038	47835	37156	10673
2039	47975	37572	10468
2040	48160	38025	10271
2041	48456	38569	10096
2042	48810	39164	9930
2043	49231	39817	9773
2044	49744	40550	9630
2045	50358	41373	9501
2046	51305	42479	9427
2047	52379	43704	9367
2048	53592	45059	9320
2049	54557	46220	9219
2050	55295	47199	9072

由表 5 - 31 可以看出，河北省、城镇及乡村社区居家养老护士需求人数逐年增加。其中，河北省社区居家养老护士需求数由 2021 年的 33053 人增加至 2050 年的 55295 人，增加了 22242 人。河北省乡村区居家养老护士需求人数的变化则不同，于 2028 年增加到最大值 11753 人，之后又逐年下降，这可能与乡村地区的人口流动结构有关。

如图 5 - 23 方案一 2021 ~ 2050 年河北省、城镇及乡村社区居家养老注册护士需求趋势可以得知，河北省及城镇社区居家养老护士需求人数呈现明显上升趋势，而河北省乡村社区居家养老护士需求人数变化相对不明显，并且呈现出先缓慢增加后缓慢下降的趋势。根据表 5 - 3 方案二的 2021 ~ 2050 年河北省、城镇和乡村社区居家养老规模，结合世卫组织统计数据中美国、日本每千人拥有护士数量分别为 9.8 人和 11.49 人，本书取中间值 10 人，作为河北省每千人社区居家养老护士的需求标准，得到表 5 - 32。

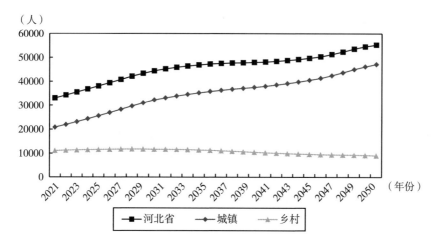

图 5 – 23　方案一 2021～2050 年河北省、城镇及乡村社区
居家养老注册护士需求趋势

表 5 – 32　　　　方案二 2021–2050 年河北省、城镇及乡村社区

居家养老注册护士需求人数　　　　单位：人

年份	河北省	城镇	乡村
2021	10914	6439	4475
2022	11319	6792	4528
2023	11735	7159	4577
2024	12153	7535	4618
2025	12573	7921	4652
2026	13018	8332	4687
2027	13466	8753	4713
2028	13915	9184	4731
2029	14315	9591	4724
2030	14667	9973	4693
2031	14935	10246	4690
2032	15160	10490	4669
2033	15341	10708	4633
2034	15494	10908	4586
2035	15619	11089	4529

续表

年份	河北省	城镇	乡村
2036	15703	11243	4460
2037	15761	11379	4382
2038	15795	11498	4296
2039	15841	11627	4214
2040	15902	11767	4134
2041	15999	11936	4064
2042	16117	12120	3997
2043	16256	12322	3934
2044	16425	12549	3876
2045	16628	12803	3824
2046	16940	13146	3795
2047	17295	13525	3770
2048	17695	13944	3751
2049	18014	14303	3711
2050	18258	14606	3652

　　由表 5 - 32 可以看出，河北省、城镇及乡村社区居家养老护士需求人数逐年增加。其中，河北省社区居家养老护士需求数由 2021 年的 10914 人增加至 2050 年的 18258 人，增加了 7344 人。河北省乡村社区居家养老护士需求人数的变化则和河北省及城镇不同，由 2021 年 4475 人增加到 2028 年的 4731 人，并且于 2028 年达到最大值，这一结果可能与 2021～2050 年河北省乡村社区居家养老规模有关。

　　如图 5 - 24 方案二 2021～2050 年河北省、城镇及乡村社区居家养老注册护士需求人数趋势可以得知，河北省及城镇社区居家养老护士需求人数呈现明显上升趋势，而河北省乡村社区居家养老护士需求人数变化幅度相对较小。

（三）社区居家养老护士供需缺口测算及结果分析

　　本书假设河北省社区居家养老护士人员供给未来三十年增速与前十年

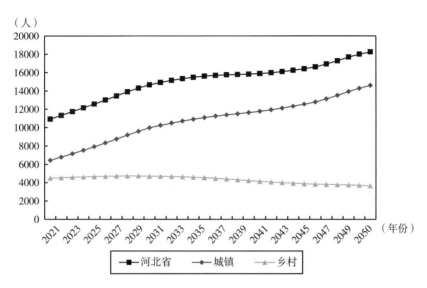

图 5-24　方案二 2021~2050 年河北省、城镇及乡村社区
居家养老护士需求人数趋势

持平，如表 5-33 所示，至 2050 年河北省社区居家养老护士数量增加至
170059 人，计算可知未来三十年缺口为逐渐缩小，到 2037 年缺口消失，
说明河北省社区居家养老护士人员供给到 2037 年满足需求。综合来看，可
以在 2037 年之前适当增加河北省社区居家养老护士数量的供给。

表 5-33　　　　　　方案一 2021~2050 年河北省社区居家养老

注册护士供需缺口人数　　　　　　单位：人

年份	供给	需求	缺口
2021	9678	33053	-23375
2022	10886	34282	-23396
2023	12239	35541	-23302
2024	13746	36807	-23061
2025	15422	38078	-22656
2026	17317	39427	-22110
2027	19425	40782	-21357
2028	21768	42142	-20374
2029	24286	43353	-19068
2030	26984	44419	-17434

续表

年份	供给	需求	缺口
2031	29800	45233	−15433
2032	32803	45912	−13109
2033	35999	46461	−10462
2034	39429	46924	−7495
2035	43105	47303	−4198
2036	46997	47557	−560
2037	51156	47733	3423
2038	55595	47835	7760
2039	60468	47975	12493
2040	65829	48160	17669
2041	71827	48456	23372
2042	78465	48810	29655
2043	85827	49231	36596
2044	94047	49744	44303
2045	103249	50358	52892
2046	114077	51305	62772
2047	126304	52379	73925
2048	140143	53592	86551
2049	154719	54557	100162
2050	170059	55295	114764

由图 5 – 25 可知，2037 年以前养老护士缺口数值为负数，同时期河北省社区居家养老护士人员供给曲线在需求曲线之下，之后需求曲线变化缓慢，而河北省社区居家养老供给增加较快，所以缺口出现正值。

本书假设河北省城镇社区居家养老护士人员供给未来三十年增速与前十年持平，如表 5 – 34 所示，至 2050 年河北省城镇社区居家养老护士数量增加至 32004 人，计算可知未来三十年缺口先扩大再缩小，在 2021 年缺口绝对值最小，为 12480 人，2034 年缺口绝对值最大，达到 17380 人，但是均为负数，说明河北省城镇社区居家养老护士人员的供给不能满足当年的需求。因此，可以适当增加城镇社区居家养老护士人员的供给，以满足同年养老护士的需求。

河北省社区居家养老服务人员供需缺口测算

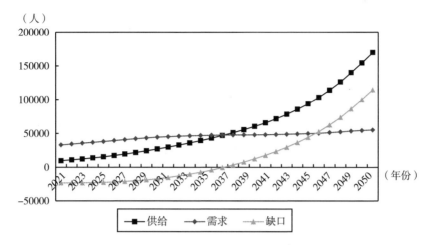

图 5 – 25　方案一 2021～2050 年河北省社区居家养老注册护士供需缺口人数

表 5 – 34　　　　　方案一 2021～2050 年河北省城镇社区居家

养老注册护士供需缺口人数　　　　单位：人

年份	供给	需求	缺口
2021	8327	20808	– 12480
2022	8945	21947	– 13002
2023	9601	23132	– 13532
2024	10291	24349	– 14058
2025	11016	25596	– 14579
2026	11800	26923	– 15123
2027	12624	28284	– 15660
2028	13489	29676	– 16188
2029	14345	30992	– 16647
2030	15191	32228	– 17037
2031	15892	33108	– 17216
2032	16570	33899	– 17329
2033	17224	34602	– 17378
2034	17867	35247	– 17380
2035	18498	35835	– 17336
2036	19099	36332	– 17233
2037	19685	36772	– 17087
2038	20256	37156	– 16901

续表

年份	供给	需求	缺口
2039	20858	37572	– 16714
2040	21497	38025	– 16528
2041	22205	38569	– 16365
2042	22961	39164	– 16203
2043	23772	39817	– 16045
2044	24654	40550	– 15896
2045	25615	41373	– 15757
2046	26783	42479	– 15696
2047	28061	43704	– 15643
2048	29461	45059	– 15597
2049	30775	46220	– 15445
2050	32004	47199	– 15196

由图 5 - 26 可知，缺口曲线一直位于坐标轴下方，说明缺口一直存在，同时期河北省城镇社区居家养老供给曲线在需求曲线之下，缺口曲线先下降后缓慢上升，说明河北省城镇社区居家养老注册护士供给与需求的差距

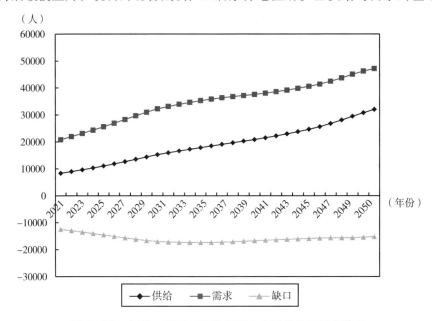

图 5 - 26 方案一 2021 ~ 2050 年河北省城镇社区居家养老注册护士供需缺口人数趋势

先增大后减少。

　　本书假设河北省乡村社区居家养老护士人员供给未来三十年增速与前十年持平，如表5-35所示，至2050年河北省乡村社区居家养老护士数量增加至28923人，计算可知未来三十年缺口数值逐渐增加，在2039年缺口出现正值，说明2039年以后河北省乡村社区居家养老护士供给满足需求，但2039年前需求数量比供给数量大，综合来看，可以在2039年前适当增加养老护士的供给人数，在2039年后适当减少供给，避免人员资源的浪费。

表5-35　　　　方案一2021~2050年河北省乡村社区居家养老
注册护士供需缺口人数　　　　　　　　　　单位：人

年份	供给	需求	缺口
2021	2131	11116	-8985
2022	2376	11248	-8872
2023	2646	11370	-8724
2024	2942	11473	-8531
2025	3265	11557	-8292
2026	3624	11643	-8019
2027	4016	11708	-7693
2028	4441	11753	-7312
2029	4886	11735	-6849
2030	5349	11660	-6311
2031	5888	11651	-5762
2032	6459	11600	-5140
2033	7062	11510	-4448
2034	7702	11393	-3691
2035	8381	11253	-2871
2036	9092	11079	-1987
2037	9842	10885	-1043
2038	10633	10673	-40
2039	11490	10468	1022
2040	12422	10271	2151
2041	13452	10096	3357

续表

年份	供给	需求	缺口
2042	14578	9930	4648
2043	15808	9773	6035
2044	17163	9630	7533
2045	18656	9501	9155
2046	20395	9427	10969
2047	22328	9367	12961
2048	24477	9320	15158
2049	26678	9219	17459
2050	28923	9072	19852

由图 5－27 可知，在 2039 年缺口曲线开始位于横坐标轴上方，同时河北省乡村社区居家养老护士供给大于需求，说明可以满足需求，而通过图 5－26 可以看出，城镇社区居家养老缺口数值一直为负，所以在 2039 年以后，可以适当调整河北省城镇和乡村的社区居家养老护士供给的分配，更好地满足河北省城镇、乡村的社区居家养老需求。

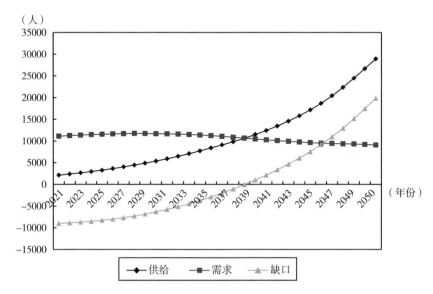

图 5－27　方案一 2021～2050 河北省乡村社区居家养老注册
护士供需缺口发展趋势

本书假设河北省社区居家养老护士人员供给未来三十年增速与前十年持平，如表 5 – 36 所示，至 2050 年河北省社区居家养老护士数量增加至 56152 人，计算可知未来三十年缺口数值逐渐增加，在 2037 年缺口出现正值，说明 2037 年以后河北省社区居家养老护士供给满足需求，但在 2037 年以前河北省社区居家养老护士人员供给不能满足需求，因此可以适当增加同期供给。

表 5 – 36　　　　　方案二 2021 ～ 2050 年河北省社区居家养老
注册护士供需缺口人数　　　　　单位：人

年份	供给	需求	缺口
2021	3196	10914	− 7718
2022	3594	11319	− 7725
2023	4041	11735	− 7694
2024	4539	12153	− 7615
2025	5092	12573	− 7481
2026	5718	13018	− 7301
2027	6414	13466	− 7052
2028	7188	13915	− 6727
2029	8019	14315	− 6296
2030	8910	14667	− 5757
2031	9840	14935	− 5096
2032	10831	15160	− 4329
2033	11886	15341	− 3454
2034	13019	15494	− 2475
2035	14233	15619	− 1386
2036	15518	15703	− 185
2037	16891	15761	1130
2038	18357	15795	2562
2039	19966	15841	4125
2040	21736	15902	5834
2041	23717	15999	7717
2042	25908	16117	9792

续表

年份	供给	需求	缺口
2043	28339	16256	12084
2044	31053	16425	14628
2045	34092	16628	17464
2046	37667	16940	20727
2047	41704	17295	24409
2048	46274	17695	28578
2049	51087	18014	33072
2050	56152	18258	37894

由图 5-28 可知，在 2037 年缺口曲线开始位于横坐标轴上方，同时河北省社区居家养老护士供给大于需求，说明可以满足需求，原因可能与河北省养老社区居家养老护士需求变化平缓而供给增加较快有关。

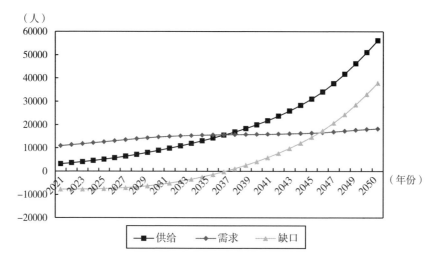

图 5-28　方案二 2021~2050 年河北省社区居家养老注册护士供需缺口人数趋势

本书假设河北省城镇社区居家养老护士人员供给未来三十年增速与前十年持平，如表 5-37 所示，至 2050 年河北省城镇社区居家养老护士数量增加至 9904 人，计算可知未来三十年缺口数值一直为负数，说明河北省城镇社区居家养老护士供给不能满足需求，因此可以适当增加河北省城镇社区居家养老护士的供给速度。

表 5 – 37 　　　　方案二 2021 ~ 2050 年河北省城镇社区居家养老

注册护士供需缺口人数 　　　　单位：人

年份	供给	需求	缺口
2021	2577	6439	– 3862
2022	2768	6792	– 4024
2023	2971	7159	– 4188
2024	3185	7535	– 4350
2025	3409	7921	– 4512
2026	3652	8332	– 4680
2027	3907	8753	– 4846
2028	4174	9184	– 5009
2029	4439	9591	– 5152
2030	4701	9973	– 5272
2031	4918	10246	– 5328
2032	5128	10490	– 5363
2033	5330	10708	– 5378
2034	5529	10908	– 5378
2035	5725	11089	– 5365
2036	5910	11243	– 5333
2037	6092	11379	– 5288
2038	6268	11498	– 5230
2039	6455	11627	– 5172
2040	6653	11767	– 5115
2041	6871	11936	– 5064
2042	7105	12120	– 5014
2043	7356	12322	– 4965
2044	7629	12549	– 4919
2045	7927	12803	– 4876
2046	8288	13146	– 4857
2047	8684	13525	– 4841
2048	9117	13944	– 4827
2049	9524	14303	– 4780
2050	9904	14606	– 4702

由图 5 - 29 可知，河北省城镇社区居家养老护士的需求曲线均位于供给曲线的上端，因此缺口曲线也一直位于坐标轴下方，缺口曲线的变化趋势为先下降后缓慢上升。

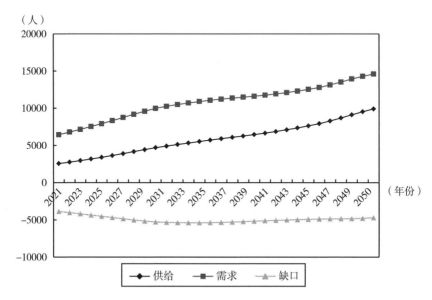

**图 5 - 29 方案二 2021 ~ 2050 年河北省城镇社区居家养老
注册护士供需缺口人数趋势**

本书假设河北省乡村社区居家养老护士人员供给未来三十年增速与前十年持平，如表 5 - 38 所示，至 2050 年河北省乡村社区居家养老护士数量增加至 11642 人，计算可知未来三十年缺口数值逐渐上升，在 2039 年缺口出现正值，说明 2039 年后河北省乡村社区居家养老护士供给满足需求，但在 2039 年以前河北省社区居家养老护士人员供给不能满足需求，因此可以适当增加同期供给。

表 5 - 38 　　　　方案二 2021 ~ 2050 年河北省乡村社区居家
养老注册护士供需缺口人数　　　　　　　　单位：人

年份	供给	需求	缺口
2021	858	4475	− 3617
2022	956	4528	− 3571
2023	1065	4577	− 3512

续表

年份	供给	需求	缺口
2024	1184	4618	−3434
2025	1314	4652	−3338
2026	1459	4687	−3228
2027	1616	4713	−3097
2028	1788	4731	−2943
2029	1967	4724	−2757
2030	2153	4693	−2540
2031	2370	4690	−2319
2032	2600	4669	−2069
2033	2843	4633	−1790
2034	3100	4586	−1486
2035	3374	4529	−1156
2036	3660	4460	−800
2037	3962	4382	−420
2038	4280	4296	−16
2039	4625	4214	411
2040	5000	4134	866
2041	5415	4064	1351
2042	5868	3997	1871
2043	6363	3934	2429
2044	6908	3876	3032
2045	7510	3824	3685
2046	8210	3795	4415
2047	8988	3770	5217
2048	9853	3751	6101
2049	10739	3711	7028
2050	11642	3652	7991

由图 5 - 30 可知，2021 ~ 2038 年河北省乡村社区居家养老护士的需求曲线均位于供给曲线的上端，因此缺口曲线也一直位于坐标轴下方，而 2039 年以后缺口出现正值，因此可以合理调整供给的增加速度，合理利用河北省乡村的医疗资源。

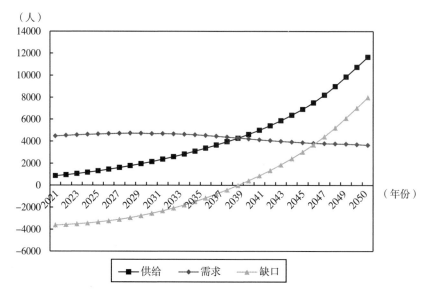

图 5－30　方案二 2021～2050 年河北省乡村社区居家养老
注册护士供需缺口人数趋势

第六节　本章小结

　　本章通过选取相关指标构建社区居家养老服务精算模型，设定相关参数，预测河北省、城镇及乡村社区居家养老照料人员、医生及护士的供给、需求及供需缺口，以方案一为例，预测结果如下所示。

　　一是河北省整体社区居家养老人数随年份增加而逐渐增多。具体由2021 年的 1091376 人增加到 2050 年的 1825788 人，2050 年社区居家养老人数为 2021 年的 1.67 倍。但城乡社区居家养老规模存在一定的差异，城镇的社区居家养老人数呈现出明显的上升趋势，而乡村社区居家养老人数呈现出先增加后降低的趋势，城镇的社区居家养老人数远多于乡村社区居家养老人数，并且随着年份的增加，城镇与乡村社区居家养老人数的差距也逐渐增大。

　　二是河北省社区居家养老照料人员缺口逐渐缩小。在未来三十年养老照料人员的供给速度保持前十年增长水平的情况下，河北省、城镇和乡村社区居家养老照料人员缺口均逐渐缩小，河北省、城镇及乡村缺口消失分别出现在 2031 年、2030 年和 2032 年，到 2050 年供给过剩人员将分别达到 2238.47 万人 、2054.58 万人和 184.40 万人。

三是河北省社区居家养老医生缺口逐渐缩小。在河北省社区居家养老医生供给未来三十年增速与前十年持平的情况下，河北省和乡村社区居家养老医生的缺口均为逐渐缩小—消失—供给过剩并逐渐扩大趋势，河北省和乡村缺口消失分别出现在 2024 年和 2027 年，到 2050 年过剩人员将分别达到 72126 人和 11949 人；城镇未来三十年社区居家养老医生缺口为逐渐扩大，从 2021 年的 841 人扩大到 2050 年的 2440 人。

四是河北省社区居家养老护士缺口逐渐缩小。在河北省、城镇和乡村社区居家养老护士供给未来三十年增速与前十年持平的情况下，河北省和乡村未来三十年缺口变化趋势相一致，均为逐渐缩小，分别到 2037 年和 2039 年缺口消失，并出现供给过剩，到 2050 年过剩人员分别达到 114764 人和 19852 人，而城镇社区居家养老护士缺口先扩大后缩小，峰值出现在 2034 年，达到 17380 人。

第六章

河北省社区居家养老实物资源供需缺口测算

本章基于人口测算、统计年鉴以及大型数据库数据，选取河北省老年人口数、选择社区居家养老的老年人口数、半失能率、养老床位数等指标，构建社区居家养老实物资源供需缺口测算模型，测算社区居家养老实物供需缺口。

第一节　指标选取及模型构建

一、指标选取

（一）河北省老年人口数（O_z）

河北省老年人口数是指河北省处于老年年龄界限以上的人口数量，用字母 O_z 表示。老年人口包括低龄老年人口（60～69 岁）、中龄老年人口（70～79 岁）、高龄老年人口（80 岁以上）三部分。我们将老年人口数口径统一为 60 岁及以上，这个年龄段的老年人也是养老服务需求的主要年龄段，对养老服务的需求更大。

（二）选择社区居家养老的老年人口数（O_s）

目前主要的养老方式有三种：机构养老、家庭养老和社区养老。我们研究的社区居家养老指的是居住在家中，由社区提供养老服务的养老方式。选择社区居家养老的老年人口数用字母 O_s 表示。

（三）半失能率（K_1）和失能率（K_2）

半失能率指的是半失能老年人口数占 60 岁及以上老年总人口数的比例，用字母 K_1 表示；失能率指的是失能老年人口数占 60 岁及以上老年总人口数的比例，用字母 K_2 表示。目前，河北省半失能、失能老人是养老服务的主要需求人群，因此已知老年人口总数的情况下，通过引用半失能率、失能率等指标可以便于计算和预测半失能、失能老人的数量，利于后续对河北省社区居家养老实物资源的计算。

（四）养老床位数（B）

社区居家养老所需的养老床位是将床位"搬"到老年人家中，由养老服务企业提供专业的生活照料、护理和医疗等养老服务。结合物联网环境监测探头、智能健康监测设备等适老化智能设备，24 小时安全自动值班。养老床位的数量指的是为老年人提供休息与康护的床位数量，养老床位是衡量河北省社区居家养老实物资源供给的指标之一，因为养老床位可量化，我们选择以养老床位数量作为衡量社区居家养老实物资源的主要指标，用字母 B 表示。

二、河北省社区居家养老实物资源需求测算模型

考虑到老年人需求的多元化，社区居家养老服务企业需要提供满足基本生活需求与保健需求的养老床位、满足老年人的娱乐和健身需求的健身设施，以及满足老年人精神文化需求的影视设施与书籍等实物资源。但实际上，对于自理能力不强的老人来说，养老床位的需求才是他们最主要的实物需求，加上养老床位本身具有可量化性，故此我们采用养老床位数作为衡量河北省社区居家养老实物资源的主要测算指标。

河北省社区居家养老床位需求取决于社区居家养老半失能、失能老年人数量。用 $B_d(t)$ 表示 t 年河北省社区居家养老半失能、失能老人养老床位的需求数量，其测算模型为：

$$B_d(t) = O_1(t) + O_2(t)$$

$$= \sum_{n=60}^{m} O_z(n,t) \times P(n,t) \times K_1(t) + \sum_{n=60}^{m} O_z(n,t) \times P(n,t) \times K_2(t)$$

$$(6.1)$$

三、河北省社区居家养老服务实物资源缺口测算模型

基于前面对养老服务实物资源的需求测算，设河北省社区居家养老实物资源供给量为 $B_s(t)$，构建以 $B_{ds}(t)$ 为河北省社区居家养老实物资源缺口、$B_s(t)$ 为河北省社区居家养老实物供给、$B_d(t)$ 为河北省社区居家养老实物需求的养老实物资源的供需缺口测算模型为：

$$B_{ds}(t) = B_s(t) - B_d(t)$$

$$= B_s(t) - O_1(t) - O_2(t)$$

$$= B_s(t) - \sum_{n=60}^{m} O_z(n,t) \times P(n,t) \times K_1(t)$$

$$- \sum_{n=60}^{m} O_z(n,t) \times P(n,t) \times K_2(t) \qquad (6.2)$$

第二节 参数设定

一、床位需求比例设定

根据淄博市出台的《淄博市居家和社区基本养老服务提升行动项目实施方案》以及家庭养老床位建设的《设施设备建议清单》和《基本服务指导清单》中对社区养老床位的相关规定，设定半失能老人和完全失能老人为社区居家养老床位的需求方，需求比例为1:1。

二、未来养老床位供给速度设定

利用过去十年河北省、城镇与乡村的床位供给数，计算此阶段的年增长率 $\Delta h(t_b - t_a, b_j)$，假设预测年度养老床位增长率与前十年持平，预测出

未来三十年养老床位供给数量，则预测年度养老床位增长率计算公式为：

$$\Delta h(t_b - t_a, b_j) = \left(\frac{h(t_a b_j)}{h(t_b b_j)} \right)^{1/(b-a)} - 1 \qquad (6.3)$$

第三节 社区居家养老实物资源供需缺口测算及结果分析

一、社区居家养老实物资源供给测算及结果分析

（一）2011～2020 年河北省、城镇和乡村社区居家养老床位供给数

2011～2020 年河北省、城镇和乡村社区居家养老床位供给数如表 6 - 1 所示。乡村床位供给数量明显比城镇多，2011 年乡村床位供给比城镇多 86864 张。河北省社区居家养老床位的供给年增长率为 4.92%，河北省城镇社区居家养老床位的供给年增长率为 -0.013%，河北省乡村社区居家养老床位的供给年增长率为 5.4%。纵向时间来看，河北省社区居家养老床位供给数呈现先增长后下降的波动趋势，河北省城镇社区居家养老床位供给数呈现无规律的波动趋势，河北省乡村社区居家养老床位供给数也是呈现先增长后下降的波动趋势。

表 6 - 1   2011～2020 年河北省、城镇和乡村社区居家养老床位供给数　　单位：张

年份	河北省	城镇	乡村
2011	140748	26942	113806
2012	150615	33617	116998
2013	179996	20362	159634
2014	177159	17088	160071
2015	244420	37538	206882
2016	263010	24985	238025
2017	249253	20265	200542
2018	238790	21519	217271
2019	213186	17773	195413
2020	216853	23852	193001

资料来源：《中国民政统计年鉴》（2011～2020）。

（二）2021～2050年河北省、城镇和乡村社区居家养老床位供给数

假设未来三十年河北省、城镇和乡村社区居家养老床位供给速度和前十年持平，则2021～2050年河北省、城镇和乡村社区居家养老床位供给数量如表6-2所示。可以看出未来三十年养老服务床位数供给的城乡差距依然存在，乡村社区居家养老床位供给数远远大于城镇社区居家养老床位供给数，且差距呈现逐年增长的趋势，到2050年乡村社区居家养老床位供给数比城镇多910523张。结合纵向时间来看，未来三十年河北省社区居家养老床位供给数呈现上升的趋势，河北省城镇社区居家养老床位供给数基本保持稳定，数量没有太大变化，河北省乡村社区居家养老床位供给数也是呈现上升趋势。可能的原因是城镇由于人口较密集以及地域资源等的限制，养老服务基础设施的供给及建设达到了一个比较饱和的状态，未来三十年养老服务床位数供给不会出现大幅度的变化；而农村地域资源较丰富，加上政府、养老机构等的投入力度加大，农村社区居家养老床位供给会不断增加。

表6-2　2021～2050年河北省、城镇和乡村社区居家养老床位供给数　单位：张

年份	河北省	城镇	乡村
2021	227522	23849	203418
2022	238716	23846	214398
2023	250461	23843	225970
2024	262783	23840	238167
2025	275712	23837	251023
2026	289277	23834	264572
2027	303510	23831	278852
2028	318442	23828	293903
2029	334109	23825	309767
2030	350547	23822	326487
2031	367794	23819	344109
2032	385890	23816	362683
2033	404875	23813	382259
2034	424795	23810	402892

续表

年份	河北省	城镇	乡村
2035	445695	23807	424638
2036	467623	23804	447559
2037	490630	23801	471716
2038	514768	23797	497177
2039	540095	23794	524013
2040	566667	23791	552297
2041	594547	23788	582107
2042	623799	23785	613527
2043	654489	23782	646643
2044	686690	23779	681546
2045	720475	23776	718333
2046	755922	23773	757105
2047	793113	23770	797971
2048	832134	23767	841042
2049	873075	23764	886438
2050	916029	23761	934284

二、社区居家养老实物资源需求测算及结果分析

根据本章参数设定，结合第五章方案一和方案二 2021～2050 年河北省、城镇和乡村社区半失能和完全失能老人规模，得到表 6-3 方案一 2021～2050 年河北省、城镇和乡村社区居家养老床位需求数及表 6-4 方案二 2021～2050 年河北省、城镇和乡村社区居家养老床位需求数。

表 6-3 　　　　方案一 2021～2050 年河北省、城镇和乡村

社区居家养老床位需求数　　　　　　　单位：张

年份	河北省	城镇	乡村
2021	501510	243836	209400
2022	512163	253669	209995
2023	522820	263715	210371

续表

年份	河北省	城镇	乡村
2024	533116	273787	210382
2025	543053	283878	210030
2026	553656	294523	209709
2027	563878	305178	209012
2028	573731	315835	207944
2029	581154	325337	205782
2030	586293	333696	202636
2031	587874	338134	200681
2032	587525	341498	198030
2033	585413	343828	194750
2034	582164	345470	191075
2035	577849	346448	187041
2036	572025	346471	182524
2037	565323	345900	177743
2038	557823	344766	172737
2039	550863	343889	167925
2040	544488	343307	163314
2041	539413	343487	159107
2042	535016	344050	155106
2043	531335	345039	151313
2044	528624	346629	147786
2045	526923	348865	144521
2046	528584	353341	142137
2047	531363	358607	139985
2048	535307	364715	138058
2049	536578	369048	135368
2050	535482	371769	132035

表 6－4　　　　方案二 2021～2050 年河北省、城镇和乡村社区
居家养老床位需求数　　　　　　单位：张

年份	河北省	城镇	乡村
2021	165593	75457	84290
2022	169110	78501	84529
2023	172629	81609	84681
2024	176029	84726	84686
2025	179310	87850	84544
2026	182811	91144	84415
2027	186186	94440	84134
2028	189440	97738	83703
2029	191891	100679	82834
2030	193588	103266	81567
2031	194105	104639	80780
2032	193994	105681	79713
2033	193297	106401	78393
2034	192224	106909	76913
2035	190799	107212	75290
2036	188876	107220	73472
2037	186664	107043	71548
2038	184187	106692	69532
2039	181889	106420	67595
2040	179783	106240	65739
2041	178108	106296	64046
2042	176656	106471	62436
2043	175440	106775	60908
2044	174546	107268	59488
2045	173984	107960	58174
2046	174532	109346	57215
2047	175450	110975	56348
2048	176752	112864	55572
2049	177172	114206	54490
2050	176810	115048	53148

表6－3为方案一2021～2050年河北省、城镇和乡村社区居家养老床位需求数，可以看出未来三十年城镇老年人对社区居家养老床位需求明显比乡村多，且这种差距是逐年增加的趋势。总体来看，河北省社区居家养老床位需求数呈现波动的趋势，但是总体上有所增加，预测到2050年达到535482张，比2021年增加了33972张；城镇社区居家养老床位需求数呈现不断增长的趋势；乡村社区居家养老床位需求数呈现下降的趋势。可能的原因是随着农村经济的发展，农村家庭的经济条件不断改善提升，越来越多的老年人有能力看病、治病，总体上农村老年人健康状况有所提高，对于床位的需求也不断降低。

图6－1为方案一2021～2050年河北省、城镇和乡村社区居家养老床位需求趋势图，可以看出未来三十年河北省社区居家养老床位需求呈现先上升后下降的波动趋势，总体上上升但是上升幅度不大；城镇社区居家养老床位需求呈现波动上升的趋势，且上升幅度较大；乡村社区居家养老床位需求呈现先保持稳定后下降的趋势。未来三十年，城镇社区居家养老床位需求一直大于乡村，且两者之间的差距不断增加。可能的原因是受城镇乡村老年人口基数的影响，城镇的人口密度较大，且随着老龄化的不断发展，老年人口数量不断增加，越来越多的老年人选择社区居家养老的方式。

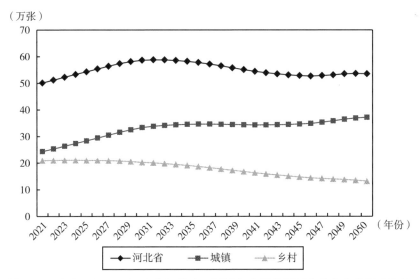

图6－1　方案一2021～2050年河北省、城镇和乡村社区居家养老床位需求趋势

表 6-4 为方案二 2021～2050 年河北省、城镇和乡村社区居家养老床位需求数，方案二下的河北省、城镇和乡村社区居家养老床位需求数远低于方案一。可以看出，2021～2023 年乡村社区居家养老床位需求数大于城镇，2021 年乡村比城镇床位需求多出 8833 张；2024 年及以后，城镇社区居家养老床位需求数大于乡村，且两者差距逐年增大，到 2050 年城镇床位需求比乡村多出 61900 张。结合纵向时间来看，未来三十年，河北省社区居家养老床位需求数处于波动趋势，2050 年床位需求数较 2021 年仅增加了 11217 张，城镇社区居家养老床位需求数呈现不断增长的趋势，乡村社区居家养老床位需求数呈现不断下降的趋势。

由图 6-2 方案二 2021～2050 年河北省、城镇和乡村社区居家养老床位需求趋势图可以看出，河北省社区居家养老服务床位需求总体上呈现波动的趋势，2050 年的床位需求较 2021 年的变化幅度不大；城镇社区居家养老床位需求呈现上升趋势；乡村社区居家养老床位需求数呈现逐年下降的趋势，2050 年达到最小值。2021～2024 年城镇社区居家养老床位需求数比乡村高，且两者的差距越来越小；2025～2050 年城镇社区居家养老床位需求数比乡村高，且两者的差距逐年加大。

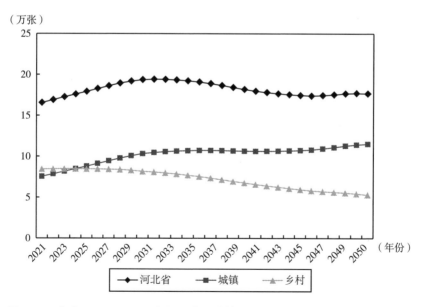

图 6-2 方案二 2021～2050 年河北省、城镇和乡村社区居家养老床位需求趋势

三、社区居家养老实物资源缺口测算及结果分析

根据前面社区居家养老实物资源的供给和社区居家养老实物资源的需求，计算出如下两个方案测算实物资源缺口。

由表6-5方案一2021～2050年河北省社区居家养老床位供给、需求和缺口可以看出，河北省社区居家养老床位供给数量逐渐增加，且增长速度较快，到2050年供给数量达到916029张，需求数量先增加后减少；2021～2039年预测河北省社区居家养老床位供需缺口为负，说明河北省社区居家养老床位供给小于需求，呈现供不应求的情况，养老床位资源供给不足；2040～2050年的预测缺口为正，说明河北省社区居家养老床位的供给大于需求，呈现供过于求的情况，应该避免出现养老床位资源的浪费。具体分析，可能的原因是河北省政府及养老机构等加大对养老床位投入力度，养老床位供给数不断增加，更好地弥补了缺口，为失能、半失能老年人生活提供了保障。

表6-5　　　　　　　方案一2021～2050年河北省社区居家养老
床位供给、需求及缺口　　　　　　　单位：张

年份	供给	需求	缺口
2021	227522	501510	-273988
2022	238716	512163	-273447
2023	250461	522820	-272359
2024	262783	533116	-270333
2025	275712	543053	-267341
2026	289277	553656	-264379
2027	303510	563878	-260368
2028	318442	573731	-255289
2029	334109	581154	-247045
2030	350547	586293	-235746
2031	367794	587874	-220080
2032	385890	587525	-201635
2033	404875	585413	-180538

续表

年份	供给	需求	缺口
2034	424795	582164	-157369
2035	445695	577849	-132154
2036	467623	572025	-104402
2037	490630	565323	-74693
2038	514768	557823	-43055
2039	540095	550863	-10768
2040	566667	544488	22179
2041	594547	539413	55134
2042	623799	535016	88783
2043	654489	531335	123154
2044	686690	528624	158066
2045	720475	526923	193552
2046	755922	528584	227338
2047	793113	531363	261750
2048	832134	535307	296827
2049	873075	536578	336497
2050	916029	535482	380547

由图 6-3 方案一 2021~2050 年河北省社区居家养老床位供给、需求和缺口变化趋势可以看出，河北省社区居家养老床位供给呈现不断上升的趋势，到 2050 年达到峰值，未来还有可能进一步上升；需求呈现先上升后下降的波动趋势，2050 年数量较 2021 年有所上升，但总体上波动幅度不大；河北省社区居家养老床位供需缺口变动趋势与供给的变动趋势较为相似，缺口由负转正，且正向的缺口呈现上升的趋势，未来有可能进一步加大，所以河北省各部门要及时根据老年人对于养老床位的需求进行床位供给，提高养老床位的利用效率，避免资源浪费。

由表 6-6 方案一 2021~2050 年河北省城镇社区居家养老床位供给、需求和缺口可以看出，未来三十年河北省城镇社区居家养老床位供给数量没有太大的变化，虽有极小的需求数目波动，但是数目总体保持在 23000~24000 张；需求数量呈现逐年上升的趋势，且上升速度较快，到 2050 年床位需求数达到 371769 张；2021~2050 年的三十年预测缺口全部为负，说

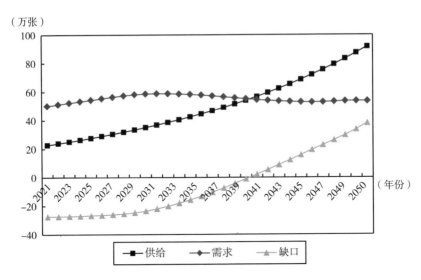

图 6 - 3　方案一 2021～2050 年河北省社区居家养老床位供给、需求及缺口

明河北省城镇老年人对于养老床位的需求大于供给，具体分析由 2021 年缺口 -219987 张到 2050 年的 -348008 张，说明城镇养老床位供给不能满足需求的情况逐年严重。综合来看，城镇社区居家养老床位养老需求常年大于供给，可以适当增加城镇养老床位供给数量，以更好满足养老床位的需求。

表 6 - 6　　　　方案一 2021～2050 年河北省城镇社区居家
养老床位供给、需求及缺口　　　　　单位：张

年份	供给	需求	缺口
2021	23849	243836	-219987
2022	23846	253669	-229823
2023	23843	263715	-239872
2024	23840	273787	-249947
2025	23837	283878	-260041
2026	23834	294523	-270689
2027	23831	305178	-281347
2028	23828	315835	-292007
2029	23825	325337	-301512

年份	供给	需求	缺口
2030	23822	333696	−309874
2031	23819	338134	−314315
2032	23816	341498	−317682
2033	23813	343828	−320015
2034	23810	345470	−321660
2035	23807	346448	−322641
2036	23804	346471	−322667
2037	23801	345900	−322099
2038	23797	344766	−320969
2039	23794	343889	−320095
2040	23791	343307	−319516
2041	23788	343487	−319699
2042	23785	344050	−320265
2043	23782	345039	−321257
2044	23779	346629	−322850
2045	23776	348865	−325089
2046	23773	353341	−329568
2047	23770	358607	−334837
2048	23767	364715	−340948
2049	23764	369048	−345284
2050	23761	371769	−348008

由图6-4方案一2021~2050年河北省城镇社区居家养老床位供给、需求及缺口变化趋势可以看出，河北省社区居家养老床位供给基本上保持稳定，没有大幅波动；需求呈现增长的趋势，到2050年达到峰值，未来还有可能进一步上升；城镇社区居家养老床位缺口一直为负，且呈现下降的趋势。可能的原因是城镇地区养老床位缺口主要受需求的影响，由于城镇地域空间有限，养老服务供给可能已经达到了一个饱和状态，增加投入床位数量也不会有大幅波动，而需求大幅上涨，所以负的缺口在增加，供不应求的现象更加严重。

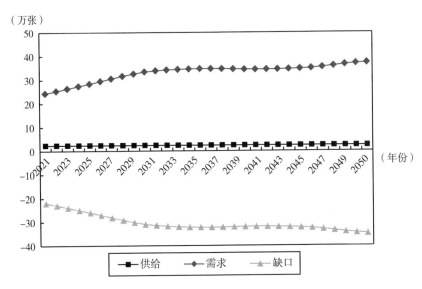

图 6 - 4 方案一 2021 ~ 2050 年河北省城镇社区居家养老床位供给、需求及缺口

由表 6 - 7 方案一 2021 ~ 2050 年河北乡村社区居家养老床位供给、需求和缺口可以看出，未来三十年河北省乡村社区居家养老床位供给数量持续增长，从 2021 年的 203418 张到 2050 年的 934284 张，增长幅度较大；需求数量先有小幅度的增加，后持续下降，到 2050 年下降到 132035 张；河北省乡村社区居家养老床位供需缺口 2021 年为负，养老床位供不应求，2022 年及以后缺口为正，且正向的缺口会持续增加，到 2050 年正向的缺口达到了 80.22 万张，供过于求的现象比较严重。综合来看，与城镇相比，农村的社区居家养老床位未来三十年的需求能够很好地得到满足，但是后期容易出现严重供过于求的现象，政府等有关部门可以将资金更多地投入到其他养老基础设施建设方面，适当降低养老床位供给的增长速度，做到养老床位的更有效利用。

表 6 - 7 　　　　方案一 2021 ~ 2050 年河北省乡村社区居家
养老床位供给、需求及缺口 　　　　　单位：张

年份	供给	需求	缺口
2021	203418	209400	- 5982
2022	214398	209995	4403
2023	225970	210371	15599

续表

年份	供给	需求	缺口
2024	238167	210382	27785
2025	251023	210030	40993
2026	264572	209709	54863
2027	278852	209012	69840
2028	293903	207944	85959
2029	309767	205782	103985
2030	326487	202636	123851
2031	344109	200681	143428
2032	362683	198030	164653
2033	382259	194750	187509
2034	402892	191075	211817
2035	424638	187041	237597
2036	447559	182524	265035
2037	471716	177743	293973
2038	497177	172737	324440
2039	524013	167925	356088
2040	552297	163314	388983
2041	582107	159107	423000
2042	613527	155106	458421
2043	646643	151313	495330
2044	681546	147786	533760
2045	718333	144521	573812
2046	757105	142137	614968
2047	797971	139985	657986
2048	841042	138058	702984
2049	886438	135368	751070
2050	934284	132035	802249

由图 6-5 方案—2021～2050 年河北省乡村社区居家养老床位供给、需求及缺口变化趋势图可以看出，河北省乡村社区居家养老床位供给呈现

上升趋势，且上升幅度和速度均较快；需求呈现缓慢下降的趋势，总体上变动幅度不大；乡村社区居家养老床位供需缺口为正，正的缺口也是呈现快速上升的趋势，到 2050 年达到峰值，未来还有可能进一步上升。乡村的床位缺口趋势与城镇趋势总体上相反，河北省政府应该注意城乡之间养老床位资源供给的调配工作，提高养老床位资源的利用效率。

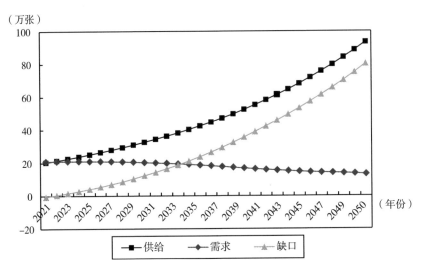

图 6-5　方案一 2021～2050 年河北省乡村社区居家养老床位供给、需求及缺口

由表 6-8 方案二 2021～2050 年河北省社区居家养老床位供给、需求及缺口可以看出，河北省社区居家养老床位供给数量逐渐增加，从 2021 年的 227522 张增长到 2050 年的 916029 张，未来三十年增长幅度较大；需求数量先增加，在 2031 年达到顶峰后下降，之后数量小幅度波动。方案二下的床位供需缺口一直为正，社区居家养老床位供给大于需求，正的缺口一直增加，到 2050 年，缺口增加到 739219 张床位，说明方案二下河北省社区居家养老床位的供给数量较多，对于老年人养老床位的需求能较好地得到满足。

表 6-8　　　　　方案二 2021～2050 年河北省社区居家养老
床位供给、需求及缺口　　　　　　　　　单位：张

年份	供给	需求	缺口
2021	227522	165593	61929
2022	238716	169110	69606

续表

年份	供给	需求	缺口
2023	250461	172629	77832
2024	262783	176029	86754
2025	275712	179310	96402
2026	289277	182811	106466
2027	303510	186186	117324
2028	318442	189440	129002
2029	334109	191891	142218
2030	350547	193588	156959
2031	367794	194105	173689
2032	385890	193994	191896
2033	404875	193297	211578
2034	424795	192224	232571
2035	445695	190799	254896
2036	467623	188876	278747
2037	490630	186664	303966
2038	514768	184187	330581
2039	540095	181889	358206
2040	566667	179783	386884
2041	594547	178108	416439
2042	623799	176656	447143
2043	654489	175440	479049
2044	686690	174546	512144
2045	720475	173984	546491
2046	755922	174532	581390
2047	793113	175450	617663
2048	832134	176752	655382
2049	873075	177172	695903
2050	916029	176810	739219

由图 6-6 方案二 2021～2050 年河北省社区居家养老床位供给、需求及缺口变化趋势可以看出，河北省社区居家养老床位供给呈现不断上升的趋势，在 2050 年达到峰值，未来可能会进一步上升；需求总体来看保持稳定，没有大幅度波动；河北省社区居家养老床位缺口变动主要受供给的影

响，其变动趋势与供给的变动趋势保持一致，也是持续上升的趋势，在 2050 年达到峰值，且缺口一直为正，供给大于需求。

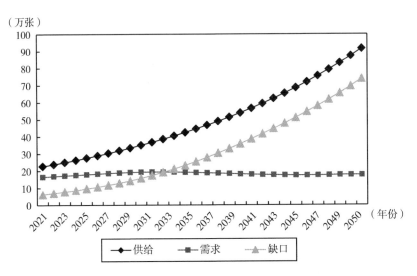

图 6 - 6　方案二 2021~2050 年河北省社区居家养老床位供给、需求及缺口

　　由表 6 - 9 方案二 2021~2050 年河北省城镇社区居家养老床位供给、需求及缺口可以看出，未来三十年河北省城镇社区居家养老床位供给数量基本保持稳定，没有大幅度波动，这与方案一下的养老床位供给数量的变化趋势一致；需求数量在逐年增加，2050 年达到 115048 张床位；河北省城镇社区居家养老床位供需缺口一直为负，且负的缺口逐年增加，说明未来三十年河北省城镇老年人对于养老床位的需求大于供给，且养老床位供不应求的情况将越来越严重，具体分析由 2021 年缺口 - 51608 张到 2050 年的 - 91287 张。可能是受城镇地域空间、资金投入力度不足等方面的限制，养老床位供给数量没有随城镇老年人需求的增长而增长，加剧了养老床位供不应求的现象。

表 6 - 9　　　　　方案二 2021~2050 年河北省城镇社区居家养老
床位供给、需求及缺口　　　　　　单位：张

年份	供给	需求	缺口
2021	23849	75457	- 51608
2022	23846	78501	- 54655

续表

年份	供给	需求	缺口
2023	23843	81609	-57766
2024	23840	84726	-60886
2025	23837	87850	-64013
2026	23834	91144	-67310
2027	23831	94440	-70609
2028	23828	97738	-73910
2029	23825	100679	-76854
2030	23822	103266	-79444
2031	23819	104639	-80820
2032	23816	105681	-81865
2033	23813	106401	-82588
2034	23810	106909	-83099
2035	23807	107212	-83405
2036	23804	107220	-83416
2037	23801	107043	-83242
2038	23797	106692	-82895
2039	23794	106420	-82626
2040	23791	106240	-82449
2041	23788	106296	-82508
2042	23785	106471	-82686
2043	23782	106775	-82993
2044	23779	107268	-83489
2045	23776	107960	-84184
2046	23773	109346	-85573
2047	23770	110975	-87205
2048	23767	112864	-89097
2049	23764	114206	-90442
2050	23761	115048	-91287

由图 6-7 方案二 2021～2050 年河北省城镇社区居家养老床位供给、需求及缺口变化趋势可以看出，河北省城镇社区居家养老床位供给保持稳定趋势；需求呈现上升趋势，未来十年增长速度较快，之后增速有所放

缓；未来三十年需求一直大于供给，且随着需求的逐年上升，两者之间的差距也逐年加大，造成城镇社区居家养老床位供需缺口呈现与养老床位供给相反的下降变动趋势。

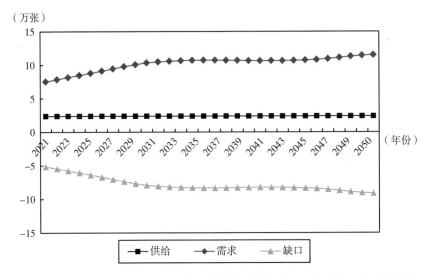

图 6-7　方案二 2021~2050 年河北省城镇社区居家养老床位供给、需求及缺口

由表 6-10 方案二 2021~2050 年河北省乡村社区居家养老床位供给、需求及缺口可以看出，未来三十年河北省乡村社区居家养老床位供给数量逐年增加，且增加幅度较大，到 2050 年增加到 934284 张床位；而需求数量基本上逐年递减；河北省乡村社区居家养老床位供需缺口始终为正，且正的缺口持续增加，说明乡村社区居家养老床位供给大于需求，这与方案一下的养老服务供给、需求和缺口规模变动趋势保持一致。

表 6-10　　　　　方案二 2021~2050 年河北省乡村社区居家
养老床位供给、需求及缺口　　　　　　　单位：张

年份	供给	需求	缺口
2021	203418	84290	119128
2022	214398	84529	129869
2023	225970	84681	141289
2024	238167	84686	153481
2025	251023	84544	166479

续表

年份	供给	需求	缺口
2026	264572	84415	180157
2027	278852	84134	194718
2028	293903	83703	210200
2029	309767	82834	226933
2030	326487	81567	244920
2031	344109	80780	263329
2032	362683	79713	282970
2033	382259	78393	303866
2034	402892	76913	325979
2035	424638	75290	349348
2036	447559	73472	374087
2037	471716	71548	400168
2038	497177	69532	427645
2039	524013	67595	456418
2040	552297	65739	486558
2041	582107	64046	518061
2042	613527	62436	551091
2043	646643	60908	585735
2044	681546	59488	622058
2045	718333	58174	660159
2046	757105	57215	699890
2047	797971	56348	741623
2048	841042	55572	785470
2049	886438	54490	831948
2050	934284	53148	881136

由图 6-8 方案二 2021~2050 年河北省乡村社区居家养老床位供给、需求及缺口变化趋势可以看出，河北省乡村社区居家养老床位供给呈现快速上升趋势，在 2050 年达到峰值，且有进一步上升的趋势；需求呈现下降趋势，但是未来三十年总体规模变化不大；社区居家养老床位供给数量大于需求，所以乡村社区居家养老床位供需缺口与供给的变化趋势保持一致，都是快速上升的趋势。

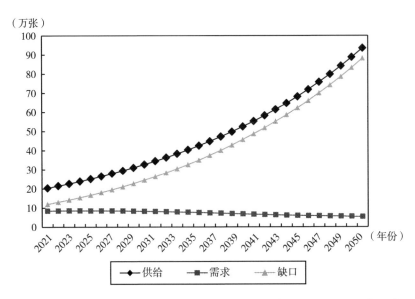

图 6 - 8　方案二 2021 ~ 2050 年河北省乡村社区居家养老床位供给、需求及缺口

第四节　本章小结

　　本章主要对河北省社区居家养老实物资源供需缺口进行测算。首先构建社区居家养老实物资源供需缺口精算模型；其次设定相关参数，对未来三十年的社区居家养老实物资源供需缺口进行了预测，得到如下预测结果。

　　河北省社区居家养老床位供需缺口逐渐缩小。在未来三十年养老床位数供给增速保持前十年增长水平的情况下，河北省社区居家养老床位供需缺口逐渐缩小。以方案一为例，缺口消失的时间出现在 2040 年，到 2050 年供给过剩高达 380547 张。但城乡之间存在资源错配问题，城镇社区居家养老床位供需缺口逐渐扩大，由 2021 年缺口 219987 张扩大到 2050 年的 348008 张，说明城镇养老床位供不应求。而乡村社区居家养老床位 2022 年及以后供过于求，到 2050 年剩余床位达到了 802249 张。

第七章

河北省社区居家养老养老金供需缺口测算

随着老年人口的占比逐渐增加,河北省的人口老龄化不断加深,这不仅对劳动者赡养老人造成了一定的负担,也对养老资金的支付能力提出了直接的挑战。60 岁及以上老年人的收入来源主要来自养老金、财产性收入、家庭其他成员供养等,其中财产性收入和家庭其他成员供养数据很难全面获得,本章我们从养老保险制度入手,进行养老金的供需分析。由于城镇退休职工养老金占收入比例最大,而 60 岁及以上城乡居民养老金占收入比例很小,因此本章只研究城镇职工养老保险养老金收支缺口问题。具体将根据河北省的城镇人口总量、养老金的缴费费率以及社会平均工资等因素的变化,构建城镇职工养老保险基金收支测算模型,推算 2021~2050 年城镇职工养老保险基金的收支状况。

第一节　前提假设与模型构建

在 1997 年的养老保险制度改革中,我国确定了"统账结合"的模式,实现了由"现收现付制"向"部分积累制"的转变,养老保险体系包含了统筹账户和个人账户,企业和机关事业单位缴纳的养老保险费进入统筹账户,而个人缴费进入个人账户,目前的城镇职工退休之后所领取的养老保险金由统筹账户的基础养老金和个人账户养老金两部分组成。

一、测算方法

养老保险基金支付能力测算常用的方法有两种：总体法和分账户法。本书将采取分账户法来进行测算，这一方法是将社会统筹和个人账户区分开来，分别建立收支精算模型来进行测算。社会统筹账户的基金收入可以用在职职工的社会统筹部分缴费额乘以在职职工人数求出；社会统筹账户的基金支出则是用退休人员领取的社会统筹部分养老金乘以退休人员人数计算得出。个人账户的资金收入和支出可以依据个人账户资金的基金投资收益率计算得出。

二、前提假设

假设在测算的时间内，河北省城镇职工养老保险的支付负担一直处于政府财政的承受范围之内，不会出现影响养老保险制度良好运行的问题。由于提前退休和中途退保的人数将会随着政策法规的完善逐步减少，假设在测算城镇职工人数规模时忽略提前退休、中途退保等影响人口数量的因素。

三、建立模型

（一）社会统筹账户养老保险金收入模型

首先，在职职工的平均工资公式如下：

$$W_{x,s} = W_{a,s-x+a} \times [(1+g_{y1}) \times (1+g_{y2})]^{x-a} \tag{7.1}$$

其中，x 表示职工年龄；s 表示年份（如 2010，2011，…）；$W_{x,s}$ 为第 s 年 x 岁在职职工的平均工资；a 表示职工首次参加工作的年龄；$s-x+a$ 表示职工首次参加工作的年份；$W_{a,s-x+a}$ 表示第 $s-x+a$ 年 a 岁职工的平均工资，即第 s 年 x 岁职工在其工作第 1 年的平均工资；g_{y1} 表示个人因素引起的年工资增长率；g_{y2} 表示社会因素引起的年工资增长率。其中，个人因素是指职工工龄增加和工作熟练程度提高等影响工资增长的因素；社会因素是指社会经济发展和通货膨胀等影响工资增长的因素。

其次，社会养老保险金收入公式为：

$$I_s = \sum_{x=a}^{b-1} \left[C_{r1} \times W_{x,s} \times \left(\frac{l_{x,s} + l_{x-1,s-1}}{2} \right) \times V_s \right] \qquad (7.2)$$

其中，I_s 表示社会养老保险金收入；b 表示职工的退休年龄；C_{r1} 表示统筹养老保险缴费率；$l_{x,s}$ 表示第 s 年 x 岁在职职工年末参保人数；$l_{x-1,s-1}$ 表示第 s - 1 年 x - 1 岁在职职工年末参保人数；V_s 表示第 s 年养老保险的遵缴率。

最后，将公式（7-1）代入公式（7-2），得到社会养老金收入模型：

$$I_s = \sum_{x=a}^{b-1} \left\{ C_{r1} \times W_{a,s-x+a} \times \left[(1 + g_{y1}) \times (1 + g_{y2}) \right]^{x-a} \times \left(\frac{l_{x,s} + l_{x-1,s-1}}{2} \right) \times V_s \right\}$$

$$(7.3)$$

由于养老保险制度规定男女职工退休年龄不同，所以模型进一步细化为：

$$I_s = \sum_{x=a}^{b_\alpha-1} \left\{ C_{r1} \times W_{a,s-x+a} \times \left[(1 + g_{y1}) \times (1 + g_{y2}) \right]^{x-a} \times \left(\frac{l_{x,s,\alpha} + l_{x-1,s-1,\alpha}}{2} \right) \times V_s \right\}$$

$$+ \sum_{x=a}^{b_\beta-1} \left\{ C_{r1} \times W_{a,s-x+a} \times \left[(1 + g_{y1}) \times (1 + g_{y2}) \right]^{x-a} \times \left(\frac{l_{x,s,\beta} + l_{x-1,s-1,\beta}}{2} \right) \times V_s \right\}$$

$$(7.4)$$

其中，带 α 的变量表示男性，带 β 的变量表示女性。

（二）个人账户养老金保险金收入模型

$$I_s' = \sum_{x=a}^{b-1} \left\{ C_{r2} \times W_{a,s-x+a} \times \left[(1 + g_{y1}) \times (1 + g_{y2}) \right]^{x-a} \times (1 + r)^{b-x} \right.$$

$$\left. \times \left(\frac{l_{x,s} + l_{x-1,s-1}}{2} \right) \times V_s \right\} \qquad (7.5)$$

其中，I_s' 表示个人账户基金收入；C_{r2} 表示个人账户缴费率；r 表示养老基金投资收益率。

又因为男女职工的退休年龄不同，所以模型进一步细化为：

$$I'_s = \sum_{x=a}^{b_\alpha-1} \left\{ C_{r2} \times W_{a,s-x+a} \times \left[(1+g_{y1}) \times (1+g_{y2}) \right]^{x-a} \times (1+r)^{b_\alpha-x} \right.$$

$$\left. \times \left(\frac{l_{x,s,\alpha} + l_{x-1,s-1,\alpha}}{2} \right) \times V_s \right\} + \sum_{x=a}^{b_\beta-1} \left\{ C_{r2} \times W_{a,s-x+a} \times \left[(1+g_{y1}) \right. \right.$$

$$\left. \left. \times (1+g_{y2}) \right]^{x-a} \times (1+r)^{b_\beta-x} \times \left(\frac{l_{x,s,\beta} + l_{x-1,s-1,\beta}}{2} \right) \times V_s \right\} \qquad (7.6)$$

（三）社会养老保险金支出模型

社会养老保险金支出为：

$$E_s = \sum_{x=b}^{\omega-1} \left\{ Q_{x,s} \times \left(\frac{l'_{x,s} + l'_{x-1,s-1}}{2} \right) \right\} \qquad (7.7)$$

其中，E_s 表示社会养老保险金支出；ω 表示职工的平均死亡年龄；$Q_{x,s}$ 表示第 s 年 x 岁退休职工的养老金；$l'_{x,s}$ 表示第 s 年 x 岁退休职工年末参保人数；$l'_{x-1,s-1}$ 表示第 $s-1$ 年 $x-1$ 岁退休职工年末参保人数。

依据动态平衡法的思路，需要根据经济发展状况调节养老金水平：

$$Q_{x,s} = Q_{b,s-x+b}(1+k)^{(x-b)} \qquad (7.8)$$

其中，$s-x+b$ 表示职工退休的年份；$Q_{b,s-x+b}$ 表示第 $s-x+b$ 年 b 岁退休职工领取的平均养老金，即第 s 年 x 岁退休职工在其退休年初领取的平均养老金；k 表示养老金年调整率。

又因为养老金替代率的计算方法之一为城镇职工退休第一年的平均养老金收入与城镇退休职工退休前一年平均工资的比率，用 T 表示，即：

$$T = \frac{Q_{b,s-x+b}}{W_{b-1}} \qquad (7.9)$$

其中，W_{b-1} 表示城镇退休职工退休前一年的平均工资。

所以公式可以表示为：

$$E_s = \sum_{x=b}^{\omega-1} \left\{ T \times W_{b-1} \times (1+k)^{x-b} \left(\frac{l'_{x,s} + l'_{x-1,s-1}}{2} \right) \right\} \qquad (7.10)$$

又因为我国养老保险制度规定男女职工退休年龄和男女平均寿命不同，所以模型进一步细化为：

$$E_s = \sum_{x=b_\alpha}^{\omega_\alpha - 1} \left\{ T \times W_{b-1} \times (1+k)^{x-b_\alpha} \times \left(\frac{l'_{x,s,\alpha} + l'_{x-1,s-1,\alpha}}{2} \right) \right\}$$

$$+ \sum_{x=b_\beta}^{\omega_\beta - 1} \left\{ T \times W_{b-1} \times (1+k)^{x-b_\beta} \times \left(\frac{l'_{x,s,\beta} + l'_{x-1,s-1,\beta}}{2} \right) \right\} \qquad (7.11)$$

（四）养老金供需缺口测算模型

养老金供需缺口测算模型为：

$$M = I_s + I'_s - E_s \qquad (7.12)$$

第二节　参数设定

一、计算的期间为 30 年（2021～2050 年）

前面章节预测了河北省未来三十年的总人口数量，本书将初始预测年份定为 2021 年，预测 2021～2050 年三十年的养老保险基金的收支情况。

二、就业与退休年龄（a，b）

通过河北省人力资源和社会保障公布的调查数据可以发现，职工的平均就业年龄为 23 岁。一般情况下国家规定的男女职工退休年龄不同，男职工的退休年龄为 60 岁，女干部的退休年龄为 55 岁，女工人的退休年龄为 50 岁，副处级女干部和副高级以上职称的女技术人员 60 岁退休（也可以申请 55 岁退休）。因此，本书将职工的就业年龄 a 设为 23 岁，男职工退休年龄 b_α 设为 60 岁，女干部和女工人的退休年龄 b_β 分别设为 55 岁和 50 岁。

此外，本书参考李晓芬（2018）的做法，假设 50～54 岁的女性中有比例为 γ 的部分属于女干部，退休年龄为 55 周岁。2019 年，河北省共有公务员 81.88 万人，事业编制在职人员 193.71 万人，两者合计 275.59 万人，约占 2019 年河北省城镇就业人员 1383 万人的 19.92%。本书假设 γ = 20%。因为数据披露原因，无法对副处级女干部和副高级以上职称的女技术人员进行详细区分，因此，在后面的具体计算中，假设河北省的女性退休年龄只有 50 岁和 55 岁。

三、平均死亡年龄（ω）

在河北省 2018 年首次公开发布的分性别统计分析报告中显示，截至 2016 年底，河北省男性的平均寿命为 73.90 岁，女性的平均寿命为 78.67 岁。本书的设定将依据河北省人口发展规划中的目标和人口预测软件中联合国生命表的模式确定，假设每隔十年人口的预期寿命会增长 1 岁。因此，本书设定 2019～2020 年男性平均死亡年龄为 74 岁，女性平均死亡年龄为 79 岁；2021～2030 年男性平均死亡年龄均为 75 岁，女性平均死亡年龄均为 80 岁；2031～2040 年男性平均死亡年龄均为 76 岁，女性平均死亡年龄均为 81 岁；2041～2050 年男性平均死亡年龄均为 77 岁，女性平均死亡年龄均为 82 岁。

四、城镇化率（u）

河北省城镇化水平自 2012 年的 46.80% 上升到 2019 年的 57.62%，年均增长 1% 左右。河北省人民政府印发的《河北省人口发展规划》中显示，规划人口城镇化率将稳步提升，预计在 2030 年达到 70% 左右，接近全国平均水平。魏后凯（2022）估计，2020～2030 年，我国城镇化的年平均增长速度会是 0.8～1 个百分点；2030～2050 年，我国城镇化的年平均增长速度为 0.6～0.8 个百分点。并预计 2040 年城镇化率为 75%，2050 年城镇化水平达到 80%，基本完成城镇化。因此，本书假设 2019 年的城镇化率为 57%，并假设在 2020～2030 年城镇化率平均增长速度为 1%，2030～2050 年平均增长速度为 0.6%，直到 2050 年城镇化率达到 80%。

五、城镇职工参保人数（l）

本书所要计算的城镇职工参保人数是以前面预测的河北省总人口为依据，用每年预测的各个年龄段的人口数量乘以人口城镇化率得到当年城镇人口，再根据就业率及参保率等指标计算求出的。河北省历年统计年鉴显示，劳动力年龄段的城镇人口中城镇职工人口的占比缓慢下降，并趋近于50%；城镇职工人口中城镇职工参保人数的占比在逐渐上升，趋近于85%；参保人口中的离退休人口占城镇退休年龄段人口的比例也在逐渐上升，趋近于56%。本书参考赵建国（2020）的做法，将50%作为预测期内劳动力年龄段城镇人口中城镇职工人数的占比，将85%作为预测期间内城镇职工的参保率，将56%作为离退休人口占城镇退休年龄段人口的比例。

六、职工工作第一年工资（$W_{a,s-x+a}$）

根据2018年河北省人力资源和社会保障事业发展统计公报的数据来看，河北省城镇非私营单位就业人员年平均工资为68717元，城镇私营单位就业人员年平均工资为39512元，因此，河北省城镇单位就业人员年平均工资为54114.5元。由于职工的工资会随着工龄的增加而增长，刘儒婷（2012）认为23岁职工的缴费工资相当于城镇单位就业人员年平均工资的50%。我们效仿刘儒婷的做法，假设2019年23岁职工的缴费工资相当于城镇单位就业人员年平均工资的50%，即27057.25元。

七、遵缴率（V_s）

遵缴率一般指养老保险实际缴费的人员占参保人员的比例。在企业职工基本养老保险费用的征缴中，由于监管力度不足，并不能起到完全监督缴费人群的作用，现阶段的实际征缴水平只能达到七成左右，2017年我国城镇职工基本养老保险制度的遵缴率为79.2%。随着未来人们对于养老保险制度的进一步认可以及国家监管制度的更加严格，本书结合刘万（2020）的做法，假设河北省2019~2050年养老金的遵缴率为80%。

八、年工资增长率（g_y）

河北省城镇单位就业人员在2011~2018年的实际工资年平均增长率（名义工资增长率与通货膨胀率之差）为10%，邓大松等（2009）认为，这种工资增长会随着经济发展不断成熟而呈现下降的趋势。一般来讲工资水平与 GDP 水平有着同步增长的规律，刘世锦（2022）认为，我国目前 GDP 正处于由过去的 10% 左右的经济高速增长向未来的中速增长转变的过程，并认为未来的 GDP 增长率将稳定在 5% 左右的水平。因此，本书在以上分析的基础上借鉴刘儒婷（2012）的做法，假设在 2019～2030 年年平均工资增长率为 10%，假设由于个人因素所引起的年平均工资增长率 g_{y1} 为 4%，由社会因素引起的年平均工资增长率 g_{y2} 为 6%；在 2031～2040 年年平均工资增长率为 8%，假设由于个人因素所引起的年平均工资增长率 g_{y1} 为 3%，由社会因素引起的年平均工资增长率 g_{y2} 为 5%；在 2041～2050 年年平均工资增长率为 5%，假设由于个人因素所引起的年平均工资增长率 g_{y1} 为 2%，由社会因素引起的年平均工资增长率 g_{y2} 为 3%。

九、个人账户基金投资收益率（r）

河北省目前的个人账户基金保值增值的途径比较有限，投资渠道主要是用于银行存款或者购买国债，银行的 1 年期平均储蓄利率一般为 1.75%～2.25%，年限越长利率越高，10 年期国债平均收益率一般为 3.5% 左右。因此，结合近些年银行利率和国债的变动情况，并参考杨钒（2020）的做法，将个人账户基金投资收益率 r 设定为 3%。

十、养老保险缴费率（C_r）

河北省颁布的《河北省降低社会保险费率实施方案》中规定，从 2019 年 5 月 1 日起，河北省城镇职工基本养老保险单位缴费比例从 20% 下调至 16%，个人账户部分养老保险缴费率不变，仍为 8%。因此本书的统筹部分养老保险缴费率 C_{r1} 为职工工资的 16%，个人账户部分的养老保险缴费率 C_{r2} 为职工工资的 8%。

十一、养老金替代率（T）

本书采用刘儒婷（2012）的计算方法，即养老金替代率为城镇职工退休第一年的平均养老金收入与城镇退休职工退休前一年平均工资收入的比率。其中，公式涉及的两个指标目前尚没有准确的统计数据，王浩名等（2019）认为退休职工的平均养老金收入等于每年政府向退休职工支付的养老金总额与每年参加养老缴费账户中的离退休人口总数的比值。本章借鉴此种方法求得退休职工平均养老金收入，并结合退休工资平均增长率进行计算近似求得城镇职工退休第一年的平均养老金收入；运用同样的方法，以城镇职工平均工资为依据，结合工资平均增长率进行计算近似求得城镇退休职工退休前一年平均工资收入。经计算，河北省 2010~2018 年的养老金替代率见表 7-1。从表 7-1 中可以看出养老金替代率的总体变化趋势为先下降后上升，最终逐渐接近 30%。由于戴卫东等（2019）、于文广等（2017）在计算养老金收支时都将养老金替代率设置为了常数，因此，本书也假设在测算期间内，养老金替代率 T 为固定的常数，将其数值设为 30%。

表 7-1　　　　　河北省 2010~2018 年养老金替代率　　　　单位：%

年份	养老金替代率	年份	养老金替代率	年份	养老金替代率
2010	28.72	2011	22.47	2012	20.92
2013	21.84	2014	24.78	2015	27.18
2016	26.04	2017	23.71	2018	29.38

十二、职工退休前一年平均工资 （W_{b-1}）

由于职工退休前一年的工资目前没有准确的统计数据，本书以河北省城镇职工年平均工资为依据，结合工资平均增长率求得 2014~2018 年职工退休前一年平均工资的近似值，分别为 56627.04 元、57900.36 元、63879.48 元、70067.40 元和 78205.32 元。根据近五年计算出来的工资求得平均增长率为 8.47%。因此，结合计算求得的平均增长率本书假设 2019 年职工退休前一年平均工资 W_{b-1} 为 84852.77 元。

十三、养老金调整率 （k）

从河北省人力资源和社会保障部门的通知中可以发现，2015~2019 年的养老金总体上调率分别为 10%、6.7%、5.5%、5% 和 5%，并且 2020 年 7 月发布的最新养老金调整方案规定人均养老金上调幅度为 2019 年退休人员月人均基本养老金水平的 5%。在此基础上，本书假设预测期间内的养老金年调整率 k 为 5%。

第三节　养老金供需缺口测算及结果分析

一、预测结果

基于本书建立的城镇职工养老保险基金收支精算模型，结合相关参数的设定，测算出了 2021~2050 年在现行退休年龄政策下河北省城镇职工养老保险基金收支情况，具体结果如表 7-2 所示。

表 7-2　　　　　　　　2021~2050 年河北省城镇职工养老保险

基金收支能力测算　　　　　　　　　　单位：亿元

年份	统筹账户养老保险金收入	个人账户养老保险金收入	养老保险金总收入	养老保险金总支出	养老保险金资金缺口
2021	1480.71	1089.03	2569.73	2379.52	190.21
2022	1503.75	1102.45	2606.20	2505.64	100.55
2023	1525.45	1115.20	2640.65	2632.24	8.41
2024	1546.66	1128.23	2674.90	2758.29	-83.40
2025	1566.71	1140.78	2707.49	2882.06	-174.57
2026	1583.27	1151.81	2735.08	3013.12	-278.04
2027	1597.84	1162.01	2759.85	3115.00	-355.15
2028	1610.11	1171.31	2781.43	3220.58	-439.15
2029	1624.37	1181.72	2806.09	3316.67	-523.04
2030	1640.71	1193.30	2834.01	3409.41	-587.25
2031	1658.46	1204.50	2862.96	3651.26	-796.81
2032	1673.66	1213.35	2887.01	3720.52	-833.51
2033	1691.15	1223.31	2914.46	3785.93	-871.47
2034	1706.36	1230.55	2936.92	3847.41	-910.49

续表

年份	统筹账户养老保险金收入	个人账户养老保险金收入	养老保险金总收入	养老保险金总支出	养老保险金资金缺口
2035	1720.52	1237.10	2957.62	3904.47	-946.86
2036	1730.47	1241.18	2971.65	3966.49	-985.31
2037	1737.87	1243.53	2981.40	4030.74	-1035.11
2038	1743.26	1245.32	2988.58	4103.38	-1084.20
2039	1749.38	1248.82	2998.20	4174.05	-1149.32
2040	1755.48	1253.38	3008.87	4242.70	-1210.80
2041	1759.24	1256.94	3016.17	4515.17	-1480.57
2042	1759.68	1258.41	3018.08	4579.51	-1531.16
2043	1756.29	1257.77	3014.06	4637.73	-1594.57
2044	1750.16	1255.45	3005.61	4679.48	-1650.57
2045	1740.35	1251.00	2991.35	4712.45	-1706.59
2046	1719.17	1240.91	2960.08	4738.93	-1778.80
2047	1690.82	1227.28	2918.10	4766.92	-1860.98
2048	1654.06	1209.66	2863.72	4796.86	-1953.78
2049	1623.20	1195.39	2818.59	4823.22	-2029.77
2050	1598.16	1184.39	2782.55	4844.76	-2089.18

二、预测结果分析

在现行政策下，从表7-2的养老金收支预测结果来看，在短期内，随着城镇职工收入的不断提高，城镇职工养老保险的基金收入和支出都在不断增加。直到2023年为止，城镇职工养老金都能够维持收支平衡，并且在当年收大于支的基础上有一定的结余。这段时期内养老保险基金收支平稳，河北省能够确保城镇职工养老金按时足额地发放。

随着人口老龄化的加速，河北省城镇职工养老保险金的供给逐渐无法满足老年人口对养老金的需求。养老保险金在2024年首次出现当年收入低于支出的现象，资金缺口为83.40亿元，这就意味着当年的养老金收入已经不能够弥补支出，需要使用往年的养老金积累额来进行填补。根据表7-2预测结果可以知道，河北省城镇职工养老保险金的资金缺口从2024年开始迅速扩大，之后长期处于一种收不抵支的状态。图 7 - 1 描绘了 2021 ~ 2050 年河北省城镇职工养老保险基金收入、支出以及资金缺口的变化趋势，可以更直观地看出未来河北省城镇职工养老保险基金的运行情况。

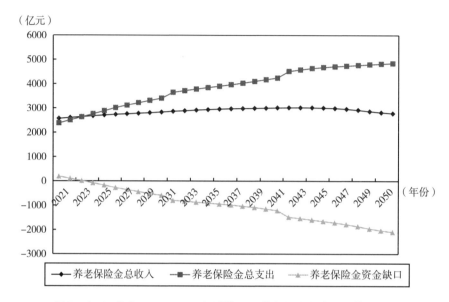

图 7 - 1　河北省 2021 ~ 2050 年城镇职工养老保险金收支测算值趋势

从图 7 - 2 反映出的城镇职工养老保险金缺口情况来看，从 2030 年开始，河北省城镇职工养老金不再拥有保险金每年累积的现象，开始出现真正的资金缺口，并且资金缺口逐年增加，从 2030 年的 559.40 亿元增长到

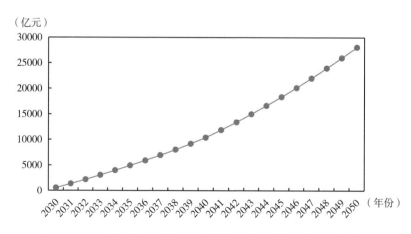

图 7 - 2　河北省 2030 ~ 2050 年城镇职工养老保险金缺口累积趋势

2050 年的 28059.25 亿元，城镇职工养老金的可持续运行面临着严峻的考验。

三、原因分析

根据测算结果可以分析出，河北省城镇职工养老金短期内收支可以维持基本平衡，中期内收入略低于支出，长期来看则呈现出严重的收不抵支，面临巨大的支出缺口。造成这种情况的原因分析如下。

从近几年来看，养老金可以保证基本的收支平衡。一方面短时期内老龄化问题还不是十分严重，养老金缴费的人数暂时多于养老金领取的人数，使得养老金的收入略大于养老金的支出；另一方面，目前河北省的城镇化水平在逐年提高，而且劳动力的城镇化率高于老年人口的城镇化率，这也是造成短期内养老金收入略大于支出的原因。除此之外，养老金管理体制还不健全，在监管相对较弱的情况下，拖欠、漏缴等问题的存在也对城镇养老基金的积累造成负面影响。

从 2024 年开始，人口老龄化进程不断加快，造成养老金的支付压力逐渐增大，巨额隐形债务问题也开始显现。老年人口的激增使得领取养老金的人数不断增多，这是造成中期养老金收入略低于养老金支出的主要原因。除此之外，目前养老基金的运作能力不高，河北省养老保险基金主要投资在银行存款和购买债券上，投资总回报率低于通货膨胀率，导致前期积累的大量养老金不能够有效地运作，这也是造成收不抵支现象的原因之一。

到 2030 年之后，老龄化问题已经十分严重，退休职工人数急剧增加，职工缴费人员占参保职工的比例持续下降，养老金出现了严重的收不抵支的现象。河北省人口的老龄化是造成养老金长期严重收不抵支的最主要原因。前面人口预测的结果显示，河北省 2035 年 60 岁以上老年人口的占比将高达 28.23%，并且老年人口占比在不断增加，到 2050 年占比将高达 34.06%。由此可见，如果按照现行的养老保险政策运行，不延迟退休，在未来的若干年，河北省城镇职工养老金账户将会给财政造成巨大的负担，养老保险可能面临支付危机。

第四节　养老金供需缺口的敏感性分析

在人口老龄化日益加深的背景下，河北省城镇职工养老保险基金面临的收支压力越来越大，提高法定退休年龄成为一个必然的趋势。延迟退休年龄可以增加缴费人数并延长参保人员的缴费年限，扩充基金池；同时，延迟退休年龄可以减少养老金的领取人数，从而缓解基金支出压力，达到"开源节流"的目的。虽然"十三五"规划、党的十九大报告均强调"实施渐进式延迟退休年龄政策"，但是我国还未正式推行延迟退休年龄政策。本节研究延迟退休对河北省城镇职工养老保险基金的影响。

一、延迟退休方案设计

在人口老龄化背景下，延迟退休年龄政策对于人力资源有效地开发利用、养老保险可持续发展，有着非常重要的作用。目前，制定渐进式延迟退休年龄政策主要有两个基本考虑：一是小步慢走，渐进到位，即每年推迟几个月的时间，经过一个相当长的时间再达到法定退休的目标年龄，便于大家接受；二是区别对待，分步实施，即根据我国现在不同群体的退休年龄，区分不同情况，分步实施。

根据研究预测，2050 年河北省人口平均寿命有望达到 80 岁，其中女性预期平均寿命为 82 岁，男性预期寿命为 77 岁，随着人口老龄化程度在未来一段时期不断加深，男性 60 岁、女性 55 岁的退休年龄显然与人口预期寿命延长不相适应。并且在老年人口当中，女性平均预期寿命普遍大于男性平均预期寿命，使得女性人数要明显高于男性人数，但是从退休年龄来看，女性的退休年龄要早于男性，这就使得女性具有较短的缴费期和较长的受益期，对女性人力资本造成了浪费。因此，理论上讲这种情况下参保女性是影响基金积累空洞化的主要力量。

为了减轻人口老龄化对劳动者和社会的冲击，专家们纷纷提出延迟退休政策的建议，建议延迟退休可"先女后男，小步渐进，男女同龄，逐步到位"；应坚持小步渐进的延迟退休计划，每年延迟 2～6 个月，用三十年甚至更长的时间逐渐延长，到 2050 年左右实现男女 65 岁同龄退休。本书结合有关政策和专家们提出的渐进式延迟退休年龄的建议，最终设计出以下三种延迟退休年龄方案，通过测算未来三十年的养老金收支情况来分析在人口老龄化背景下延迟退休对河北省城镇职工养老保险基金收支可持续性的影响。

方案一：第一阶段，2021～2035 年，女工人每 3 年推迟 1 岁，至 2035 年女性退休年龄统一延迟至 55 岁；第二阶段，2036～2050 年，男女职工同时每 3 年推迟 1 岁，至 2050 年女职工 60 岁退休，男职工 65 岁退休。

方案二：第一阶段，2021～2030 年，女工人每 2 年推迟 1 岁，至 2030 年女性退休年龄统一延迟至 55 岁；第二阶段，2031～2040 年，女职工（包括女工人和女干部）每 2 年推迟 1 岁，至 2040 年男女职工同龄 60 岁退休；第三阶段，2041～2050 年，男女职工每 2 年推迟 1 岁，至 2050 年男女同龄 65 岁退休。

方案三：自 2021 年起同时延迟女工人、女干部和男性的退休年龄，每 2 年推迟 1 岁，三者的退休年龄分别于 2050 年、2040 年和 2030 年达到 65 岁。

上述方案中，方案一的延迟力度最为缓和；方案二在方案一基础上提高了延迟力度，最终实现男女同龄退休；方案三延迟力度最强，三种方案均采用了"小步慢走、逐步渐进"的方式对法定退休年龄进行延迟，避开就业高峰阶段，能够更为平缓地消化上述改革在运行过程中可能带来的负面影响，这也符合我国初次实施延迟法定退休年龄应保持相对谨慎态度的现实。具体各方案对城镇职工基本养老保险基金的影响效果放在下一节进行阐述。

二、延迟退休对养老保险参保职工人数的影响

根据前面分析，可以得出人口因素是直接作用于退休年龄的主要变量，因此，要分析延迟退休对养老保险基金的影响就需要预测河北省相关人口的变化情况，本节将在此基础上着重分析在不同的延迟退休方案下，城镇职工养老保险参保职工人数的变化情况。

（一）延迟退休对养老保险在职参保职工人数的影响

养老保险基金收入将会受到参保人数的影响，参保人数越多，基金收入将越高。在延迟退休年龄的情况下，部分年龄段人数的退休年龄实现了增长，直接导致部分退休城镇职工进入劳动力城镇职工当中，相对增加了养老保险参保职工的人数，使得这部分职工缴纳养老保险的年限延长，从而起到了增加养老金收入的作用。在第三章的养老金收支模型中，与养老金参保职工人数有关的影响因素主要有城镇化率、就业率以及职工参保率等。基于此，对 2021～2050 年河北省三种延迟退休方案下增加的城镇职工养老保险参保职工人数进行的预测结果如表 7－3 所示。

表 7－3　　　　2021～2050 年河北省三种延迟退休方案下的城镇职工

养老保险在职参保职工人数　　　　　　单位：万人

年份	现退休政策	方案一	方案二	方案三
2021	1115.50	1129.92	1129.92	1148.90
2022	1118.63	1132.96	1132.96	1152.75
2023	1122.36	1136.35	1150.17	1190.76
2024	1128.59	1156.02	1156.02	1198.06
2025	1135.56	1162.77	1176.50	1240.72
2026	1143.04	1169.72	1183.40	1250.03
2027	1151.05	1190.83	1204.70	1295.54
2028	1159.79	1198.84	1212.65	1306.77
2029	1169.46	1208.99	1236.35	1355.03
2030	1180.43	1234.45	1247.99	1368.28
2031	1185.96	1242.44	1272.46	1391.37
2032	1192.57	1252.54	1282.24	1398.08
2033	1199.95	1277.78	1310.59	1422.61
2034	1201.67	1284.43	1317.98	1426.30
2035	1203.69	1291.50	1343.38	1448.90
2036	1204.43	1336.01	1354.54	1458.13
2037	1203.76	1343.73	1382.49	1484.91
2038	1204.51	1354.17	1396.81	1498.36
2039	1210.66	1407.41	1432.72	1534.40

续表

年份	现退休政策	方案一	方案二	方案三
2040	1220.18	1425.13	1452.84	1555.67
2041	1229.94	1439.43	1508.82	1591.48
2042	1237.02	1492.33	1521.94	1608.00
2043	1242.79	1499.77	1573.44	1639.58
2044	1246.35	1499.25	1579.75	1649.61
2045	1247.69	1544.68	1625.69	1673.69
2046	1246.23	1536.25	1624.68	1674.96
2047	1242.43	1522.85	1666.12	1691.83
2048	1236.81	1561.91	1658.52	1685.74
2049	1232.20	1546.85	1697.46	1697.46
2050	1229.19	1532.02	1685.86	1685.86

从表7-3可以看出，在三种延迟退休方案中，城镇职工养老保险参保职工人数都有不同程度的增加。延迟退休方案实施初期通过女性退休年龄延迟而带来的参保职工人数增加幅度不高，但男性退休年龄延迟之后，在男性延迟退休年龄的带动下，参保职工人数具有明显提高。总体来看，方案三养老保险参保职工人数增加的速度最快，增长的人数也最多，到2050年参保职工人数比不延迟退休情况下的参保职工人数多了456.67万人；方案一参保职工人数增加的速度最慢，增长的人数也最少，到2050年参保职工人数比不延迟退休情况下的参保职工人数增多了302.83万人，与方案三人数相比少了153.84万人；方案二参保职工在2021~2048年的增长人数与增长速度介于其他两种方案之间，由于从2049年开始和方案三的政策实施结果相同，产生的效果也相同，到2050年参保职工人数增长结果也与方案三相一致。

从三种延迟退休方案对城镇职工养老保险参保职工人数的影响来看，最为激进的方案三对参保职工人数产生的影响程度最大，最为缓和的方案一对参保职工人数产生的影响程度最小，方案二产生的影响处于中等水平。但是三种方案均对参保职工人数产生了正向的拉动作用，使得参保职工人数不同程度增长，本在原法定退休年龄可以退休的人员没有退出劳动力市场，还需要继续缴纳养老保险金，这就增加了河北省养老保险基金的缴纳基数，从而促进城镇职工养老保险基金收入的增加。

（二）延迟退休对养老保险退休参保职工人数的影响

延迟退休年龄，在增加养老保险参保职工人数的同时，也相应减少了退休职工的参保人数，使领取养老金的职工人数有所降低，从而减少了养老金的基金支出，这在一定程度上能够缓解养老保险基金的支付压力。基于此，对 2021~2050 年河北省三种延迟退休方案下城镇职工养老保险退休职工人数进行预测，结果如表 7-4 所示。

表 7-4　　2021~2050 年河北省城镇职工养老保险退休参保职工人数　单位：万人

年份	现退休政策	方案一	方案二	方案三
2021	559.32	544.90	544.90	525.92
2022	583.39	569.06	569.06	549.27
2023	606.93	592.94	579.12	538.53
2024	629.82	602.39	602.39	560.35
2025	651.96	624.75	611.02	546.80
2026	677.66	650.98	637.30	570.67
2027	693.34	653.56	639.69	548.85
2028	712.19	673.14	659.33	565.21
2029	729.41	689.88	662.52	543.84
2030	746.00	691.98	678.44	558.15
2031	780.24	723.76	693.74	574.83
2032	791.38	731.41	701.71	585.87
2033	802.31	724.48	691.67	579.65
2034	813.32	730.56	697.01	588.69
2035	824.45	736.64	684.76	579.24
2036	837.74	706.16	687.63	584.04
2037	851.87	711.90	673.14	570.72
2038	867.38	717.72	675.08	573.53
2039	881.63	684.88	659.57	557.89
2040	894.72	689.77	662.06	559.23
2041	931.34	721.85	652.46	569.80
2042	942.39	687.08	657.47	571.41

续表

年份	现退休政策	方案一	方案二	方案三
2043	952.43	695.45	621.78	555.64
2044	959.78	706.88	626.38	556.52
2045	965.60	668.61	587.60	539.60
2046	970.64	680.62	592.19	541.91
2047	976.03	695.61	552.34	526.63
2048	981.95	656.85	560.24	533.02
2049	986.70	672.05	521.44	521.44
2050	989.97	687.14	533.30	533.30

从表7-4可以看出，由于延长了退休年龄，三种延迟退休方案下养老保险参保退休职工人数都有所减少。总体来看，方案三养老保险参保退休职工人数减少的速度最快，减少的人数也最多，到2050年退休职工人数比不延迟退休情况下的退休职工人数减少了456.67万人；方案一退休职工人数减少的速度最慢，减少人数也最少，到2050年退休职工人数比现行政策下退休职工人数少了302.83万人，比方案三人数多了153.84万人；方案二退休职工在2021~2048年的减少人数介于两者之间，由于从2049年开始和方案三的政策实施程度相同，方案二和方案三情况下的退休人数一样，都低于同时期方案一情况下的退休人数。

从三种延迟退休方案对城镇职工养老保险退休职工人数的影响来看，同对城镇职工养老保险在职参保职工的影响类似，较为激进的方案三对退休职工人数产生的影响程度最大，最为缓和的方案一对退休职工人数产生的影响程度最小，但是三种方案均使退休职工人数降低，都将会减少城镇职工养老保险基金的支出。

三、延迟退休对养老金收支及盈余的影响

（一）延迟退休对养老金收入和支出的影响

延迟退休年龄的直接效应是减少离退休人数，同时相应增加参保职工人数，从而达到增加养老金收入、减少养老金支出的作用，是应对养老保

险基金收支压力比较直接有效的手段。下面将上述延迟退休年龄的三种方案对养老金收入和支出产生的影响进行模拟测算。

本节继续运用前面的城镇职工养老保险金收支精算公式，在三种延迟退休方案下养老保险参保职工人数和退休职工人数发生变化的基础上，对各方案中 2021～2050 年的养老保险基金收入和支出规模分别进行计算，得出延迟退休后养老保险收入和支出的具体情况，如表 7 - 5、表 7 - 6 所示。

表 7 - 5 　　　　　2021～2050 年河北省城镇职工养老保险基金收入　　　　单位：亿元

年份	现退休政策	方案一	方案二	方案三
2021	2569.73	2593.56	2608.33	2705.07
2022	2606.20	2646.48	2662.16	2805.37
2023	2640.65	2695.44	2728.19	2985.41
2024	2674.90	2746.02	2780.68	3096.07
2025	2707.49	2836.93	2847.59	3293.06
2026	2735.08	2907.23	2941.95	3461.45
2027	2759.85	2918.84	2979.08	3652.22
2028	2781.43	2957.04	3020.71	3701.65
2029	2806.09	3001.88	3127.13	4025.95
2030	2834.01	3039.45	3157.26	4173.66
2031	2862.96	3089.51	3215.56	4243.49
2032	2887.01	3156.70	3296.18	4255.00
2033	2914.46	3229.45	3405.83	4385.81
2034	2936.92	3294.19	3499.74	4437.13
2035	2957.62	3379.15	3622.51	4553.12
2036	2971.65	3491.98	3734.64	4637.95
2037	2981.40	3624.40	3874.87	4789.67
2038	2988.58	3766.73	4001.97	4897.34
2039	2998.20	3912.80	4156.75	5076.79
2040	3008.87	4039.31	4289.09	5103.66
2041	3016.17	4176.33	4314.77	5148.51
2042	3018.08	4181.81	4409.26	5210.98
2043	3014.06	4208.56	4417.43	5272.63

续表

年份	现退休政策	方案一	方案二	方案三
2044	3005.61	4318.79	4582.59	5341.59
2045	2991.35	4410.67	4818.19	5362.67
2046	2960.08	4518.34	4995.61	5415.62
2047	2918.10	4668.91	5236.69	5572.09
2048	2863.72	4729.28	5413.20	5650.43
2049	2818.59	4757.86	5574.75	5695.30
2050	2782.55	4934.16	5831.98	5831.98

表7-6　　　**2021～2050年河北省城镇职工养老保险基金支出**　　　单位：亿元

年份	现退休政策	方案一	方案二	方案三
2021	2379.52	2365.37	2361.46	2320.18
2022	2505.64	2484.66	2476.99	2423.71
2023	2632.24	2597.55	2585.30	2484.81
2024	2758.29	2715.82	2700.38	2584.35
2025	2882.06	2825.42	2804.66	2636.37
2026	3013.12	2933.95	2916.52	2728.06
2027	3115.00	3036.68	2957.77	2722.51
2028	3220.58	3135.39	3018.00	2753.56
2029	3316.67	3214.34	3174.44	2838.51
2030	3409.41	3295.27	3251.37	2892.82
2031	3651.26	3416.75	3354.04	2993.88
2032	3720.52	3453.60	3392.19	3044.53
2033	3785.93	3481.57	3458.91	3115.42
2034	3847.41	3601.03	3554.79	3225.23
2035	3904.47	3636.12	3525.29	3198.68
2036	3966.49	3720.19	3605.20	3287.35
2037	4030.74	3686.08	3565.74	3245.02
2038	4103.38	3768.18	3643.01	3328.32
2039	4174.05	3874.91	3601.95	3265.69
2040	4242.70	3975.04	3674.71	3353.80
2041	4515.17	4163.68	4153.92	3815.08

续表

年份	现退休政策	方案一	方案二	方案三
2042	4579.51	4153.70	4132.38	3819.32
2043	4637.73	4151.61	4102.02	3813.61
2044	4679.48	4143.81	4053.77	3793.07
2045	4712.45	4136.48	3995.56	3765.99
2046	4738.93	4120.73	3927.20	3734.66
2047	4766.92	4120.17	3859.81	3707.93
2048	4796.86	4108.55	3792.91	3686.02
2049	4823.22	4106.59	3729.28	3672.68
2050	4844.76	4096.14	3666.37	3666.37

在实行上述延迟退休年龄方案的情况下，养老保险基金收入和支出情况分析如下。

1. 横向对比分析

横向来看，三种方案下的养老保险基金收入与现行政策下的年度基金收入相比都有所增加。在政策实施的第一年，方案一养老保险基金收入为2593.56亿元，收入提升0.93%；方案二养老保险基金收入为2608.33亿元，与现行退休年龄政策测算结果相比，收入提升1.50%；方案三养老保险基金收入为2705.07亿元，收入提升5.27%。到2050年，方案一养老保险基金收入为4934.16亿元，与现行退休年龄政策测算结果相比，收入提升77.33%；方案二和方案三养老保险基金收入均为5831.98亿元，收入提升109.59%。

养老保险基金支出与现行退休政策下的年度基金支出相比都有所减少。其中，方案三基金的增加与减少的变化最为明显，能够迅速对养老保险基金收入和支出产生较大影响，方案二基金收支变化幅度次之，方案一变化幅度最为缓慢。到2050年，方案一养老保险基金支出为4096.14亿元，与现行退休年龄政策测算结果相比，支出减少15.45%；方案二和方案三养老保险基金支出均为3666.37亿元，支出减少24.32%。

2. 纵向对比分析

纵向来看，方案三基金收支变化幅度最明显，原因在于从2021年开始，对女工人、女干部和男职工同时延长了退休年限，男女职工人数的同时增加对养老保险基金收入有显著的提升作用，退休人数的减少也大大降低了养老金的支出；方案一基金收支变化最为缓慢，这是由于该方案以三年为延长退休年龄的一个阶段，并且将女干部、女工人分阶段进行延期，在2021~2035年只有女工人实施延迟退休，2035年以后对女干部和男职工实施延迟退休，延迟退休的进度较缓慢、力度最弱。由于此方案设计的是2050年男女不同龄退休，就使得后期女性职工参保人数相对较少，退休职工相对较多，因此，2040~2050年养老金收支的变化幅度较其他两种方案也最小。

纵向比较方案一和方案二两个方案的测算结果发现，虽然两个方案同一年开始延迟退休，但是方案二对退休年龄延后的调整速度更快，以两年为一个阶段进行延期划分，方案一则是以三年为一个阶段进行延期，就使得方案二的养老金收支纵向变化幅度明显高于方案一。同时，方案二设计上采取了在2050年男女65岁同龄退休的方式，说明退休年龄的上限越高，养老基金的收入越多，支出越少。从图7-3、图7-4可以更直观地看出与现行政策下养老金收支相比三种延迟退休方案下的养老金收入和支出的变化趋势。

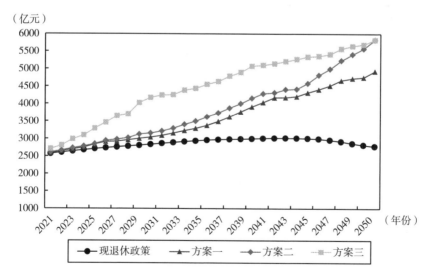

图7-3　2021~2050年不同政策下城镇职工养老金收入变化趋势

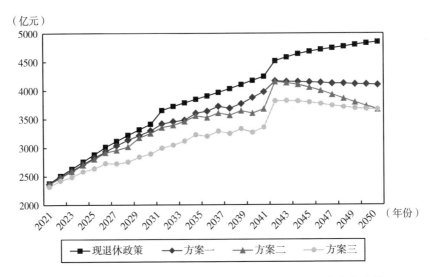

图 7 - 4　2021～2050 年不同政策下城镇职工养老金支出变化趋势

（二）延迟退休对养老金基金缺口的影响

基于前面建立的养老保险基金收支精算模型，为了更直观地比较实施延迟退休政策前后养老保险基金缺口的变化，确认延迟退休政策是否能有效缓解养老保险基金缺口问题，下面将对 2021～2050 年延迟退休前后的基金缺口数据分别进行比较与分析，现行政策下和延迟退休方案下的基金缺口预测结果如表 7 - 7 所示。

表 7 - 7　　　　2021～2050 年河北省城镇职工养老保险基金缺口　　　　单位：亿元

年份	现退休政策	方案一	方案二	方案三
2021	348. 81	228. 19	246. 86	384. 89
2022	190. 21	161. 82	185. 17	381. 67
2023	100. 55	97. 88	142. 89	500. 61
2024	8. 41	30. 20	80. 29	511. 72
2025	− 83. 40	11. 51	42. 93	656. 69
2026	− 174. 57	− 26. 72	25. 42	733. 39
2027	− 278. 04	− 117. 85	21. 31	929. 71
2028	− 355. 15	− 178. 35	2. 70	948. 09

续表

年份	现退休政策	方案一	方案二	方案三
2029	-439.15	-212.47	-47.31	1187.44
2030	-523.04	-255.81	-94.11	1280.84
2031	-587.25	-327.24	-138.48	1249.61
2032	-796.81	-296.90	-96.01	1210.47
2033	-833.51	-252.12	-53.08	1270.39
2034	-871.47	-306.84	-55.04	1211.89
2035	-910.49	-256.97	97.21	1354.44
2036	-946.86	-228.20	129.44	1350.59
2037	-985.31	-61.68	309.13	1544.66
2038	-1035.11	-1.45	358.96	1569.02
2039	-1084.20	37.89	554.80	1811.10
2040	-1149.32	64.28	614.38	1849.86
2041	-1210.80	12.65	160.84	1333.43
2042	-1480.57	28.11	276.88	1491.66
2043	-1531.16	56.94	315.41	1159.02
2044	-1594.57	174.98	528.82	1348.53
2045	-1650.57	274.19	822.64	1596.68
2046	-1706.59	397.61	1068.41	1680.96
2047	-1778.80	548.74	1376.88	1864.16
2048	-1860.98	620.72	1620.29	1964.41
2049	-1953.78	651.27	1845.47	2022.61
2050	-2029.77	838.02	2165.61	2165.61

从基金缺口的变化情况可以看出，三种延迟退休方案都会使基金收支缺口得到有效弥补，对年度养老保险基金盈余有显著的提升作用，在2050年依然有大量养老金结余。其中，方案三整体效果最明显，方案二略次之，方案一最低。

1. 当期赤字首次出现分析

从当期赤字出现的时点来看，按照现行退休年龄测算，养老保险基金

从 2025 年首次出现缺口，并且资金缺口持续增大，这种状况持续到 2050
年。延迟退休方案一条件下，养老保险基金出现缺口的时期是 2026～2038
年，首次出现缺口的时间延长了 1 年；在延迟退休方案二条件下，养老保
险基金出现缺口的时期是 2029～2034 年，首次出现缺口的时间延长了 4
年；延迟退休方案三条件下，在计算期间内，养老保险基金没有出现缺
口，养老金收入一直高于支出。可以看出，三种延迟退休方案都不同程度
地延后了基金首次出现收支缺口的时点，延迟退休确实可以减少养老保险
的支出，降低一段时期的养老金支付压力。因此，一旦采取延迟退休措
施，三种方案都能够较好地改善基金收支缺口的情况。

　　根据 2021～2050 年的测算结果，方案一和方案二都是出现过一段时期
的资金缺口，之后资金缺口逐渐消失，最终恢复到收入大于支出的状态。
这是由于这两种方案在延迟退休阶段初期只覆盖了女工人，在职参保职工
的增加不足以弥补当期赤字，或者仅能弥补一段时间的当期赤字，缴费人
数的增加速度不足以追赶河北省老龄化程度的增加速度，因此，在这一阶
段出现了当期赤字时点，但是与现行政策相比较，赤字程度均有所减轻。
到了延迟退休中后期，覆盖范围扩大到女干部和男职工，在职参保职工人
数得到了大幅度增加，使得养老金收入明显高于养老金支出情况，基金收
支缺口得到有效弥补。

2. 累计盈余分析

　　分析河北省城镇职工养老基金的整体情况，累计盈余是合适的指标，
它包含了基金账户历年来的当年结余信息，也是养老金可持续发放的根本
保障。图 7－5 为现行政策下和三种延迟退休方案下的养老金累计盈余的变
化趋势图。由于现行政策下养老金首次出现累计缺口的时间是 2030 年，
图 7－5 主要反映的是 2030 年及以后的累计盈余情况。从基金累计盈余的
增长情况可以看到，三种延迟退休方案对养老保险基金盈余有显著的提升
作用，累积盈余状况均出现较为明显的改善。方案一和方案二对基金盈余
产生的拉动作用较小，但是也一直保持着盈余为正的结果，方案三对基金
盈余产生的拉动作用较为明显，在计算期内基金盈余每年都有一定幅度的
提升，到 2050 年基金盈余累计达到 40000 亿元。到 2050 年，三种方案的
养老基金都保有一定的积累，成功地消化了计算期内老龄化危机对养老保
险制度可持续性的冲击。

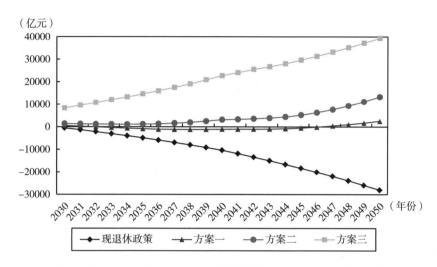

图 7 – 5　2030～2050 年不同政策下城镇职工养老金盈余变化趋势

　　综上所述，三种延迟退休方案都明显降低了测算年份内养老保险基金缺口的规模，对阻止各年份缺口规模扩大发挥了重要的作用，有效缓解了养老保险基金缺口问题。延迟退休年龄方案充分利用了劳动力资源，延长了劳动者的就业年限，扩大了基金的资金来源，减轻了养老保险制度的资金支付压力。通过对三种延迟退休年龄方案的比较，相较于比较缓和的延迟退休年龄方案，较为激进的延迟退休年龄方案对城镇职工基本养老保险基金缺口的改善程度更为明显，但同时要注意避开就业高峰阶段，较为平缓地消化上述改革在运行过程中可能带来的负面影响。延迟退休争取出来的时间能够消耗掉大部分的老年人寿命，抵消掉河北省人口数量最"蓬勃生长"二十年所留下的后遗症，并且可以配合全面放开二孩政策、鼓励生育的政策培养出新一代的年轻劳动力，从而从根源上补充养老金的活力。

第五节　本章小结

　　本章通过构建养老金供需缺口精算模型，设定相关参数，对养老金供需缺口进行了测算，预测结果如下。

　　一是 2021～2023 年河北省养老保险当年养老金收大于支，存在累计结余。在短期时间内，随着城镇职工收入的不断提高，城镇职工养老保险的基金收入和支出都在不断增加。一直到 2023 年，城镇职工养老金都能够维持收支平衡，并且在当年收大于支的基础上有一定的结余。这段时期内养老保险基金收支平稳，河北省能够确保城镇职工养老金按时足额发放。

二是 2024~2029 年河北省养老保险当年养老金收不低支，消耗累计结余。随着人口老龄化的加速，河北省城镇职工养老保险金的供给逐渐无法满足老年人口对养老金的需求。养老保险金在 2024 年当年收入低于支出，资金缺口为 83.40 亿元，这就意味着当年的养老金收入已经不能够弥补支出，需要使用往年的养老金积累额来进行填补。

三是 2030~2050 年养老金累积耗尽，出现真正的基金缺口。从 2030 年开始，河北省城镇职工养老金不再拥有保险金每年累积盈余，开始出现真正的资金缺口，并且资金缺口逐年增加，从 2030 年的 559.40 亿元资金缺口增长到 2050 年的 28059.25 亿元，城镇职工养老金的可持续运行面临着严峻的考验。

四是采取延迟退休方案会使基金收支缺口得到有效弥补。本章进一步研究了延迟退休对河北省城镇职工养老保险基金的影响。延迟退休的三种方案下的养老保险基金收入与现行政策下的年度基金收入相比都有所增加，养老保险基金支出与现行退休政策下的年度基金支出相比都有所减少。从基金缺口的变化情况可以看出，三种延迟退休方案都会使基金收支缺口得到有效弥补，对年度养老保险基金盈余有显著的提升作用。

第八章

平衡社区居家养老服务供需缺口的经验借鉴

第一节　国外平衡社区居家养老服务供需缺口的经验借鉴

一、英国的社区照料服务

社区照料这一理念源于英国，利用社会各界所有能够提供的资源，通过建立起服务供给网络进行合理的养老资源配置，对老人提供居家式社区照料服务。英国社区照料服务最重要的理念就是购买式服务，英国政府通过转移大部分的社区照料服务给营利性机构来平衡英国政府在养老服务方面的支出。这种购买式的模式不仅减少了政府的开支，更是将市场中的竞争机制引入，从而促使相关企业在保持价格合理的基础上提供更高质量的社区照料服务。

（一）英国社区照料服务的发展历程

第二次世界大战之前，英国实行的是政府牵头负责并设立专门机构的社区养老服务供应模式。第二次世界大战结束后，战争带来了大量遭遇不幸的失能老人甚至是年轻人，整个国家的医疗和养老服务机构资源已经处于过饱和的状态，许多人无法得到及时的照顾。英国为了解决因为机构照料所产生的一些非人性化的待遇以及庞大的养老财政负担，推动了去机构化的变革，最终提出并采用了购买式社区照料服务。在撒切尔夫人上台之前，英国社区照料理念是"在社区照料"（care in the community），即仅仅将老人所在的社区作为照料服务提供的场所，在其上台之后变为"由社区照料"（care by the community），即转变为由所在社区的家人、朋友、志愿者等相关人士组成服务网络提供照料服务。社区照料的直接责任由家庭、邻里、社区等非正规组织承担，政府成为协调方和购买方，不再是社区照料服务的供给方。撒切尔夫人对公共服务输送模式进行了改革，以削减国家财政在此方面管理上的支出。1990 年《社区照料法》通过法律形式规定了英国社区照料服务的供给模式，即政府购买式的社区照料服务。英国也从此走上了政府向民间组织或个人购买社区照料服务的道路。1997 年，刚上台的布莱尔首相决定延续之前的政府购买式社区照料模式，在原有的基础上，进一步采取了强制性竞标，将购买式社区照料模式进一步深化。随着社会的不断发展，原有的管理方式暴露出不充分的市场竞争、过高的竞标成本等缺陷，于是卡梅伦政府对社区照料模式进行了深化改革，最佳购买模式也因此诞生。对供给方的绩效评估、约束性契约是最佳购买模式的核心，通过监管的强化使英国社区照料模式走向了成熟。

（二）英国的照料体系

英国的社区照料采取的管理模式是通过将照料服务分解成更小的环节来实现的。企业想要提供照料服务需要经历申报、实行、被监督、被评估四个环节。企业首先需要向政府申报提供社区照料服务的医院，随后接受政府的评估与监督。英国政府通过竞标的手段对社区照料相关项目的经费进行管理监督，只有获得评审机构最优认可的项目才能获得政府提供的经费，其中评审机构一般由多方组成，包括政府与非政府组织。企业只有在顺利通过政府组织的不定期抽查与运营状况评估后才能继续运营并获得进一步资助的资格。

英国社区照料的管理方面也具有官民结合的特点。如图 8-1 所示，经理人、工作人员与服务人员构成了英国社区照料服务模式的管理体系。经理人负责划定区域内的养老资源的分配、调度与监督，处于总指挥的角色。工作人员负责相较于经理人更精确范围内的老年人，了解所负责区域老年人的身

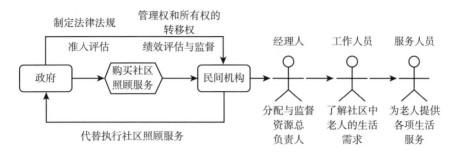

图8-1 英国社区照料服务体系

体状况与生活需求，调度服务人员与社区资源。服务人员是照料服务的真正执行者，与老年人直接接触并提供服务，由志愿者、专业护理人员与亲友构成。

(三) 现阶段英国社区照料服务内容

英国现代社区照料服务直接责任为家庭、邻里以及社区。在家庭层面，政府向老年人发放金额与住院相当的补贴，从而鼓励家庭成员自行对行动不便或生活无法自理的老年人进行照料。在邻里层面，政府召集志愿者或者雇员为尚有部分生活能力的老年人提供上门服务，服务内容包括聊天、做饭、清理家居、照料老年人个人卫生等。在社区层面，政府在社区中设立服务中心，以便为社区中的老年人提供服务。建立服务中心的土地、人工费用均由政府承担。此外，对于行动不方便的老年人还会提供定期免费接送服务。此外，为防止家庭成员外出或社区机构暂时无法提供服务的情况，政府设立托老所以便临时为老年人提供照料服务，最长托管时长为一个月。无法自理的老年人将会被送入对老年人集中照料的老人院。

(四) 现阶段英国社区照料服务的特点

1. 完善的监管体系

首先，英国政府通过"契约合作制"与社区照料服务供给方之间建立了明确的契约。提供社区照料服务的机构组织需要遵循一套清晰明确的制度，机构的服务价格、设施供应、服务人员、资金使用情况等都要在契约下受到政府的监管。参与社区养老服务供应链上下游的任意环节的组织都要遵循规定，按规定分工、按规定生产运作。

其次，非政府组织护理质量委员会（Care Quality Commission，CQC）的创立使社区照料服务的监管体系进一步完善。CQC 主要负责监管社会服务，评估规范行业标准，提供改进服务管理咨询。CQC 实行以上职责的主要手段有针对养老服务进行排名、辅助研究供给方改善服务的方法、鼓励更多 CQC 的成员参与到社区照料服务当中去。

2. 通过法律法规对从业人员资格制定强制性标准

2000 年，《照料标准法案》的颁布通过法律明确了处于社区照料模式下买卖双方的权利，购买式照料体系就此完善。该法案用一套清晰的服务标准明确了从业人员资格标准、照料服务的供给标准、受照料人员的需求评估标准。此外，为使照料服务的供给效率进一步提高，英国卫生部又进一步颁布了《照料服务效率输送方案》（Care Service Efficiency Delivery）。

正是这些在社区照料服务领域的一部部法律、法规、法案的制定，让英国的社区照料服务走向成熟，变得有法可依、有理可据，使领域内的各方都能够清楚知道自己的权责所在，从而让社区照料服务质量进一步提高。

3. 养老照料服务市场化

英国政府通过引入市场化，将绝大部分的社区服务转嫁到私人部门，将社区照料服务转变成一个具有商品属性的公共服务。社区照料服务市场化的过程中，最具代表性的产物就是 NHS，即英国的国民保健服务。英国的国民保健服务机制包括：一是以议会、卫生部、NHS 董事会、CQC 以及经济审计部门为主的服务管理体系；二是以地方委员会联盟、地方服务组织机构与地方所属服务供给方为主的服务供给层；三是服务群体层，拓宽照料对象的范围，负责掌握了解各层次需求；四是以 CQC 以及下派的 Health Watch 人员为主的第三方调查评估体系。该机制为全体英国人提供免费医疗的国民保健服务，并且开发运用了全智能化老年系统，二者与社区照料相配套，为老年人构造一个在家安全、健康、幸福的养老环境。

（五）英国社区照料服务的启示

1. 养老服务供给主体多元化，激励非政府组织在社区照料领域的发展

英国社区照料服务模式最重要的特点就是政府不再是唯一的社区照料服务的供给方，供给主体变成了社会民间组织，政府成为购买者。因此可以此为借鉴，发展多元化供给手段，改变政府角色，融合供给主体、拓宽供给客体、丰富供给内容。

政府应当通过各种方式鼓励非政府组织进入养老市场，让养老市场呈现一片生机。首先可以通过政策激励，通过高校招生政策、养老行业就业政策让更多人才进入养老服务行业，同时通过政策激励更多年轻志愿者以及适龄老年义工参与。其次可以通过财政激励，优化居家照料服务的资金来源，通过政府资助、社会捐助、养老福利彩票、税收减免、贷款优惠等鼓励更多的企业进入养老行业。最后可以通过精神激励，加大宣传力量，倡导良好的社区照料理念，让社区形成一种互助的氛围。

2. 服务供给市场化，合理设置政府的权力范围

将社区照料服务市场化，利用市场机制让更多人、非政府组织进入养老领域，从而提供更多以及更优质的社区照料服务。与此同时，政府对自身角色的定位是至关重要的，政府应当充分发挥其维持市场秩序的功能，促进养老市场公平竞争，同时将转移供给之后的精力更多地用于监管，构建起与供给组织间良好的买卖双方以及合作伙伴关系，使社区照料服务成为一种完善的市场化商品。

3. 相关法律法规范化与完善化

英国的社区照料模式之所以能够走向成熟，一部部法律法规是其根本原因。因此，从中央到地方，都应该因地因时制宜，构建养老产业发展的完整的法律体系，并不断通过政府执行与监管的强化，让这些法律法规得以有效实施。从而让政府与供给组织都有法可依、有理可据，通过法律明确并保障政府和供给组织的权责与利益。

4. 监督与评估机制标准化与科学化

对于提供社区照料服务的组织方面，从申报、实行、监督等各个环节，政府应当出台标准化与科学化的规范，应当包括明确的申报条件、科学完善的社区服务标准、科学的监督管理办法等。政府可以借鉴英国NHS，引入第三方机构，建立起自己的养老行业协会。该协会负责制定标准科学的行业服务规范，其中应当包括机构服务质量、机构内部管理情况、机构可持续运营情况等。随后行业协会与政府按照规定的行业标准与法律法规，通过一系列可量化的指标完成对社区照料服务供给组织的评估。

对于政府自身，政府在社区照料服务的财政支出应当被严格监管，在制度层面完善财政审批制度流程，通过多级跨部门加强资金使用监管。制定标准化的采购流程，公开竞标价格与服务商资质，杜绝腐败现象的发生与资金的滥用。

二、日本介护保险制度

日本的养老服务有一个由"机构化"向"去机构化"的发展历程。日本早期的介护制度依靠的是福利国家理念，以全面机构化的方式构筑了公共介护制度。随着日本人口老龄化水平的急速上升，全面机构化所带来的高额财政支出让日本地方与中央的财政负债累累。此外全面机构化伴随着的固有缺点就是服务形式固化，不能满足深度老龄化多样、有效的养老服务。因此，为了缓解老年医疗带来的高额财政支出水平，日本政府对医疗保险制度进行了改革，从而增加政府财政在养老医疗领域的可持续性，于是最终提出了介护保险制度。在介护保险制度下，税金用于缴纳保险，保险用于支付介护费用，介护用于支持国民老年时期的物质与精神生活。

（一）日本介护保险制度的发展历程

在介护保险制度实行至今，日本政府主要围绕参保对象的确定与调整标准、"去机构化"、服务对象的义务承担比例三个方面进行不断变革，从而不断优化介护保险制度，让其更加适应日本社会的发展。

2000年，介护保险制度的实行极大地缓解了日本政府的财政负担，同时养老服务的质量得到了极大的提升。但是仍存在介护服务供需不平衡，大量新增申请需要轻度支援的人与轻度支援的介护服务供给不匹配；高价介护资源的不匹配使用产生大量的资源浪费；有重度介护需求难以及时申请到专业介护机构；介护服务质量差异过大；未考虑低收入群体对于介护服务所需费用的支付能力等问题需要解决。因此为进一步确保制度的可持续性，日本于2005年创建了预防介护服务和地域（社区）支援机制，通过轻度帮助制度设计来增加预防介护保险服务的覆盖面，充分发挥社区地域优势，提高介护服务效率。此外，日本中央政府在此期间加大了对介护制度的投入，进一步完善了介护设施的供给，降低了公民参与介护服务的自费费用。2005 年改革之后，医疗资源与介护需求不匹配的问题依然存在。供给侧，高质量的介护人员缺乏，不同地方的介护机构数量及质量参差不齐；需求侧，老龄化进一步加深，老人需要不同层级的介护服务水平。因此，日本于 2011 年进行了介护制度的二次改革。为保证老年人有基础独立生活的条件，日本对医疗、护理、住房、生活设施等方面再次进行了大量投入，最终形成了区域综合保健系统。2014 年以后为更好地保证介护制度有序平稳运行，日本政府对涉及介护制度相关的法律法规进行了整理，将碎片化的规定形成了完整的法律体系。其中代表性的法律法规有《介护保险法》《医疗法》《地域介护设施整备促进法》等，自此日本介护制度形成了系统化的介护保险制度的管理体系。

（二）目前日本介护保险制度运行体系

1. 国民健康保险团体联合会进行经办管理

国民健康保险团体联合会简称国保联，是日本政府针对保险领域设立的公共法人。在介护保险领域内，国保联负责对护理报酬支付审查，接受介护服务享用者的反馈与投诉，并对介护服务供给方进行审查、监管与指导。

2. 中央政府负责框架设定

中央政府主要负责制定介护保险制度运营基本准则以及管理保险支付、都道府县的财政稳定基金、配备护理服务基础设施。

首先，日常运营必要的基本准则、保险制度用人资格及服务提供事业者的规定和基准的制定由中央政府负责。日本政府建立了由领域内专家构成的社会保障审议会，社会保障审议会在厚生劳动省大臣制定护理服务设施从业人员配置、设备和护理报酬的基准时负责审核与建议。其次，中央政府负责制定介护制度财政支出相关规定，其中包含交付金缴纳比例、保险人资金负担比例等。最后，中央政府还要负责介护设施的配置管理，包括对养老之家、保健设施、介护网点的规划以及其资金的拨放。

3. 都道府县提供支援

都道府县的职责在更低一级的市町村之上，主要负责对市町村执行介护保险制度时进行支援。其主要的工作包括护理等级认定、稳定财政支出、介护业务支援、介护信息公开等。

4. 市町村实际运行

市町村是介护保险制度的直接执行方，负责执行保险的各个业务流程，主要职责有介护资格判定与护理等级评定。市町村对申请加入介护保险的人进行准入资格判定。确定准入后，市町村将进一步对被保险人的保险费以及生活状况等进行管理。此外，市町村另一项工作是对被保险人所需要的护理等级进行评定。一般会在市町村会设立审查会专门负责此项工作，审查会在被保险人获得准入资格后对被保险人的情况进行评定，最终确定护理服务的内容以及保费额度。

（三）现阶段日本介护保险制度服务内容

日本介护保险制度通过对人群的划分界定需要不同程度护理服务的公民。首先，参与介护保险的首要条件是年龄大于等于 40 岁的日本公民。随后，根据年龄进一步分为两类保险对象，分别被称为第一号保险人与第二号保险人。第一号保险人在年龄方面要求大于 65 岁，仅包含完全失能需要护理的老人。第二号保险人是满足参与介护保险的最小年龄但不大于满足第一号保险的最低年龄的日本公民，包含癌症晚期、阿尔茨海默症等 16 种疾病的老年人。

在同种被保险人的基础上，根据身体状况与生活水平，介护对象被进一步细分，分为六档缴费等级、三档饮食及住宿费减免额度。市町村将会定期对护理等级进行评定，一般为每三年一次。在护理等级确定后，被保险人会定期由护理人员上门服务，检查身体，照顾日常起居。同时，服务人员也会经常邀请附近老年人参与活动来帮助老年人维持身心健康快乐。

（四）现阶段日本介护保险制度的特点

1. 服务内容人性化

居家、社区、机构是日本介护保险制度的核心服务理念。在这一理念的影响下，日本的介护服务凸显出更加人性化的特点。居家护理服务与设施护理服务是日本介护保险制度形成的两种护理方式。居家护理服务侧重于让老年人在自己家中就能够享受到护理服务，会为老年人提供居家看护、居家个人卫生清理、居家康复训练等长期或短期的服务。设施护理服务侧重为老年人提供适用的设施，有福利型、保健型与疗养型三种。不断细化的分类，让照顾更加个性化、服务内容更加人性化，服务也更加优质。

2. 注重预防与护理相结合

老年人的身体状况是不同的，针对不同的老年人应当采取不同的措施，进行有效的资源配置，避免浪费或者缺少护理资源。日本市町村对于身体状况良好，有自理能力的老年人主要采取预防策略，进行定期检查与健康科普。对于身体出现疾病征兆、自理能力有下降趋势的老年人，会尽早进行干预，极早对老年人进行疾病的治疗与日常生活的照料和养护。对于疾病缠身、失去自理能力的老年人，将按照《介护保险法》执行介护措施。从疾病发生的时间维度上进行更精细化的管理，有效地保证老年人得到合适的照顾，同时节省了介护资源。

3. 构建了完善的资格审查与医疗管理机制

科学地参与介护保险制度资格认定体系是日本介护保险制度最主要的特点。介护保险制度不仅在准入政策上有着严格的流程与清晰的认定标准。在进入之后，仍会长期按照相关规定定期评估。在被保险人接受半年的介护服务之后，被保险人的身心状况将会被重新评估。根据其在接受介护服务期间恢复状况，重新评定未来的介护等级与护理内容。严格的准入与持续期间的不断评估，精准有效地配置了医疗资源。

4. 多渠道资金筹集方式

日本介护保险制度通过多渠道进行筹资以满足保费，主要的资金来源有政府支出、被保险人缴纳、保险利用方。在保费承担比例方面，政府承担将近一半的比例，其中中央政府比例最大，都道县府与市町村承担相同的比例，很大程度上保证了保费的稳定。剩余保费中的1/10由保费利用者承担，防止利用者滥用服务，维护介护制度的公平。被保险人也需要根据当前年龄、家庭人口数等条件缴纳不同金额的保费。不同的资金来源保证了介护保险制度稳定、公平、可持续实施。

（五）现阶段日本介护保险制度的启示

1. 将介护保险纳入社保体系中

我国现阶段医疗保险只能在医院、药房等场所通过现场支付或事后报销实现。但对于行动不便且无人照顾的老年人，医保的使用极其困难。社保体系中介护保险纳入后，不仅处于介护服务中的老年人疾病发作时可以通过现有医保体系及时就医，而且在接受医疗救助后的老年人也能够进一步接受后续居家介护照顾，形成互补、延续性的养老体系。

2. 建立多主体资金筹集体系并加强政府监督

随着我国老龄化程度不断加深，依靠国家财政全部解决养老问题几乎是不可能实现的。建议政府鼓励和引导民间资本进入介护服务行业，引入市场机制。政府监督下的多主体参与模式有助于减轻财政压力、提升介护领域服务质量、拓展服务项目。通过多主体之间的功能互补，使介护保险资金能够维持稳定可持续发展。建立多主体资金供给体系是值得我国借鉴的成熟经验，物质基础决定了一个制度能够发展多久，能够发展得稳定牢固。我国的长期护理保险制度可以考虑借鉴日本介护保险的先进经验，通过建立一个持续性的资金供给制度，不仅能缓解老龄化甚至高龄化逐渐增加的失能老年人数给家庭和社会造成的经济压力，还能避免因制度设计不科学给政府造成的沉重财政负担。

值得一提的是，政府本身要尽快实现角色的转变，由社会福利的供给者转变为政策的制定者和监督者，建立健全监察体系，保障介护服务质量，避免介护服务供给者出现非法申请保费等不法行为。

3. 大力培养介护人才

我国老年化程度在近年急剧加深，河北省甚至我国介护服务行业从业者人数少，职业素质不高，人才供给远远不够，缺口巨大。建议政府要加大介护或者护理人才的培养力度，在职业院校以及高等院校中开设相关技术与理论研究的专业，鼓励高校学者研究此方面的课题，同时组织编写专业教材，大力支持相关实习，构建好的学习条件。此外，在社会上开展职业资格认定考试，倡导持证上岗，提高从业人员服务质量。最后，鼓励高校开展介护志愿活动，让更多年轻人接触到养老产业。

三、美国养老社区制度

美国拥有十分健全且发达的养老服务，目前采用的主要形式为养老社区模式，该模式在美国已经发展得十分成熟。所谓的养老社区（retirement community）指的就是专门用于老年人养老生活的住宅区。老年人在养老社区自理或通过家庭成员与社区服务人员的照顾生活。在养老社区里，老年人可以参与社区生活，并且经常会有来自社会各界人士的关心和帮助。美国各个州都建设有养老社区，针对不同类型的老年人甚至还设有针对性的养老社区，如对于患阿尔兹海默症的老年人，政府会准备具有便利生活设施的社区，这些社区内含商业地产、老年公寓和购物场所。现阶段，美国的养老服务体系主要由自然形成的养老社区和专设的养老社区共同构成，专设的养老社区一般由地产企业主导建设或者由地方政府规划建设。自然形成的养老社区多为居民自发形成，社区青壮年不断迁出，老年人口比上升，便形成了养老社区。

（一）美国养老社区的发展历程

世界上第一个养老社区就诞生在美国。在 18 世纪 70 年代，美国的约翰·凯斯利医生在遗嘱中要求用其遗产建设一所基督教堂医院，教堂主要负责收容弱势群体，主要是当地不能生活自理的人群。后来这所基督教堂逐渐发展成护理社区，这个社区不以营利为目的，主要为不能生活自理的老年人提供帮助，由此世界上正式产生了混合型慈善社区，之后纽约和波士顿也相继出现类似的养老社区，但是总体发展速度较慢。

美国社区养老照护第一次的快速发展是在美国工业化之后。美国在南北战争结束之后，经济发展获得了较好的政治基础，并快速走上工业资本主义发展道路。1870~1920 年，美国的工业化和城镇化达到顶峰，在改良主义的推动下，美国的慈善事业特别是社区养老事业得到了很大的发展，不少地方开始产生社区服务站，这些社区服务站为美国老年人提供养老服务。20 世纪 30 年代，美国老年人因经济危机出现较为严重的生活困难和疾病困扰。为了改善老年人的基础生存状况，美国联邦政府制定了一系列政策以帮助老年人摆脱贫困和饥饿，并通过立法对社会福利进行管控。也正是在这个时期，罗斯福政府颁布了美国历史上第一部社会保障法案——《社会保障法》，这部法案由社会保险、公共援助和社会服务、老年伤残保险、医疗补助、孕妇及残疾儿童的补贴等组成，法律也第一次对退休年龄进行了确定，规定美国法定退休年龄为 65 岁，这一系列的做法也表明美国政府开始对美国社区养老体系进行管理。

随着时间的推移，美国的各项养老保障措施也日臻完善。然而随着两次世界大战的爆发，美国的社区养老发展又陷入近乎停滞状态。直到第二次世界大战后，美国的社区养老发展才开始重获生机。20 世纪 50 年代的西部几个州开始第一次推行社区养老法案。此后，许多地区开始探索适合当地情况的养老模式，并取得了一定成果。1954 年，美国有史以来首个年龄限制养老社区——杨格镇被两名开发商从美国亚利桑那州马里科帕县买下。随后美国各地都陆续产生类似的养老社区，社区养老模式开始逐渐替代机构养老成为美国主流养老模式，而美国房地产商的加入更是助推美国社区养老服务向规模化、专业化转变。20 世纪 70 年代石油危机后，政府税收减少，又面临老龄化加剧带来的养老负担，政府颁布方案鼓励美国资本加入社区养老服务体系，从而减轻政府负担。

（二）现阶段美国养老社区服务内容

1. 生活自理型养老社区

生活自理型养老社区主要是针对具有自理能力的老年人提供养老服务，更多是起到生活辅助作用，该社区的养老服务通过信息系统关注社区老年人的身体状况，并且及时为老年人提供基础生活照料和精神慰藉照顾，具体项目包括定期供应营养的餐饮，提供交通工具满足社区老人日常出行需求，定期举办不同类型的社区活动，丰富社区老人日常生活，为社区老人提供必要的安保服务，维护社区老人的生命安全，提供教会及其他精神活动场所，并且社区还配置了不同种类的健身场所和美容美发机构，社区服务的费用主要由老年人自行承担，但是美国老年人长期护理保险和人寿保险的参保率很高，所以养老服务的费用压力总体较小。

2. 生活协助型养老社区

协助型养老社区所要面向的客户人群主要是失能和半失能老人，这些老年人仅靠自身难以实现正常的日常自我照料，因此该群体需要社区为其提供上门服务，而协助型养老社区既可以全天候为不能自理的老年人提供上门养老服务，也可以通过完善的社区养老设施设备为需要社区养老的老人提供较好的养老服务供给。上门养老服务包括上门膳食、清洁、护理和医疗协助。对于社区养老服务提供，具体内容包括提供多样的社区活动，满足老人的日常社交需求，通过健身场所、学习场所、美容场所和休闲娱乐场所为社区老年人提供自由而丰富的养老服务。

3. 阿尔兹海默症照料社区

阿尔兹海默症照料社区主要是为患有老年痴呆及其他认知障碍的老龄群体设立的。这部分老年人因为认知阻碍难以实现正常的生活自理，且因为年龄较大、身体机能下降，需要专业的养老服务人员为其提供养老服务照料。该社区的养老服务队伍必须参与专业的培训，能够为认知障碍的老年人提供专业的护理服务。社区除了满足老年人的养老需求之外，还会提供额外的医疗康复服务，帮助老年人减轻老年痴呆症状，采取的疗法包括认知疗法和计划疗法。至于日常养老服务医疗康复的费用基本不用老人承担，前者主要是通过护理保险和人寿保险承担，后者则由痴呆症状护理机构提供医疗补助。另外，家庭基金支付这些费用政府也会提供额外支持。

4. 专业医疗护理型养老社区

该类社区主要是针对经历了住院治疗、手术或患病住院治疗的老年群体提供护理型养老服务，帮助他们进行术后康复休养。专业医疗护理型养老社区的护理人员的选取和考核标准也很严格，所有护理人员必须持有专业的护理执照，会为社区老年人提供全天候的即时护理，同时，社区机构也配备了完备而专业的护理器材，既可以满足老年人短期康复需求又可以为其提供长期护理支持，对于有特殊医疗需求的老年人，社区还会安排专业医疗团队为其提供指导和决策。该社区服务每月的费用在 3000～10000 美元，一部分费用可由医疗保险支出，对于低收入或者残疾人群体，政府会通过对应保险为其承担一部分费用。

5. 持续护理退休社区

该类社区的主要服务特点为向社区老年人提供居家方式社区养老模式，为老人提供自主性较高的社区养老服务选择，包括自行居家独立养老、辅助居家养老和护理生活服务。社区老年人可以完全自主地根据自身需求进行选择。同时，不同类型的养老服务模式分别具有不同的服务内容，包括辅助养老、上门护理、居家自理和医疗康养等，这些服务覆盖基本日常生活照料、精神慰藉、社交生活和自我价值实现。养老费用的收取主要包括入场费和月费，如果想购买套房，可在支付定金后通过分期支付的形式购买，定金在 2 万～55 万美元。对于部分失能群体，也可以通过保险分担部分支付费用。

（三）现阶段美国养老社区的特点

1. 基于老年人状况建立多种类型的养老社区

针对不同的需求，美国形成了多种类型的养老社区。从规模和建筑类型来看，形成了"养老新镇""养老村落""养老营地""集合式老年公寓""持续照护养老社区"。由于老年人对于医疗需求的层级存在不同，因此又形成了生活自理型养老社区、生活协助型养老社区、特殊护理养老社区和持续照护养老社区，这些社区护理供给水平依次递增。

对于不同喜好和特征的老年人群，美国养老社区根据喜好和特征也划分出了不同类型的养老社区。例如，一些老年人喜欢运动，因此出现了包括网球、棒球和高尔夫球等养老社区；有些老年人喜欢园林和美术，因此也出现了插画园艺养老社区和美术社区，这些不同特色的养老社区吸引了不同喜好的老年人参与。

除了喜好之外，美国还出现了针对不同个人特征的社区，这些特征包括文化、职业、情感甚至肤色。文化社区主要是指"校园附属养老社区"，这一社区主要是建立在高校附近，利用校园文化和环境吸引老年文化爱好者。职业社区主要是不同职业退休人员的社区，包括退休教师、退休律师、退休经理人和邮递员等。情感社区主要是同性恋养老社区，肤色社区包括白人养老社区和黑人养老社区。

2. 选址偏向气候温暖、人口密度低的区域

养老社区的选址决定了其发展规模。其中，气候是影响美国养老社区选址的重要因素，美国南北气候差异较大，北方寒冷干燥，南方温和湿润，尤其是佛罗里达州和加州地区，这里靠近大洋，温暖湿润，气候宜人，美国全国各地的老年人都倾向于来这边养老，因此，该地区的社区养老服务机构发展速度较快，规模和专业程度相对于其他地区较高。最著名的是"太阳城"和"西部太阳城"（Sun City West）在亚利桑那州率先建成，著名的"太阳城中心"（Sun City Center）同时也在佛罗里达州建立，也正是因为此地适宜的养老环境和专业的社区养老机构的存在。对于美国人来说，他们倾向于在安全性较好的地区进行养老，因此他们也倾向于选择人口密度较低、生活闲适又能享受都市便利的城市养老。美国具有养老需求的老年人在源源不断地向美国南部流动，美国南部地区正成为美国社

区养老的核心地区。

3. 完备的住户评价体系和现代化的社区服务

美国养老社区会建立一套科学的用户评价体系来及时评估社区养老服务质量，评价指标包括老年人对服务项目、服务人员和服务水平的满意度等，社区还会通过大数据推动社区养老服务评估的进行。互联网技术的运用也可以帮助老年人线上即可了解到社区的生活环境、设施设备和服务水平，也可以线上申请社区养老服务体验。通过这一系列的措施，老年人对于社区养老信息的获取更加轻松，选择空间更大，养老需求和社区供给匹配效率更高。此外，社区还积极将科技运用到社区老年人养老安全上，给老年人安置感应设备，一旦设备感应到剧烈碰撞和冲击等意外，就会立刻发送报警信号给社区，社区紧急联系老年人，对于无法联系的老年人会紧急派出服务人员上门查看和救助。对于患有认知障碍的老年人，社区会在床上安置负荷传感器，每日监测老年人体重变化和睡眠情况。社区还会通过中央处理系统对老年人的各项数据进行统计汇总，为养老服务项目的供给提供决策参考，监控和分析数据会被纳入社区数据库，家属和住户本人都可以通过密码网上登录查看。

（四）现阶段美国养老社区的启示

1. 倡导集约型、针对型养老产业发展模式

集约型是指将医疗资源和养老资源充分结合起来，通过组织或者社区内部的医疗养老团队，对不同年龄阶段和不同疾病的老年人进行"特制式"养老，家庭和社区或者医养结合机构之间明确服务关系，让家庭养老中的老年人也能享受到医疗养老服务和医养资源共享。美国养老社区存在着不同维度的不同养老类型，以满足不同老年人的养老需求。河北省发展社区居家养老可根据服务对象需要设置不同级别的服务组织，各组织间不断融合，实现医疗和养老资源整合，减少机构服务重复率，提升养老服务满意率与效率。家庭养老方式是目前最为常见的养老方式，它适应身体状况比较好、生活能够自理的老年人；社区养老是针对有病但是生活能够自理的老年人，老年人借助家庭社区、医院二者相结合来进行养老；医养结合比较适合患有重病的失能、半失能老年人入住本单位后的长期护理与医疗保健。

2. 加强养老产业人才培养

河北省现有的社区养老医护人员较为缺乏，要想提升社区养老供给水平，河北省必须提升社区养老医护人员的供给水平，可以加强社区养老机构和专业医疗机构之间的合作，实现社会医疗服务队伍和社区养老医疗服务队伍之间的互通，实现资源合理配置。同时，要加强社区养老服务的社会培训和学校教育，培养出一批接受了专业知识技能学习的服务人员，形成河北省社区养老服务人才供给可持续性的长效培养机制。

3. 养老产业市场化，鼓励社会力量参与

美国养老社区主要是由政府主导，社会力量融资以及市场引入为辅为项目提供了资金来源。目前河北省人口基数大，老年人口比例也在不断上升，如果养老社区的建设全部由政府出资，将会面临极大的财政负担，也很不现实。政府需要让有偿服务占一定的比例，引入市场机制和社会力量，在满足需求侧的前提下，发展服务供给侧。鼓励社会力量进入养老产业，发展市场化、有良性竞争的养老产业。

4. 引入现代科技，提升养老服务质量

鼓励社区养老服务机构、社区养老服务中心或社区养老服务站采用先进的医疗设备，对老年人的身体健康、日常生活提供支持，如利用智能设备提醒老人吃饭、睡觉和用药。此外，鼓励研发服务老年人行动或者生活的机器人以节省人力资源，同时更好地服务老年人，推动养老科技产业的发展。

四、德国多代互助社区

多代互助社区养老模式（multi-generational community）是一种特殊的合作居住模式，它以代与代之间的互动交流作为社区发展的核心目标，通过社区提供的公共基础设施和社区组织的活动，来促进社区内没有血缘的不同代人之间进行跨代合作与交流。关于上述合作与交流，根据合作的组织目的与合作双方的关系不同，可以将多代互助社区养老模式划分为以公益志愿活动为核心的志愿型和以社区共同营造为主线的住宅型模式。在德国，目前来看相关多代互助社区养老模式发展比较成熟。根据目前德国的多代互助养老模式的统计，德国目前老年人养老方式中选择在老年公寓和

集体住宅等这些合作居住的养老模式的占比达到29%。这一比例仅次于阿尔茨海默症患者的集中监护社区。到2014年，德国每一个乡镇都存在至少一个互助型养老社区。

（一）德国多代互助社区的发展历程

德国的多代互助养老模式经历了很长的发展历程。19世纪，第一个独立运作的多代社区由单身女性组织 Beguine 在召集不同年龄的女性群体共同居住后成立。这一社区的维系纽带主要是在社区内存在的内部宗教，并没有设立明确的社区规章，主要通过道德对社区居民的自我约束来完成社区的正常运转。

19世纪到20世纪初，德国出现了以多代际为基础的社区养老制度。而建成多代社区的起因并不是由于人口老龄化，而是特定人群的自发性聚居。随着德国60岁及以上老年人口比例超过总人口的1/5，多代互助养老社区的发展得到了进一步的推动，更多多代互助养老社区相继成立。虽然这个阶段的多代互助养老社区大多仍然由私人出资建立，但是民间社区联盟也在慢慢形成，出现了萌芽。德国多代社区在20世纪90年代末其规模已经达到了300多家，2/3的社区由社区联盟统筹管理。这个阶段，建设资金由对"多代合居"理念有浓厚兴趣的居民共同承担，资金运作模式基本上与普通私人住宅没有差异。

21世纪开始，多代社区养老项目数量迅速增长，运作模式日渐成熟。但由于多代互助养老社区由民间联盟主导，会收取一定的费用，从而导致低收入阶层居民的参与被限制，低收入阶层的养老问题仍没有更好地解决。随着德国老龄化问题的加剧，大规模老年人口的养老问题已成为德国乃至整个欧洲所关心的重大问题。德国政府在欧盟和世卫组织发布《老年友好城市》《积极老龄化与密切代际联系的欧洲年度主题》等一系列政策之后，将多代养老社区指定为国家策略。因此，在2006年的时候，德国有关方面出台了一系列鼓励多代人相互帮助的措施，如《多代屋行动计划》。新的社会保障制度需要德国各地区建立起多代社会互助的社会保障体系。在此期间，志愿型多代社区数量大量增加，德国的大多数城市得到了覆盖，德国多代互助养老社区的发展达到一个较为成熟阶段。

（二）德国多代互助社区的内容

1. 志愿型多代互助养老社区

志愿型多代互助养老社区强调的是公益志愿的性质，周边社区等也提供一部分基础设施服务等方面的支持，同时也强调政府支持社区的志愿服务。政府对志愿型多代互助养老社区起到支持和引导号召的作用，政府通过社区改造等方式，将传统的社区服务设施如家庭教育中心、老年人看护机构等转化为更加大众化的社区服务中心，如教会聚集室和母亲中心等，这样低门槛的服务中心可以号召到更多的交流及志愿服务人员。在吸引到更多的市民群体后，就可以针对不同的群体分类开展主题课等不同的活动，这些群体既可以是受益者也可以是志愿者，他们共同有序地参与到互助型养老社区中来，而共同的志愿精神和相互之间的文化成为联系不同年龄段参与者的纽带。同时，德国的志愿型多代互助养老社区不仅是促进代际之间交流联系以及服务的空间，更是地方重要的志愿服务设施。此外，联邦政府还通过立法、投资等形式，控制多代互助养老社区的总体运行，并与本国当前的发展问题相结合，有针对性地制定了针对特定群体的帮扶政策。为了解决德国高发的阿尔兹海默症问题，联邦政府与阿尔茨海默症基金会共同制定了《多代屋行动计划一期》，侧重于阿尔茨海默症病人在几个世代的社会中得到特别照顾。随着德国的难民人数在 2010 年之后急剧增加，联邦政府通过了《多代屋行动计划二期》，鼓励多代人为外国人提供住房。

2. 住宅型多代互助养老社区

住宅型多代互助养老社区既强调社区公共服务，也关注社区的居住职能及邻里情感网络的构建。市民组织与地产公司、社会组织之间的合作在住宅型多代互助养老社区的建设与发展中发挥着更大的作用。住宅型多代互助养老社区通过规划建设的共同参与过程，强化居民的社区责任感与归属感，形成紧密联系的社区纽带，促进代际交流互动。在社区建成后，居民组成自治委员会进行社区自治，开展各类社区活动。从总体上看，社区老人是这种社区自治组织的主体，他们在社区自治组织中的作用是最大的。社区的治理工作应以居民为主，政府机关和社会团体等作为辅助者。在此基础上，社区多世代间的相互帮助是主要的，但也有一些社区外部的多世代间的相互帮助和交流。住宅型多代互助居民群体选择的导向作用更加显著，经常是具有相似社会属性的一个居民群体的集合，例如，有主要面向同性恋的居民群体，也有面向老年人和学生等群体。各年龄层的住户在生活方式上表现为世代间的互动和日常的相互帮助。

（三）德国多代互助社区的特点

1. 多代满足了老年人生理与精神双重的养老需求

德国多代互助型养老模式以社区邻里间的相互帮助为主要方式，聚焦于"无子女供养"的老年人，将无亲属间互助的互助型养老行为视为对"家庭"的有益补充，并以街道社区为平台，利用社会团体的力量，有效地解决了这一类老年人的养老难题。与此同时，以社会组织作为主体，从下至上，对多代的居民进行相互帮助的活动，并对老年人进行引导，让他们主动参与到照顾儿童、代际经验交流等多种形式的公共服务中，这些都是将社区之间的关系和邻里精神保持在一起的载体。不仅能满足老年人自身的价值，而且在对老年人的生活问题给予帮助的同时，也对老年人的代与代之间的交流与自身价值的实现有了更深层次的认识。

2. 以社会组织为主体

德国多代互助型养老社区不是政府直接强制建立的，而是自发地起源于民间团体，也就是社会组织中，将"公众参与"与"多代社区"的理念有机融合，以社会团体为中介"桥梁"，搭建多方共同参与的养老院服务平台，将代际沟通、互助活动贯穿于社区建设的全过程。不管是自愿性的或居住性的，都是由社会团体来承担建立和管理。在缓解政府养老支出压力的前提下，可有效地缓解我国人口老龄化进程中存在的"单世代高"和"代际交流减少"等社会衍生问题。

（四）现阶段德国多代互助养老社区的启示

1. 考虑老年人精神养老需要

借鉴德国多代互助型养老院的做法，"主动帮助"为多代人的日常生活互动创造了良好的环境支持，可以将多代互助型养老院纳入河北省的社保体系，对现有的"以户为本"的老年照护模式进行有益的补充，融入在社区的规划设计、建设、执行、运营和管理的整个过程中，使社区成为一个有归属感的社区。由社区团体作为主要的成员，由下至上的多个世代的社区成员进行相互帮助的活动，对老年群体进行引导，让他们主动地参与到照顾儿童、代际经验交流等多种形式的公共服务中，使其成为一个将社区联系和邻里精神保持起来的载体，在社区文化层面上，对综合性养老社区的运营模式展开一种切实有效的补充和优化。

2. 转变养老服务供给模式

可以通过学习居住型多代互助养老社区和志愿型多代互助养老社区的运行方式，在国家政策的指导和限制下，鼓励社会机构更积极地参与到多代互助养老社区的建设中，这样对于促进养老事业的发展，满足养老供给的需求有着重要的意义。一方面，政府可以通过各种方式，如公共财政、秩序化监管等来引导多代际互助型养老院的建设；另一方面，也可以通过鼓励社会资源的介入，来帮助政府完成对老年人所不能照顾到的问题，作为政府养老供给的补充。最终形成以社区为载体，整合市场、社会组织和公民个人等多种资源，构建全方位、多样化的、立体的养老服务系统，促进全社会优质的社区和家庭养老服务。

第二节 国内平衡社区居家养老服务
供需缺口的经验借鉴

一、香港地区长者社区支援服务的供给模式

据 2021 年《柳叶刀·公共卫生》刊发的《中国香港成为世界上最长寿地区的关键》一文指出，自 2013 年以来我国香港地区的人均预期寿命一直位列全球第一，2022 年香港地区的人均预期寿命是 85.29 岁。香港地区良好的社区养老服务在其中发挥着举足轻重的影响。社区养老服务在香港被称作"长者社区支援服务"，长者社区支援服务的建立是为了贯彻政府"老有所属""持续照顾""老有所为"的施政方针。

（一）香港地区长者社区支援服务的发展历程

社区照顾的理念来源于英国，在香港回归之前，养老模式深受英国影

响，社区照顾的理念被划归为老年人福利服务的原则之一。20 世纪 70 年代，小型化、核心化的香港家庭成为绝大多数香港家庭的组成形式，传统大家族式家庭养老模式不再适用，加之老人的数量甚至孤寡老人的数量也在急剧增加，1977 年发布了《老人服务绿皮书》，确认社区照顾为推行养老服务的指导原则。至此，香港老年人福利服务模式的架构基本确立。在此基础上，香港地区为老年人提供三大类服务，分别是现金援助、社区支援服务及院舍服务。现如今，具有香港特色的长者社区支援服务被认为是一种有效应对人口老龄化的方案。

（二）香港地区长者社区支援服务的内容

根据老年人接受服务的场所不同，香港地区的"长者社区支援服务"主要分为"中心为本"和"家居为本"两大类别。

1. 中心为本

"中心为本"是指老龄人群体参与社区养老，通过接受社区养老服务或者以义工的形式提供社区养老服务，在这过程中，重要的是老龄人群体和社区养老服务活动的适配。以香港为例，香港社区服务中心的主要服务业务就包括老年人日间照料中心、老年人社区支援服务队和老年人社区服务中心。

老年人日间照料中心是指社区通过对老年人机体进行评估，对于判定为失能和半失能的老人群体，老年人日间照料中心将安排养老服务人员，上门提供护理、膳食、医疗和精神慰藉活动。

老年人社区支援服务队建立的主要目的为平衡各地区养老服务人员的供给，通过设立一个或者多个地区养老服务中心，这些地区服务中心对辐射地区的养老服务人员进行统计和更新，并且统筹各地区的养老服务人员，当某些地区的社区服务机构出现人员短缺，老年人社区支援服务队便会提供养老人员支援。这些社区支援服务队提供的服务包括：第一，日常生活照料服务，如上门为老年人提供做饭、清洗等服务；第二，医疗照顾，这部分服务主要是由社区支援服务队中的医护人员提供，服务内容包括定期为老人做医护检查、做医护康复项目等；第三，精神慰藉，这部分服务是由社区支援服务队中的精神工作者提供，包括定期的心理咨询、陪伴和心理照护等活动；第四，义工发展，老人社区支援服务队要想持续性发展，需要不断补充新的服务人员，发展接受服务的老年群体为义工是科学的选择。老年社区支援服务的重要作用还包括发展社区老年人参与义工服务队伍，这不仅可以增加社区养老服务的人员供给，还可以帮助老年人在退休后实现自我价值。根据马斯洛需求理论，自我价值实现需求是需求等级中最高级的需求，因此，老年支援服务队伍发展义工是社区养老服务系统的一种良性循环。

老年人社区活动中心主要服务的是社区及社区附近的老年人群体，供应的服务项目跟社区支援服务队的差别不大，但是老年人社区活动中心养老服务的效率和供给覆盖更高，这主要是老年人社区活动中心是以社区内某个位置为中心，借助社区对社区老年人提供养老服务。老年人社区活动中心还可以为社区老年人提供一个很好的养老社交环境，原先居家养老的老年人可以通过参与社区活动中心，彼此之间增进交流，同时社区养老活动中心开展社区养老服务活动，往往要凭借社区信息网络进行工作，社区养老活动中心凭借对社区老年人信息的调查和跟进，能够为需要养老服务的失能老人提供实时性的养老服务供给。

2. 家居为本

"家居为本"主要是指社区老年人以居家养老为基本方式，机构为养老服务供给主体，以社区为服务实现途径和载体，这种服务模式包括提供"改善家居及社区照顾服务"和"综合家居照顾服务"，这两类服务基本上可以满足社区老年人的护理、医疗和日常照料等养老需求。前者的服务主体更多侧重于经过评估确定的社区失能和半失能老人，服务具体项目包括：第一，基本上门护理，社区服务人员上门为失能和半失能老人提供基本的护理服务，包括测血压、体温测量和一些生理问题的照顾；第二，日常居家照料，主要是为失能和半失能老年人群体提供上门做饭、洗衣和清洁等服务，满足其基本生活需求；第三，利用信息系统为社区老年人提供24小时紧急支援服务。后者的服务对象包括社区全体失能和半失能人群提供服务，其对象不仅仅局限于老年特殊人群，而是涵盖所有失能人群。

（三）香港地区长者社区支援服务的特点

1. 鼓励老年人互助

随着生活水平的提升，很多老年人退休以后仍然具有较好的身体素质，他们仍然需要满足自我价值的实现，而成为一名社区养老服务队的义工就是很好的实现途径，香港鼓励这部分身体机能较好的老年人积极加入义工队伍，这不仅可以补充社区养老服务人员队伍，为更多有需要的老年人提供养老服务，而且也可以丰富老年人的退休生活，实现自我价值，从而提升社会层面老年人整体幸福感。

2. 重视供给方的专业性

自 2000 年起，香港社会福利部门为了提升香港养老服务供给质量，推行养老服务供给评估制度，培养一批专业的评估专员，并使用符合国际要求的评估标准，社区老年人的养老服务根据对应评估结果针对性供给，同时，加大对评估员的培养和审核机制，确保评估体系的科学专业，评估员必须接受培训和学习，通过考试执政上岗，这种评估制度既可以帮助不同老年人合理为其提供养老供给，精准对接养老需求，又可以提高社会养老资源的合理利用。

3. 推动资金来源多样化

香港的社区养老服务资金来源主要为政府财政支持，香港财政对社区养老服务中心的支援形式包括建造和运营补贴、政府采购和减税降费等，其中建造和运营补贴主要是对新建的养老机构和正在运营的养老机构提供不同的资金补贴，包括建造和购买床位的费用补贴；政府采购是政府直接作为社区养老服务的购买方；减税降费则是降低对社区养老机构的运营和纳税费用。香港各类养老机构的收入来源中，80% 以上都是政府拨款，只有少部分机构为自筹。自筹形式包括向不同老年人收取不同的养老服务费用和会员费，或者通过社会募捐的形式筹费。

4. 科学化监控拨款的使用情况

对于政府拨款资金使用情况的监管，香港地区是从申请、运转和结束三个环节进行资金把控。例如，特区政府每年会针对社区养老服务的资金使用设定年度工作目标，内容涵盖社区机构为社区老年人提供养老服务的次数、社区老人集体活动开办的次数和标准、膳食供给服务标准等。接收政府拨款的社区养老机构必须按照满足政府设定的年度资金使用目标，如果无法完成，政府则会通过缩减拨款的方式进行惩罚。

（四）香港地区长者社区支援服务对河北省的启示

1. 推动长者义工计划

香港地区一直贯彻执行社区养老服务义工计划，实践证明，社区老人义工计划不仅提升了香港老年人群体的幸福感指数，帮助他们在退休后实现自我价值，而且极大地补充了香港的社区养老服务人员供给，也从社会层面整体降低了社区养老服务的成本，提升了社会资源利用效率。因此，河北省也应当积极借鉴学习香港社区养老服务的义工计划。

2. 多样化资金来源

香港社区养老机构的资金自筹方式类型多样，具有较高的灵活性，河北省可以学习其自筹方式，通过组织社区养老机构开展养老服务资金慈善募捐活动，吸引社会各方力量积极参与，同时，加大社会慈善组织和社区养老服务机构的合作，让社会慈善资金与社区养老服务对接，从而扩大河北省社区养老服务的资金来源。

3. 加强从业人员培训与监督

香港很重视社区养老服务人员的综合素质，对服务人员的培训程度、工作经历和技能水平都有较高要求，这尤其反映在较高级别的地区，也正是有着严格的审核机制，香港地区的社区养老服务队伍整体水平较高。河北省也应当增强社区养老从业人员的培训与审核机制，对于在岗养老服务人员，要加强岗内培训与考核，设立养老服务人员淘汰机制，从而提升在岗养老人员的服务水平。

二、上海市社区嵌入式养老服务的供给模式

上海市作为我国最早进入人口老龄化的城市，面对老年人日益增长的多层次、高品质的养老需求，上海市政府探索了社区嵌入式养老服务[①]，目的是使社区养老能够帮助需要照料的老年人在熟悉的家庭、社区中得到

[①]　上海市民政局印发的《上海市社区嵌入式养老服务工作指引》中对社区嵌入式养老的基本内涵作出解释："在社区内围绕老年人生活照料、康复护理、精神慰藉等基本需求，嵌入相应的功能性设施、适配性服务和情感性支持，让处于深度老龄化的社区具备持续照料能力，让老年人在熟悉的环境中、在亲情的陪伴下原居安养。"

养老支持。这种养老模式综合了机构养老和社区养老的优点，引入竞争性的市场力量进入养老服务领域，满足老年人多样性、专业化的养老需求。

（一）上海社区养老服务的发展历程

上海市的社区养老服务模式主要经历了家庭养老为主、政府主导、政府与市场力量共同参与这三个阶段。在以家庭养老为主的模式下，老年人所需的养老服务主要由其家庭成员提供。尽管 1988 年上海市政府通过了《老年人保护条例》，约束了政府提供养老服务的责任，但政府在该阶段的养老服务仍以生存救助为主，服务对象主要是弱势老年群体。然而，随着上海市老龄化程度的加深，传统的家庭养老和僵化的机构养老都遭遇了发展困境，上海市开始探索以政府为主导的社会养老模式。1998 年 8 月，上海市通过的《上海市老年人权益保障条例》将老年人的权益保障工作列为相关政府组织的职能，强化了政府在社会养老中的重要作用。

进入 21 世纪后，上海市开启了以政府为主导、充分调动社会力量参与的养老模式，推进养老服务社会化。2000 年，国务院办公厅转发《关于加快实现社会福利社会化的意见》，明确了养老事业应当广泛依靠社会力量，通过优惠政策引导社会力量的积极参与。2015 年，财政部等三部门联合发布《政府购买服务管理办法》，明确将养老服务纳入政府购买服务[①]事项，体现出社会养老模式逐渐转入政府和社会力量共同参与的阶段。同年，上海市人民政府办公厅印发了《关于鼓励社会力量参与本市养老服务体系建设的若干意见》，激励多元社会主体参与养老服务供给，满足老年人日益增长的多层次、多样化的养老服务需求。2017 年，上海市民政局制定了《上海市社区养老服务管理办法》，全面放开养老服务市场，大力扶持养老机构的建立，充分调动社会各界力量，让养老事业能够进一步蓬勃发展，形成了社区嵌入式养老服务体系。

（二）上海的社区嵌入式养老服务体系

当前上海市的社区嵌入式养老服务体系主要是依靠各行政部门制定政

---

① 政府购买服务，是指通过发挥市场机制作用，把政府直接提供的一部分公共服务事项以及政府履职所需服务事项，按照一定的方式和程序，交由具备条件的社会力量和事业单位承担，并由政府根据合同约定向其支付费用。

策并提供指导和管理，由各街道、社区组织社区养老服务，最后委托第三方机构科学评估实施效果，进行考核监督。

首先，由上海市民政局对社区养老的相关服务设施及机构进行全局性的统筹协调，各区民政局对社区养老服务的具体组织和实施进行针对性的管理，其他相关部门按照各自的职责规定做好养老服务的支持和管理。其次，各街道办事处、镇（乡）政府负责对各社区的养老资源进行整合，联合社会服务机构提供专业的社区养老服务，组织和指导居（村）委会及社会志愿组织为老年人提供照顾服务，发展社区养老服务。最后，市社会养老服务体系建设领导小组办公室对养老方案进行定期评估，建立养老服务检测分析与发展评价机制，将养老服务完成情况列入年度绩效考核，还可以委托第三方机构进行检测，科学评估实施效果。

（三）现阶段上海社区嵌入式养老服务内容

上海市社区养老服务主要包括为老年人提供的社区托养服务、居家照护服务、医养结合服务、社区支持服务等多种服务。

社区托养服务主要依托社区的老年人日间照护中心、长者照护之家等，为老年人提供日间照顾、临时性托养服务及其他集中照顾。居家照护服务则主要依托居家养老服务中心等，为老年人提供专门的上门服务，涉及老年人生活的方方面面，如做饭洗衣、室内清洁、个人卫生等日常活动，还包括为老年人提供送餐、代购、陪医等辅助服务。医养结合服务主要依托社区卫生服务中心（点），利用居民对社区的归属感和依赖感，为老年人提供基础医疗、康复护理、日常体检等医疗服务。社区支持服务则主要依托社区各类设施和服务资源，如改进老年人家庭防滑倒设施建设、加强环境安全建设等，为行动不便的老年人提供更加人性化的适老环境改造，提供社区支持服务，降低老年人群在社区公共场所受环境危险因素的影响。

除此之外，部分社区还会为老年人提供精神慰藉，满足其对文化娱乐的需求，如设立老年文化活动中心供老年人群体晨练和开展小型活动，组建涵盖书画、风筝、棋牌、健身、舞蹈等多个兴趣领域的老年文体队伍；还有部分社区通过设立"心理咨询点"等，为老年人提供心理疏导、法律咨询、金融服务等方面的帮助。

（四）现阶段上海社区嵌入式养老服务的特点

1. 精准性

上海市的养老服务体系经历了主体对象从"三无"和"五保"① 的弱势老年群体向全体老年人群的过渡，如何准确圈定"9073"② 养老服务模式下需要政府福利政策帮助的老年人群体仍是当前养老服务亟待解决的问题。民政部于 2013 年 8 月发布了《老年人能力评估》行业标准，建立了包括日常生活活动、精神状态、感知觉与沟通、社会参与四个一级指标，由专业人员依照标准进行分析评价，科学划分老年人能力等级，提供更加科学化、标准化的养老服务。2023 年 1 月，《老年人能力评估规范》国家标准出台，确立了老年人能力评估的国家标准。此外，上海市还会在社区内摸排老年人更加多样化的需求，做到精准服务、有效保障。

2. 整合性

上海市社区嵌入式养老服务体系主要依托社区平台，整合可利用的社会资源和专业的服务供给，为需要帮助的老年人提供综合性的养老服务。在服务内容方面，除老年人的基础生活照料服务外，医疗、文体、教育等综合需求也被考虑在内；在服务主体方面，在传统的家庭养老、机构养老之外，鼓励社区志愿工作者、心理及法律从业人员为老年人提供多样化的服务供给；在服务供给方面，社区整合老年人托管中心、老年人活动中心等资源，为老年人的社区居家养老提供支持和帮助；在服务流程方面，在政府的统筹管理下，市场专业机构和社会公益组织提供的服务可以相互补充，共同发挥作用，同时服务监管的存在也使得该流程不断优化，实现多方服务供给的整合。

3. 专业性

首先，上海市社区嵌入式养老服务体系在政府主导之外，通过政府购买等多种方式，引入了多样化的专业服务机构，可以为老年人提供包括长期照护、康复护理等专业服务，同时科技企业还可以通过科学技术的应

---

① "三无"是指无劳动能力、无生活来源及无赡养人和抚养人的，或者虽有赡养人和抚养人，但赡养人和抚养人确无赡养能力或者抚养能力的；"五保"是指保吃、保穿、保住、保医、保葬。

② 3% 的老年人接受机构养老服务；7% 的老年人可得到有政府福利政策支持的社区养老服务；90% 的老年人以自助或家庭成员照顾为主居家养老。

用，对老年人的多样需求实现专业、及时、精准的处理，因此，来自各行业的专业社会机构可以发挥各自的服务优势，为养老服务的供给注入新的活力。其次，在信息监测方面，上海市正在积极推进养老服务供给的数字化，支持推动"互联网养老"等企业，充分发挥数字化技术的作用，依托专业服务机构在社区开展智慧养老业务，建立社区信息监测平台，实现养老服务信息监测的专业性。

4. 睦邻性

尽管当前上海市的养老服务体系由政府主导、众多社会力量参与，但并非政府和专业机构包揽所有的养老工作，而是在社区发展中加强养老服务工作，强化社区睦邻互助精神，同时街道自主优化各类服务机构及服务队伍，招募为老服务的志愿服务人员，促进老年人融入社会。2021年上海市民政局印发《上海市农村老年人示范睦邻点建设指引》，强调睦邻点作为非正式照料的重要内容，应该协调各类非正式照料资源，自下而上构建社区共同体，满足老年人在日常照料、文化娱乐、精神慰藉、情感支持等方面的需要，将"陌邻"变成"睦邻"。

（五）上海社区嵌入式养老服务的启示

1. 需求导向下的制度供给

2005年，上海为应对人口老龄化，经过长期的探索实践和精准评估，提出构建"9073"养老服务格局，引领了全国养老体系的发展方向。随着社会养老需求的多样化发展，上海市在2014年提出建立"五位一体"的社会养老服务体系。社区嵌入式养老模式成为上海市养老服务形式的一次全新探索。

此外，上海市为明确具有照料护理需求的老年人群体，在2016年发布《上海市老年人权益保障条例》，明确建立老年照料护理需求评估制度，以确定照护等级，按照统一标准进行优先保障及适当补贴等。2018年，为科学确定老年人的照护需求，上海市政府印发《上海市老年照护统一需求评估标准（试行）》。2022年，上海市各有关部门为针对性提升为老服务便利化，研究修订了新的《上海市老年照护统一需求评估及服务管理办法》，为提高社区养老服务的精准性制定了更加完善的制度。

2. 多元主体参与的社会养老

政府作为社区居家养老模式中重要的一环，受自身专业性限制及职责履行中的错位缺位等影响，难免存在诸多不足，因此，上海市先后出台一系列政策，大力发展多元化社会主体的能力，发挥市场的竞争性优势，构建政府、市场、社会组织、社区等多元主体参与的养老服务体系。

政府建设方通过政府购买服务等方式，根据市场供求情况，采用公开招标、邀请招标、竞争性谈判等方式确定承接主体。养老服务企业在社区内针对性开展多样化的养老经营服务，包括长期照护的居家上门服务、功能性的养老服务设施等。社会组织可以充分发挥社会化、专业化的特点，为老年人提供个性化养老服务。社区配合社会组织有效调动志愿者，同老年人建立情感链接，弥补政府失灵和市场失灵。

3. 智慧养老的服务平台建设

上海市养老服务发展"十四五"规划中要求建成全流程服务、全事项覆盖、全过程便捷的智慧健康养老"云平台"，为需要照护的群体提供数字化的养老服务。

在养老服务供给方面，已有部分街道、社区支持推动互联网养老企业为老年人提供餐饮、健康、生活照护、安全防护等多方面的智慧系统覆盖，并将相关信息接入机构信息系统平台及各区养老机构监管信息系统。此外，各机构还通过打通线上线下服务流程，建设更加人性化的老年人服务场景，逐步解决老年人的"数字鸿沟"。在养老服务监管方面，上海市正在探索建设养老服务"互联网＋监管"平台，依托养老服务信息系统及大数据共享等技术手段，对养老服务市场进行智能监管（涵盖质量监管、安全监管等多方面），全面提高养老服务监管智能化水平，为老年人的社区养老提供更加安心的生活环境。

三、深圳市"四位一体"的供给模式

深圳市目前尚未进入老龄化社会，然而随着早期来深圳建设者步入老年行列，深圳市已经进入老龄化发展快速增长期，老年人口将面临大幅度增长，多样化、多层次养老需求亟待满足。福田区是深圳市的中心城区，人口密度大、户籍老人多。面对日益增加的养老压力，在市民政局的指导下，深圳市福田区实施了社会认同、群众喜爱的都市社区养老服务模式，即日间照料、集中全托、居家养老、医养结合"四位一体"的居家养老服务模式，它不仅能为老年群体提供普通养老服务，还能为有医疗需求的功能障碍者提供专业的医疗护理和康复理疗服务。通过推进"制度化、社会化、多元化、规范化、智能化"的"五化"措施，福田区将着力建成"政策有支撑、资源有优势、功能有拓展、管理有标准、运营有创新"的"五有"都市社区养老服务体系，福田区"五有五化"都市社区养老服务新模式入选国家发改委、民政部、老龄办全国第一批养老服务业发展典型案例。

（一）深圳市"四位一体"供给模式的发展历程

为了更好应对老龄化问题，2012 年以来，深圳市福田区民政局先后出台《老年人日间照料中心建设运营管理暂行办法》《老年人托养中心建设运营管理办法》等多项管理政策，从国家顶层设计对社区居家养老服务提供政策支持，对社区老年人日间照料中心和托养中心的基础设施建设进行加强与规范。2014 年 8 月，深圳市被列为全国养老服务业综合改革首批试点城市，重点推动医养融合发展，促进养老与家政、保险、旅游等相关领域联动发展。2016 年，又成功申报国家级医养结合试点城市，深圳市宝安区建成全市首家医养结合型民办养老机构——深圳复亚护养院，推进养老服务机构与社区健康服务中心构建合作机制，并发挥社区健康服务中心在医疗护理过程中的指导作用，满足社区老年群体在社区就医的需求。2019 年，深圳市纳入第四批中央财政支持开展居家和社区养老服务改革试点地区，福田区社会福利中心率先同万科签订 PPP 试点项目协议，全力打造日间照料、全托、居家养老、医养结合"四位一体"的居家养老服务模式，为社区老年人提供助餐、助行、助医、文娱、心理等一体化的综合社区照护服务。

（二）深圳"四位一体"供给模式的体系

深圳"四位一体"居家养老服务模式将家庭、政府和社会三方合力，完善机构养老服务功能，推进养老机构社会化改革。各方在养老机构社会化进程中承担着不同的角色，实施过程中严格确保政府的主导地位，明确要求企业保证政府性床位，在此基础上其他经营性床位向社会开放，确保企业经营活力，同时，政府根据服务质量评估结果给予企业年度运营奖励和经费资助等奖励；养老机构或社会服务中心为监管主体，参与重大决策的评定与服务质量的评估；企业为实施主体，负责项目运营维护，日常事务交给企业决策；同时，由养老机构和企业双方人员共同组建运营管理委员会，行使审核年度运营方案和年度财务报表、重大事项等职能。

深圳"四位一体"供给模式的体系具有公办民营的特点。在社会化运营方面，养老服务通过政府集中采购形式，从多家社会供应商中选择合作方，成为居家养老服务营运部门的专业负责人。在社会化过程中采用PPP模式，强调政府与社会力量合作，两者优势互补、利益共享、风险共担，如改造前期工作由政府投资完成，运营期间的改造工作和相应改造费用由万科集团承担。同时，社会化过程中注重高端引领，引入同行优势资源，从顶层为养老服务提供政策支持，如引入香港康复会，深化粤港澳大湾区养老服务合作，由港澳派遣优秀管理团队指导养老机构的建设和专业人才的培养。

（三）现阶段深圳"四位一体"供给模式的内容

在深圳"四位一体"社区居家养老服务内容上，构建专业化运营服务体系。通过多种筹资方式开展和运营"长者食堂"，并引进专业的厨房管理体系，保证合理营养，为老年人提供科学多样的膳食；社区养老服务机构与社区健康服务站建立医养结合机制，推动医养结合型服务机构的发展，为老年人提供医疗康复保健服务，涵盖医疗、健康咨询、健康检查、疾病诊治和护理、大病康复等，形成以居家为基础、社区为依托、机构为补充的良好医养结合照护服务环境；通过"三工"联动方式推动社会力量加入居家养老服务，充分利用护工、社工和义工为老年人提供心理辅导，开展多元化活动培养老年人兴趣爱好。

在深圳"四位一体"社区居家养老服务方式上，开展科技助老服务。搭建社区养老平台，依靠"互联网＋智能养老"平台进行实施，提升运营服务效率，为老年人提供家政、医疗、送餐等服务；实施居家养老"365"工程，依托社区养老服务机构进行管理，以"1＋2＋3"模式为老年人提供服务，"1"是指为老人安装1个服务呼叫设备，"2"是指二级平台，分别是为老年人建立动态健康档案的"网络健康管理平台"和统筹项目运营管理的"服务中枢平台","3"是指三项服务,为老年人提供"生活、健康、应急"为一体的综合性居家养老模式,进一步实现信息资源共享,协助社区服务机构、社会组织及和社康中心,提升为老服务质量;引导社区养老智能化发展,社区为老年人提供便携式医疗设备、照护康复产品等,为养老机构社区配备对应智能护理设备等;加强运营指导专业化和提供服务精准化,明确养老服务奖励标准和运营考核,支持养老护理人员持证上岗,提高养老服务人员的职业素养。

(四)现阶段深圳"四位一体"供给模式的特点

1. 因地制宜,充分发挥深圳当地优势

每一个城市都面临着养老资金不足的问题,而深圳则是通过发挥自身民营经济较为发达的优势,通过政策引导使更多的社会力量参与到社区养老服务中来,使社会资本为居家养老服务运营的核心主体。在养老服务社会化的过程中,政府更多地承担顶层设计,将公共服务的供给交予社会,提高了社会力量参与养老服务的积极性。

2. 供给内容平衡

深圳"四位一体"居家养老模式的供给内容不断深化、精细化,更加多样平衡,包括家政、生活照料、护理、康复和心理等多方面服务,将服务供给与老年人的多层次、多样化需求准确匹配,以此来应对深圳市老龄化发展快速增长期。

3. 供给信息化水平高

在运营发展中,将先进的信息化技术应用到养老服务中,从整体上形成规范的服务模式,创新养老服务的方式和手段。企业积极尝试互联网远程医疗、智能家居等科技手段,并自主研发养老服务管理系统,实现信息的采集、登记、分析、保存和管理,全面提升养老服务品质和效率,持续引领创新。

(五)深圳"四位一体"供给模式的启示

1. 发挥政府的引导作用,保障养老服务质量稳步提升

政府要充分发挥引导和保障作用,找准自身角色定位。一方面,政府

要出台社区养老相关的政策法规，正确引导并落实，从国家顶层设计对社区居家养老服务提供政策支持；另一方面，在养老服务的公私合作中，充分考虑社会资本的投资回报，调动社会资本投资于养老项目的积极性，在土地、税费等方面提供优惠条件，降低投资成本，为社会投资创造条件。同时，鼓励财政部门完善财政补贴的支持方式，保证社会资本参与的持续性。

2. 多种形式引入社会资本，助力养老服务供给主体社会化发展

在养老服务社会化的过程中，供给主体应从"单一化"转为"多元化"，号召社会力量、养老机构、志愿者队伍一起加入，使供给队伍不断扩大。政府加强与社会资本的合作力度，鼓励以公办民营、民办公助、委托管理等多种形式引入社会资本，积极面向市场，同企业风险共担、合作共赢，既提升了政府公共服务水平，又促进了社区居家养老服务与养老机构的有效衔接，助力养老服务供给主体社会化发展。

3. 加大科技研发投入，开展科技助老服务

深圳"四位一体"供给模式实施过程中充分发挥了科技在养老服务中的重要作用，养老是核心，科技是支撑，须加大科技研发投入。与其他高科技研发相比，与养老服务相关的智能技术门槛较低，政府可加大财政投入，同相关企业或者高校保持密切合作，加快产业、学校、科研机构深度融合。

四、福州市"三重三化三量"的供给模式

福州市老龄化趋势日益明显，面对日益增加的养老压力，福州市政府以省级居家和社区养老服务示范区为契机，全方位开启社区居家养老服务建设。福州市鼓楼区作为福建省首善之区，主动承接福州市居家社区养老服务集成改革试点任务，率先开展政府购买社区居家养老服务的有益实践，坚持"政府主导、市场运作、专业服务"的原则，着力打造"三重三化三量"的供给模式。其中，"三重"是指强化组织、规划、政策保障，"三化"是指标准化、社会化、特色化，"三量"是指盘活存量、提升质量、做优增量。该模式的实施与推进极大地促进了政府职能的转变与社会组织的发展，多维度提升了社区养老服务水平，有利于打造"没有围墙的养老院"。

（一）福州市"三重三化三量"供给模式的发展历程

为应对福州市老年人口基数大、养老难问题，福州市政府先后出台多项管理政策，逐渐完善政府购买社区居家养老服务的政策措施。2008 年，为积极配合中央政府全面推进居家养老服务的工作，在文件精神的引导下，福州市政府将鼓楼区和台江区设置为居家养老服务模式的试点区。2009 年 1 月，鼓楼区政府通过《鼓楼区关于开展居家养老服务工作实施意见》，成为福州市首个政府购买社区居家养老服务的试点。经过三年的努力实践，2012 年又提出《福州市鼓楼区人民政府关于推进居家养老服务工作的实施意见》，明确政府购买社区居家养老服务的相关标准、扩大范围以及服务内容等，推进社区居家养老服务质量的提升。2017 年 3 月，福建省民政厅确立鼓楼区为省级居家和社区养老服务示范区，区政府通过《鼓楼区社区养老服务中心建设工作方案（试行）》，全方位开启社区居家养老服务建设。

（二）福州市"三重三化三量"供给模式的体系

福州市"三重三化三量"模式的实施运营以政府为核心主体，依托社区和市场协同推动。市政府委托市老龄委下属的职能部门老龄办出资向社会组织购买社区居家养老服务，是社区居家养老服务的最直接购买者；社区居家养老服务站负责购买的养老服务在社区内部的具体落实；社区居家养老服务站与民政部门一同负责管理向社会组织支付的工资。同时，由市老龄办、民政部门、社区三者形成社区居家养老服务监督机制。

当前，福州市承接居家养老服务的社会组织主要分为三种：一是传统的福利院、养老院等公办养老服务机构，由政府投资创建并且配备相关基础设施，拥有养老机构的所有权；二是托老园、老人养护中心等以营利为目的的民办养老服务机构，由民营企业出资创建并配备相关基础设施，所有权归民营企业所有，政府对其进行一定的补贴或费用减免；三是志愿者、义工等非营利性的社会组织，调派志愿者为居家老人提供无偿服务。鼓楼区的社区居家养老模式主要依托的是公办养老机构，即以社区居家养老服务站为主要载体，将养老服务委托给"金太阳""乐爱"等公办养老机构，并在水电、税费等方面提供一定的优惠政策，引导本地专业社会组织积极参与养老事业发展，勇于承接养老服务设施运营。

对于采购的居家养老服务项目，福州市各供给主体积极协作，全面了解老年人的服务需求。首先，各个社区的居家养老服务站根据社区居委会登记的户籍情况，在社区内部进行入户调查和核实，形成社区内居家老人的信息数据库，并负责实时更新和维护。其次，将居家养老服务站整理的信息数据库上报市老龄办，使其全面了解全市居家老人的服务需求。最后，根据对信息数据库分析整理的结果，向社会组织采购居家养老服务项目。

（三）福州市"三重三化三量"供给模式的内容

在福州市"三重三化三量"社区居家养老服务内容上，区政府打造日间照料、家政服务等养老服务的标准化建设，主要以生活照料为主，以医疗保健、精神慰藉、体育健身等专项服务为辅。同时，在做好标准化服务的基础上，依托家政机构、康复机构等资源，推出一系列康复训练、医养结合等特色化的养老服务内容。

在福州市"三重三化三量"社区居家养老服务方式上，打造智慧养老服务信息平台。利用"互联网＋医养"的模式，加快建设社区居家养老服务信息平台，联动全区实体养老、医疗、家政等机构，构建"15分钟养老服务圈"；建设"数字康养平台"，采用"一人一档一码"，打造"平台＋服务＋老人＋智能设备"的智慧养老服务新模式，提供呼叫救助、健康服务、档案管理、随身监护等综合性、多样性的养老服务；社区建设"一站式"养老服务平台，每月向受助老人发放受助券，并及时向社区老人了解服务人员的工作态度与质量，对社区居家养老服务的质量进行跟踪监督。

在评估社区居家养老服务兑现上，福州市建立了社区居家养老服务的监督管理机制，主要由市老龄办、民政部门、社区三者构成。首先，社区每年末组织考核小组对居家养老服务站进行评估考核，并将结果上报给民政部门。其次，民政部门组织工作人员走访各社区的居家养老服务站进行多指标再次考核，还会随机对社区内老年人进行电话访谈或者上门走访。最后，市老龄办将考核结果进行汇总，评选优秀单位给予相应的表彰。

（四）福州市"三重三化三量"的供给模式的特点

1. 政府为运营的核心主体

福州市政府、福州市鼓楼区政府对养老事业的发展十分重视，鼓励养老服务社会化。政府既是社区居家养老服务政策的制定者，又是财力的扶持者，开展的一系列老年人服务活动主要依靠市政府的财政支持，社会力量薄弱。另外，鼓楼区政府专门成立工作领导小组，区主要领导亲力亲为，协调解决具体问题，将养老服务工作纳入全区绩效考核范围之内，层层压实责任。

2. 监管体系较为完善

福州市建立了社区居家养老服务的监督管理机制，各供给主体积极协作，积极落实居家养老服务情况。对社会服务组织主要采取内部考核和外部评价相结合的监督管理模式，并对其进行多方面的考核，评估社区居家养老服务兑现情况，确保养老服务落实到位，不仅有利于政府充分掌握社区居家养老的真实情况，还能够促进社会组织服务水平的提升。

3. 重视基础类养老服务

福州市"三重三化三量"居家养老模式供给内容偏向于基础层次的服务。运营过程中以生活照料和家政服务为主，而针对老年人的医疗保健、精神慰藉、谈心交流等方面的服务却较少，养老服务层次较低，服务内容较单一，只能满足老年人低层次的需求，对老年人基础需求的关注度高于精神需求。

（五）福州市"三重三化三量"的供给模式的启示

1. 整合社会力量，扩大资金来源

福州市开展的一系列老年人的服务活动，主要依靠的是政府的财政支持，而社会力量相对薄弱，须整合社会力量，引领社会力量参与到养老事业。由于社会力量参与较少，政府的资金来源渠道单一，一旦经费紧张，必然会影响社区居家养老服务后续工作的开展，政府可给予一定的财政补贴或者住房、水电等方面的减免，调动民间资本参与养老事业的积极性，充分利用社会资源，减轻政府的负担。

2. 规范政府购买养老服务方式

在购买方式上，福州市"三重三化三量"居家养老模式多选择非竞争性委托，须规范政府购买养老服务的方式。非竞争性委托难以实现该区域内社会服务组织的竞争，从而可能导致该区域养老服务水平偏低，不利于养老事业的可持续发展。政府可参考购买公共服务流程，从规划购买项目到筛选出最优服务承接者，每一个步骤都应积极落实，充分发挥竞争机制的作用。

3. 设计多元化服务内容和项目

福州市"三重三化三量"模式的供给服务内容相对单一，服务项目的发展呈现不平衡现象，须设计多元化服务内容和项目。该模式大多围绕生活照料和家政服务等方面，而针对老年人的医疗保健、精神慰藉等方面的服务相对滞后，社区居家养老服务应设计更多的服务内容和项目，满足老年人高层次、多样化、个性化的需求。

第三节　本章小结

本章通过比较分析英国、日本、美国、德国等发达国家以及中国香港、上海、深圳、福州等典型地区社区养老的发展历程和运作模式，总结借鉴其成功经验，为设计河北省社区居家养老服务政策路径、解决养老问题提供新思路。

一是国外发达国家社区养老模式的特点及启示。英国社区照料服务具备完善的监管体系，通过法律法规对从业人员资格制定强制性标准以及养老照料服务市场化等，在养老服务供给主体多元化、激励非政府组织在社区照料领域的发展、服务供给市场化、合理设置政府的权力范围、相关法律法规规范化与完善化以及监督与评估机制标准化和科学化等方面提供了新思路；日本介护保险制度具备服务内容人性化、注重预防与护理相结合、构建了完善的资格审查与医疗管理机制以及多渠道资金筹集方式等特点，在将介护保险纳入社保体系中、建立多主体资金筹集体系并加强政府监督以及大力培养介护人才等方面提供了借鉴；美国养老社区制度具备基于老年人状况建立多种类型养老社区，选址偏向气候温暖、人口密度低的区域，拥有完备的住户评价体系和现代化的社区服务等特点，在倡导集约型针对型养老产业发展模式、加强养老产业人才培养、养老产业市场化，鼓励社会力量参与、引入现代科技以及提升养老服务质量等方面给予了启示；德国多代互助社区具备满足老年人生理与精神双重养老需求以及以社会组织为主体等特点，在考虑老人精神养老需要和转变养老服务供给模式等方面提供了宝贵经验。

二是国内社区养老服务供给模式特点及启示。香港长者社区支援服务的供给模式具备鼓励老年人互助、重视供给方的专业性、推动资金来源多样化、科学监控拨款的使用情况等特点，在推动长者义工计划、多样化资金来源以及加强从业人员培训与监督等方面给予了启示；上海市社区嵌入式养老服务的供给模式具备精准性、整合性、专业性以及睦邻性等特点，在需求导向下的制度供给、多元主体参与的社会养老以及智慧养老服务平台建设等方面提供了新思路；深圳市"四位一体"的供给模式具备因地制宜、充分发挥深圳当地优势、供给内容平衡、供给信息化水平高等特点，在发挥政府引导作用、保障养老服务质量稳步提升、多种形式引入社会资本、助力养老服务供给主体社会化发展以及加大科技研发投入、开展科技助老服务等方面给予了启示；福州市"三重三化三量"的供给模式具备政府为运营的核心主体、监管体系较为完善、重视基础类养老服务等特点，在整合社会力量、扩大资金来源、规范政府购买养老服务方式以及设计多元化服务内容和项目等方面提供了完善思路。

第九章

平衡河北省社区居家养老服务供需缺口路径

基于社区居家养老服务供需相关理论，根据河北省居家养老服务供需缺口测算结果及原因分析，借鉴国内外平衡社区居家养老服务供需缺口成功经验，本章给出了平衡河北省社区居家养老服务供需缺口的路径。

第一节　完善河北省社区居家养老服务养老供给体系

为了更好地构建河北省社区居家养老服务体系，应该建立政府、社会或企业、个人"三级投资"的投入机制，深化社会、社区、居家"三位一体"的养老模式，推动乐养、康养、医养"三链贯通"的养老方式，构建市场、品牌、连锁"三化联动"的运营机制，以打造多层次、特色化的养老服务体系，提高社区养老服务质量。

一、建立养老服务经济支持体系

养老服务的经济问题一直是河北省老年人最为关注和担忧的问题，因此政府和社会各方应该提起高度重视。首先要完善养老资金投入机制。各级政府要增加社区居家养老服务工作的财政资金预算，加大对养老服务项目和设施的投资力度，扩大购买规模，建立健全社区养老服务机构，并定期对养老服务机构内的养老床进行升级改造；加大养老服务基础设施建设，建立以失能照护设施、区域养老设施、互助养老设施为主体的三级养老服务网络；同时公共财政投入应该保持长效动态投入状态，优化政府对于社区居家养老服务资金的投入结构，提高政府资金投入比例。其次要拓宽养老服务融资渠道，建立健全多元化的社区居家养老服务资金投入机制。积极引导社会中资本充足、技术先进的企业投身到社区居家养老服务事业中来，向全社会募集养老服务资金，从而增加社区居家养老服务建设的资金来源。政府应对社会企业建设的养老服务机构提供土地、税收、水电等方面必要的优惠政策，推进医疗卫生服务机构与社区养老机构展开合作，培养专业的养老服务人才，为社区居家养老机构中的老年人提供更加专业的照料服务，并保证其享有良好的医疗保健服务，同时积极关注入住养老机构的农村老年人的心理健康水平。

二、建立精神文化养老服务体系

建设精神文化养老服务体系目的是丰富老年人的晚年生活，为老年人提供精神慰藉，提高老年人的精神境界和文化素养。首先，要倡导积极养老的理念，帮助老年人树立新型的自尊、自爱、自强的孝道养老观，帮助老年人摒弃"养儿防老"的错误观念，向"精神养老""精神助老"的方向转变，同时社区等部门要加大孝文化的宣传力度，营造良好的敬老、爱老的社会风气。其次，各养老服务机构可以与政府合作共同创建老年特色大学，并设立丰富多彩的课程内容，如书法课程、绘画课程、音乐课程、舞蹈课程、文化课程等。当前老年人对于精神慰藉的需求越来越高，表现为求知、求康、求乐、求友等方面，设立老年大学可以为老年人提供一个良好的满足其需求的平台，使老年人真正实现老有所学、老有所乐、老有所为，同时有利于全社会全民学习、终身学习氛围的形成。除此之外，社区还可以为老年人建设特色文化活动室，定期举办特色文化习俗文艺表演、红色故事宣讲演出、名人事迹展示、知识讲座等社区文化活动，同时积极鼓励老年人参与，为老年人提供自我展示的机会，满足老年人精神文化上的需求，进一步丰富其生活。

三、健全社区居家养老保障体系

当前河北省存在着城乡居民基本养老保险保障水平比较低、农村居民领取养老金数额低、城镇和农村地区居民领取养老保险金额存在差距的问题，因此应该进一步健全完善养老保障体系，提高城乡居民基本养老保险的保障力度。政府应该加大宣传的力度，让更多的社区老年居民意识到参保的重要性，可以在电视媒体上播放城乡居民基本养老保险的重要意义，也可以在社区、农村等地区进行宣讲和一对一讲解，从而吸引社区居民积极参保。同时，健全社会养老保险的管理制度，提高财政资金补贴水平，政府可以制定一个动态的补贴标准，提高财政补贴标准，逐步提高老年人基本养老金的待遇水平，还可以增发其他补助费用，给老年人带来更多的养老福利。除此之外，扩大城乡居民基本养老保险的资金来源渠道，实现资金筹集的多元化，在了解河北省社区及农村居民的养老服务需求下，加大激励力度，更好地实施养老保险金中多缴费多得养老金的激励措施，并予以政策支持。目前，仅依靠政府的资金扶持是远远不够的，农村也要大力发展自己的经济，如发展集体经济、发展特色产业，吸引更多的村民投身于发展家乡集体企业中，用自己的资金进行养老保险基金的投资。

四、建设社区居家养老服务管理体系

第一，要建立健全政府综合监督体系，强化对于社区居家养老服务的管理，完善社区居家养老服务质量的评价体系，从责任追究、风险防范等方面保障老年人的合法权益。建立数字化的监管平台，实时对养老服务进行监控和监管。健全完善服务供给者的准入与退出机制，提高服务品质与资金运用的监督效率，健全老年人、家属、政府、养老机构等多方监督体系。此外，在实践中，政府要从顶层设计转变为具体实施。通过对政策进行梳理，建立责任清单、进度表，并将其公开，明确责任单位和具体安排，督促相关责任主体如期完成项目的实施，确保实施效果，并在此基础上，建立责任追究制度，对各地区、各部门的落实情况和政策的合理性进行监督与评价。对相关人员的工作进行制约，及时纠正政策实施过程中的偏差。第二，提高养老服务人员管理水平。社区居家养老服务人员从业的门槛和限制应适当提高，养老服务行业人员首先必须要热爱养老服务事业，有耐心、主动关心理解老年人，能够做到尽职尽责。其次要有基本的职业素养和专业技能，此外还要有相应养老护理员证书。同时，社区养老机构要定期组织养老服务人员进行技能考核和培训进修。除此之外，对于养老机构采取市场化的竞争管理，鼓励各种市场主体积极参加养老服务，促进养老机构在保证老年人健康养老的基础上走向市场，在市场竞争的大环境中，使其不断完善和发展，为老年人提供更优质的服务。同时要定期开展养老机构的评选，树立品牌、树立典型，以先进引领养老服务机构水平的整体提升。还可以通过发展连锁养老服务，将信誉好、服务质量好、设施完善的养老机构捆绑连锁运营，构建科学合理的市场、品牌、连锁"三化联动"的养老运行模式，不断提高养老服务质量。

五、创新多层次社区居家养老服务模式

随着时代的不断进步和发展，为迎合不断多样化的老年人社区居家养老服务需求，社区居家养老服务模式也应进一步创新。第一，可以构建"两院一体，医养结合"集乐养、康养、医养于一体，养老服务与健康服务相结合的养老服务模式。"两院一体"是指构建医院和养老院合作，集医养和康养为一体，开展老年文化活动的综合性养老机构。"医养结合"是近年来逐步形成的一种新的养老方式，它结合了现代医疗技术和养老保险模式，实现了老年人"有病治病、无病疗养"。"医养结合"是以医疗机构为主导，为老年人提供补充的养老服务。传统的养老机构、医疗机构协同协作，建立"健康 + 养老 + 医疗"的整合模式，医院与养老院建立"绿色通道"，由医院的医护人员定期到养老院对老年人进行体检。同时可以把医疗机构发展成综合性的养老和保健疗养院，整合医疗资源，促进相关医疗机构的职能升级，让患病的老年人享受到所需要的护理服务。"医养结合"是一种比较新颖的养老方式，也是顺应时代发展的一种新型的养老方式，但是在河北省的农村地区却很少见到，因此，这样的综合型养老机构更应该向乡村推广，为农村老年人提供基本的医疗和保健服务，并进行合理的康复训练。第二，构建智慧养老模式。当前国家鼓励并支持养老服

务行业进行技术创新，河北省的社区居家养老服务也应积极运用大数据、云计算等技术，深入挖掘老年人多样化的养老需求，并与养老资源进行有效对接，为老年人提供更加智能化、个性化、精准化的养老服务。例如，可以利用智能家居，应用物联网技术串联起家庭中的电器，为家庭提供远程控制、照明控制、电话遥控、室内外遥控、防盗报警、环境监测、定时控制等服务，将其引进到居家、养老院或社区，既可以为老年人提供全新体验，又可以减少护理人员的工作压力，子女也可以及时对居家养老的父母情况进行了解。智慧养老模式可以推动老年事业的智能化发展，推动社区居家养老服务体系及模式的创新。

第二节 平衡河北省社区居家养老服务供需缺口的对策建议

一、完善河北省居家养老服务多元主体合作供给机制

（一）明确供给主体职责，培育多元供给主体

当前社区居家养老多元供给面临着政府主导不足、企业与社会组织参与不充分等问题，应以主要供给主体政府、社区、市场企业、非营利组织、家庭为切入点，发挥参与方优势，健全多元主体供给体系，推动各供给主体之间的协调合作。

政府是整个体系中的主导者，负责政策的制定、监管机制的建立。第一，加强法律制度支持，营造良好政策环境。目前我国保障老年人权益的法律法规还未形成完善的体系，在此背景下，可以学习日本的部分经验，制定清晰的法律细则确保满足老年人生存现状、生理和心理方面的养老需求，并对政策反馈结果进行实时监控和动态调整，使制度体系逐渐趋于成熟。除此之外，政府应加强对社会公众的引导，促进全民爱老氛围的形成。河北省社区养老发展历史不长，很多居民对于这一养老方式仍然比较陌生和不信任。政府应发挥自身权威性，对公众进行社区养老介绍和宣导，让社会公众知晓社区养老政策制定的详情和原因，从而使社会公众参

与并支持政府政策,进一步巩固群众基础。第二,放宽市场准入,鼓励多方社会力量参与。当前,河北省市场、企业、非营利组织参与居家养老服务供给仍然较少,不利于整体经济发展。河北省政府要放松市场准入,积极激励更多市场主体参与社区养老服务供给,增强市场活力,引领供给主体间竞争,提高服务质量,惠及更多老年人,促进以政府为主导、市场为依托、非营利组织为主体、家庭与社区等多方承担,多方推进的社区居家养老服务格局。第三,加大财政投入,提供资金支持。政府可以通过投资建设无障碍电梯、健身器材、建设养老设施,从硬件上保护老年人的生命和健康。此外,还可以向供给者提供资金补贴,从而激发市场上的企业和社会团体的积极性,从而扩大服务的供给和融资。另外,政府也可以将资金直接用于有需要的老年人,由他们自己来选择。第四,构建监管问责机制,保障养老服务供给质量。政府应重视供给主体的资格审查,及时筛选淘汰不合格的机构,对于通过审核的供给主体实行全程监督,严格审核服务质量、价格等,营造一个公开透明规范的服务环境。

社区是平台的搭建者、合作机制的协调者,负责政策的落实、资源的整合、供给主体之间合作关系的协调。第一,发挥桥梁作用,做好协调工作。社区最贴近老年人日常生活,可以及时获取老年人的信息,并将老年人的需求及时传递给其他供给主体,提高服务效用。除此之外,社区还要加强社区养老服务的宣传力度。许多老年人受教育程度有限,观念较保守,对新鲜事物的接受程度较差,这就需要社区进行耐心劝导,可以借助丰富的活动吸引老年人体验不同的养老服务项目,消除他们的疑虑。第二,整合养老资源,确保服务有效供给。社区应依据老年人的需求匹配可用资源,如利用废弃的工厂车库建立老年人活动中心,并吸引身体健康的老年人参加义工等。同时充分利用不同养老服务供给主体的优势,防止出现资源浪费、供应缺口,提高资源的利用效率。第三,扩大志愿者队伍。目前河北省社区居家养老仍存在服务人员不足的问题,因此社区可以利用现有的人力资源,号召更多的志愿人员参与社区居家养老的服务工作,扩大志愿者队伍,还可以构建"义工银行"互助组织,缓解人力资源匮乏的现状,并弘扬敬老爱老、团结互助的精神。

市场企业是专业养老服务的供给者,应大力提升服务的质量、多样性与创新性。第一,明确市场定位,打造品牌效应。养老行业投资收益慢且成本高，要求养老企业明确自身市场定位，平衡好公益性和营利性。首先，养老企业要深入调研老年人群市场，了解目前老年人主要诉求，针对老年人不同种类、不同收入、不同家庭状况和其他状况对他们的消费能力作出评估。与此同时，应该根据企业本身的实际发展情况，从整体上了解现有资金、软硬件设施及所提供服务种类与服务质量，确定主攻市场，准确定位，进一步塑造独特的养老服务，营造深厚的企业文化，加强宣传力度，使更多的老年人了解养老企业的服务理念，提升知名度，树立品牌优势。其次，企业自身要取得老年人信任，提升入住率，增加利润，需要从管理、服务等细节方面让老年人感到满意，应着重从服务内容、服务质量、服务态度、服务过程、服务标准、服务人文关怀上下功夫。第二，制定差异化竞争策略，提升核心竞争力。河北省各养老机构应采取不同的经营战略，完善服务内容，建立具有特色的养老服务体系。对不同的收入、家庭状况和社会地位的老年人进行分类，为中高收入老年人提供高端个性化的养老服务，低收入老年人则提供优质的中低端养老服务。企业可以将现在老年人最关心的医疗保健作为自己的主业，扩大市场，增强自己的竞争能力，可以和医院合作，为老年人提供个性化的医养结合服务。同时，河北省养老机构要引进智能养老信息平台，运用大数据、信息化等手段，不断创新养老服务模式，如可以合理利用智能家居、云服务等。第三，加强人力资源整合，开展专业养老护理人员培训。当前，我国养老机构主要面临缺少全面的管理人才和专业护理人员的经营困境，这也限制了企业所能提供的养老服务的质量和类型。为此，河北省养老企业应加强人力资源的整合，可以与高职院校进行合作，利用就业津贴、灵活的工作机制，吸引优秀的管理服务专业毕业生，定期为企业提供专业技术人员。另外，养老机构要建立健全养老培训制度，定期为员工提供紧急应变训练、多样化的照护训练等，以提高公司员工的整体素质。社区居家护理人员以高龄下岗职工居多，多数没有经过专门的养老机构培训，服务水平不高，养老机构可以邀请具有医疗保健、心理咨询、日常护理等专业的专家或行业先进工作者参与到培训计划中来，提高服务能力和实效性，同时企业还可以建立定期评估系统，对职工的学习效果进行评估，从而激发其对养老服务的积极性，提高服务质量。

非营利组织是介于政府和营利性企业之间的"第三部门"，是养老服务的补充供给者。第一，要增强自身的筹资能力，积极地进行自我推广，提高社会公众的承认度，进一步扩大融资渠道，争取政府拨款、社会捐款等。第二，注重加强自身的建设，提升自己的业务能力。例如，员工招聘条件精准严格，对员工进行职业技能培训，建立职业能力的考核评价机制，要在人才培养、激励和留住人才方面采取多种机制保证。同时要加强机构内部运营的管理，提高其运作效率，使其更好地履行其社会责任。第三，提升组织的形象。在一定程度上，良好的公众形象能让非营利组织提高社会公信力，长期来看对其发展也是有益的。非营利性机构要充分运用各类传媒手段，发挥自身的优势，大力推广自身的专业技能和工作成绩，使大众了解、支持和参与到公益事业中来。

家庭是老年人的情感后盾，家人应给予老年人足够的安全感以及情感与经济支持，将爱老、敬老、孝老融入日常生活中，让老年人心无顾虑地享受社区居家养老服务。第一，树立家庭在养老体系中的核心地位。在经济发展、生活水平不断提高的今天，老年人对于养老服务项目的选择也更加多样化，但是亲情仍是人们最大的情感寄托，家庭养老也是老年人更加推崇的方式。因此，我们仍然要把"孝"发扬光大。在推进社区养老服务时，要以家庭为中心，依托家人的体谅和关怀，让老年人能够在社区里安心地享受生活。第二，通过家庭的力量来引导社区的居家养老。在社区居家养老的宣传和推广中，首先要获得其家人的认同。因为大多数的老年人思想较为保守，对于新事物的接受能力较差。所以，在开展社区养老服务的时候，要多与老年人家人进行沟通，了解老年人的身体状况、性格特点等，并针对老年人的个人需要进行针对性的介绍。第三，要积极引导家庭成员参加社会养老活动。例如，在照顾、护理、精神慰藉等方面加强培训，让老年人在家里能受到更好的照顾和关怀。此外，家属要经常与社区沟通，及时反馈老人的最新状况，及时调整服务内容，并对社区的服务质量进行监督，促进社区的养老服务水平的提高。

（二）构建多主体协同治理体系

社区居家养老服务的可持续发展需要各供给主体各司其职，更需要政府、社区、企业、非营利组织以及家庭形成协同治理的管理模式，就是要充分发挥政府在社会保障体系中的主导作用，发挥其强大的凝聚力，充分动员整合各方面的力量，让市场、个人、家庭、社区共同参与社区养老服务，各方供给主体加强沟通与协作，形成多元共治的协同机制，以实现整体合力的最大化。合作的目的在于节约成本、提高效率。这就需要各方分工明确，沟通顺畅。例如，政府要深入基层，对市场企业、社区、非营利组织、市民进行充分调查，了解各个供给主体的优势和困难，实时动态调整政策，引导各供给主体向正确的方向努力。企业、非营利性机构要了解老年人的需求，从社会和老年人的家庭中了解老年人的需要，根据老年人的需要来做好工作。社区要积极了解各个提供机构的资源，主动为老年人提供服务，并将其落实情况上报政府，并适时传达民意，献计献策。家属要定期深入社区，了解老人在社区养老后的状况，并及时向社区反映服务的不足，以便今后服务工作的改善。要实现社区居家养老服务供给主体多元化，必须从协调治理和治理体系现代化的视角来考虑，不断解放思想，转变服务供给理念，树立社区居家养老服务供给新思想、新理念，各供给主体不能"各自为政"，要加强协作、交流，不断优化合作模式和服务品质，以促进社区养老机构的健康、长效发展。

二、调整养老金收支状况，平衡收支缺口

（一）扩宽资金来源渠道，保障资金充分供给

政府方面，加大养老资金供给和政策财政的投入。由于社区居家养老服务更具有部分福利的色彩，因此政府应当在社区居家养老服务体系中起关键作用，也是其资金的重要来源。河北省政府应积极贯彻落实《河北省养老服务体系建设"十四五"规划》等多项政策战略，提前谋划布局，打下坚实的养老基础，基本完成既定的目标。养老服务项目的开展离不开资金的驱动和支持，因此要保障资金充分供给，扩宽资金来源渠道，加大政府在该方面的财政投入力度，出台相关的对民优惠政策和加大补贴力度，切实降低用户群体获取服务的价格和社区相关机构的运营成本，确保建立完善的社区居家养老服务体系。对于社区养老结构而言，政府对其的财政支持十分关键，特别是在宣传、建设方面，如果有政府为其引导，可以更好地建设完备、安全的养老体系。政府深受广大人民群众的信任，如果可

以得到政府的资金支持，无疑也是帮助市场或者更多个体关注到社区居家养老服务领域，扩宽资金的来源渠道，也可以帮助更多的社区居家养老机构获得大众的信任。社区居家养老服务刚刚起步，太多人并未熟知养老服务体系，需要政府更多的参与，在资金的供给方面占据重要地位，切实保障从前期财政支持到后期运营管理，同时确保在人才培养方面、基础设施建设方面以及宣传方面政府可以保障资金支持。政府可以优化财政预算，保留一部分资金作为养老服务体系建设的专用计划资金，同时监管好资金的走向，完善监管制度。同时，政府可以优化资金供给，分层次就不同地区的居家养老服务体系建设情况来进行拨款和配置资源，对需求量较大的地区或者居家养老服务体系不是很完善的地区配置更多的资金和资源。此外，可以对老年人的养老需求进行分类，提供目的性更强、更加专业的服务，做到资金的合理分配和利用率最大化，提升服务效益。

　　社会方面，社区居家养老服务体系的建设不能仅仅依靠政府的财政支持，需要积极发挥市场的作用，扩展资金的来源渠道。福利多元主义理论中的"分权"和"参与"理念对于社区居家养老服务体系的建设起到关键作用。在市场和经济蓬勃发展的今天，养老服务体系资金来源绝不仅仅是政府一个方面，还有社会以及市场群体。首先，市场的养老服务机构便是其中之一，那些私人的养老服务机构可以在政府的引导和自身的努力下，积极寻求与社区的相互合作，参与到建设社区居家养老服务体系中去，并且这种私人与政府相结合的方式不仅拓展了资金来源渠道，还能推动更多投资者着眼于养老服务这一朝阳行业中来，由此保障了资金的充分供给，形成所谓的良性循环。河北省政府也可借鉴其他省市的经验，由政府引导，建立一个智慧养老服务信息共享平台，积极推动更多的民营企业或者社会组织参与其中，共同建设、完善社区居家养老服务体系。

（二）完善城镇职工养老保险制度，平衡养老金缺口

　　在社会保障体系构成中，养老保险制度无疑是最重要的一项内容。养老保险制度能够在劳动者达到退休年龄，远离工作岗位以后，为劳动者提供一定的经济补偿，保证其基本生活需要。养老保险制度涉及不同群体、不同代际间的经济利益，以及可以保障人民养老权益好坏的获得与否。然

而河北省养老金未来将面临巨大缺口，会造成养老金支付困难。为了弥补未来养老金供需缺口，建议从以下几个方面进行完善。

1. 及时降低企业缴费率以缓解缴费压力

从养老保险金的缴纳角度来看，对于企业而言，延迟退休会使其支付更多的资金用于缴纳员工的养老保险。国际劳工组织规定，企业养老保险缴费比例的警戒线为员工工资总额的25%，而我国的缴费比例已达到了20%，在世界范围内属于较高的水平。另外，企业的薪资结构与工龄有直接关系，临退休员工的工资会普遍比同岗位的新员工高出很多，相应地，企业为他们缴纳的养老金数额也比同岗位的新员工多，从而延迟退休将会增加企业的用工成本，加重企业的负担。尤其会使中小企业生产经营更加困难。为了缓解企业的缴费压力，一方面，可以采取设立专项基金的措施，对中小企业缴纳养老保险金给予适当补贴；另一方面，可以结合延迟退休政策的实施情况，适当降低企业养老保险的缴费比例，对于因此减少的养老保险收入应由财政进行填补，加大财政对企业的帮扶力度。

2. 拓宽融资渠道，增强基金保值增值能力

养老金具有资金量大、持续稳定的特点，为了应对未来养老金资金的不足，在实施延迟退休政策的同时，也要增强养老金保值增值的能力。目前的养老保险基金主要用于购买国债以及存入银行等，虽然此做法可以很好地保障养老基金的安全，但是存在通货膨胀的影响，使养老保险基金贬值速度加快，风险随之加大，缺口也被扩大。因此，可以建立多渠道的投资机制，分散投资风险。首先，要推动基金的市场化、多元化、专业化投资，可以委托专业的投资机构进行多元化投资，在投资组合中引入收益相对较高且风险更加稳定的风险资产来提高整个投资组合的收益率。其次，可以研究制定养老保险服务实体经济相应的投资支持政策，进一步完善风险保障机制，为养老保险资金服务国家战略、投资重大项目、支持民生工程建设等提供绿色通道和优先支持。最后，积极听取各方面的意见，主要包括在继续坚持一定比例的养老保险基金存入银行和购买国债的基础上，允许其投资于有良好流动性的金融工具；在国有重点企业改制上市中，允许养老金以战略投资形式参股等。此外，保险公司应该利用其专业的资金管理水平，与其他金融、财政、社保等部门协调，认真评估各项资金投资渠道的风险性、收益性和安全性，为养老金的保值增值保驾护航。另外，政府在完善城镇职工养老保险制度方面起到不可替代的作用。政府需要加大财政力度的投入，兜底养老保险基金，同时可以通过发行彩票等方式来筹集资金。

3. 优化养老保险基金的监督管理

按照国际上通行的做法，社会保障基金应该遵循征缴、管理和使用相分离的原则，从而保障养老保险基金的安全性、流动性与收益性。然而在我国，大多数地方的养老保险基金基本上还是由当地政府机构独立管理的，征缴、管理和使用三权集于一身。为了更好地保障养老保险基金的安全性，政府应在统一规划和宏观指导下，将基本养老保险基金、职业年金、企业年金等进行统一管理，对养老保障金的征缴、管理和使用分属不同部门进行专门化管理，加强对养老保险基金监管，落实偿付能力监管制度要求。制定完善养老保险金筹集制度，严格按照规定进行养老保险基金的征缴，一旦发现漏缴、欠缴行为决不姑息。加强养老保险资金运用监管，建立信息披露制度，让在职职工、离退休人员、企业、全体大众都参加到监督中来，并将检查结果定期向社会公布，及时发现问题并提出整改建议。必要时可以成立由企业代表、参保者代表以及专家等各方面成员组成的养老保险基金监督委员会，委员会有权聘请会计师、审计师检查养老保险基金运营情况，从而提升基金管理的规模效应以及养老保险的保障水平。

4. 促进养老保险制度的可持续发展

在对河北省城镇职工养老保险基金收支能力进行测算后发现，在人口老龄化进程加快的环境下，老年人口规模持续扩大，养老保险制度的可持续运行面临严峻挑战。促进养老保险制度的可持续发展，要多措并举。维持基本养老金收支平衡通常有三种方法：一是降低基本养老金水平；二是提高缴费率；三是延迟退休年龄。但是在权衡利弊的情况下，延迟退休产生的负面影响和阻力较小，能够在一定程度上弥补局部地区的养老金缺口。此外，还应该推动多层次养老保障体系的发展和完善，满足不同群体的养老保障需求。不仅要深入实施全民参保计划，扩大制度的覆盖面，增加基金收入，同时还应该出台适宜、合理的政策加快企业年金、职业年金以及商业养老保险的发展，促进养老保险制度的多层次可持续发展。

（三）延迟退休政策，缓解养老金压力

1. 设计渐进式、弹性化的延迟退休政策

为了缓解养老金的支付压力，近年来党和政府先后出台了包括生育政策在内的一系列相应政策，并取得了一定的成效。但具体从生育政策调整来看，"全面二孩"政策实施后，新出生人口成为社保缴费对象需要一定的时间，需要与延迟退休政策相结合才能在一定程度上缓解养老金支付危机。延迟退休的政策一方面可以缓解劳动力短缺的问题，另一方面可以缓解养老金短缺困境。想要用延迟退休来缓解养老金支付压力，应考虑不同群体的实际情况，以工作年限为基础，采用渐进式、差异化、有弹性的，可供不同行业、不同职业选择的退休年龄延迟政策，避免给社会造成冲击。退休年龄的渐进化，就是先女后男，小步渐进，逐步到位。测算方案结果显示，较快的调整方案对缓解养老保险基金缺口的作用更明显，但较快调整速度可能会引起公众的抵触，因此，延迟退休应尽可能地采取渐进式方式，在劳动者的适应能力与基金收支目标的达成中寻找一个平衡点。退休年龄的弹性化，就是允许劳动者在达到法定退休年龄后的 5~10 年内自主选择退休。延迟退休政策的实行应当引入弹性自选机制，将退休的法定年龄变为一个弹性区间。建议将此弹性退休区间设置为 60~65 岁，由劳动者自己选择退休年龄，实施退休待遇多元化、高龄劳动者工作时间和环境的柔性化。

2. 设立延迟退休的养老金激励机制

在设计延迟退休政策的同时，应当设计适当的养老金激励机制，在对养老金收益水平作出相应调整的基础上更好地调节延迟退休所带来的影响。西方国家在对养老金收益水平进行调整时，通常遵循"精算中立"的原则。例如，瑞典政府规定，劳动者在 65 岁之前每提前一个月退休，则养老金待遇水平会降低 0.5%，最大的降幅为 24%；推迟一个月领取，养老金待遇水平会增加 0.7%，增幅最大为 42%。本书建议应根据河北省的实际情况来确定养老金的增幅与减幅，将增幅设置在 3%~4%，减幅控制在 1%~2%。这样不仅能够增强延迟退休情况下养老金的激励功能，还可以为劳动者提供接受延迟退休的动力，减轻延迟退休政策造成

的阻力。

政策的调整不仅仅是技术性问题，也是鼓励延迟退休的主要手段，在综合考虑政治、经济、社会、文化等因素和长远发展，在不断完善社会养老保险体系、增加高龄劳动者收入来源、确保老年人退休后的生活水平和生活质量的前提下，激励有意愿、具备条件的高龄劳动者延迟退休，以实现养老金基金的长期收支平衡和劳动力市场的供求平衡。

3. 延迟退休应与其他改革协同推进

多位专家表示，实施延迟退休政策不仅需要充分征求公众意见，还与人均预期寿命、人口老龄化程度、劳动力供求状况等因素密切相关，多种因素、多方面诉求都需要通盘考虑，是一项极其复杂的系统工程。因此，延迟退休改革要结合收入分配、社会保障和福利制度改革、公共管理与服务改革、财政与税收制度改革、金融体制改革、老年劳动者接受继续教育和就业服务管理制度改革等协同推进。应始终坚持公平原则，在制定政策的过程中权衡利弊，促进长期基本政策与短期微调政策相结合，充分听取民意，密切关注养老金的发展轨迹，坚持循序渐进的原则，充分发挥延迟退休政策对发展和完善河北省养老保险制度的推动作用，只有配套政策措施更完备，实施延迟退休政策的积极效益才能更好地释放出来。

三、有效调整社区居家养老服务人员的供给状况

河北省的社区居家养老仍处于起步阶段，尤其缺少社区居家养老行业相关从业者以及高质量从业者，同时伴随着人口老龄化的进一步加深，河北省对从业者的需求会更大，因此本书从有效调整社区居家养老人员供给角度提出对策建议。

（一）加强高校人才培养，从源头改善劳动力供给

建议河北省可以率先在职业院校或高等院校中开设相关专业，出版相关教材与书籍，并增设相应行业资格等级考试，通过颁发执照等方式形成一套完整的教育和培训体系，让学生掌握基本的保健、护理、康复知识和技能。同时，学校和政府寻求并努力构建职业院校与养老服务机构合作办

学，构建"产学研一体"的开放式养老人才教育体系。同时，为鼓励报考养老相关专业，建议河北省利用政策"杠杆"，增加在校生生均补贴，给予降分录取、学费减免、奖学金（助学金）优先评定、推荐就业等优惠政策，吸引更多生源，培养更多人才。从而吸引更多的年轻劳动力进入养老市场，为养老行业提供源源不断的高质量服务人员供给。

（二）鼓励适龄劳动力进入，直接扩充劳动力供给

发展完善的行业体系，建立市场化的激励机制，确保养老服务产业从业人员的数量和质量。根据职业资格、服务水平、服务质量、工作年限等科学指标，建立正常合理的晋升机制，通过相关政策提高工作福利待遇，加强养老服务工作的宣传教育，提高公众对养老服务专业人才的社会评价，建立优秀养老服务专业人才表彰激励的长效机制，进而鼓励更多的专业化人才从事养老服务事业，进一步提高养老服务专业人才的社会地位，吸引护理人员、医生、心理咨询师、善终服务师等高端服务人才的加入。同时要保证养老服务从业人员的工资福利。目前，河北省高素质养老服务专业人才在劳动力数量和能力上均有不足，建议加强政府的引导作用，采取养老服务专业人才薪酬政府补贴制度，适当降低养老服务机构聘用该类人才的成本，体现政府对福利性机构的政策支持，使更多的机构愿意进入该行业，提供更多的优质就业岗位，从而进一步吸引更多劳动力进入，保证河北省社区养老从业人员的质量与数量。

（三）鼓励健康老人参与社区服务，以互助补充供给

河北省可以成立长者义工队伍，鼓励年龄相对较轻、有行动能力的老年人加入到义工队伍，服务行动不便的老年人。发扬类似于香港的"关怀社区"精神（即义工精神），构筑社区养老共同体。通过义工为老年人进行护理、辅导服务，增强居民对社区的归属感，让大众认同为长者服务的价值，不仅满足了被照顾老年人的需求，同时也满足了参与社区养老义工的精神需要以及部分经济需要，同时也有效降低了服务成本。值得一提的是，针对河北省目前的老年人现状，老年义工的文化及护理专业水平大多有限，因此政府可以组织相关机构通过对护老者的培训，在专业社工的指导下先进行技能培训，增强照料长者的能力，在达到一定的标准后可以参

与义工。当然，如果政府能够为这些愿意为社区服务的年长义工发放福利或者是一定量的工资，将会激励更多的人进入。

（四）引入现代科技，以科技辅助补充供给

政府应当鼓励社区养老服务机构、社区养老服务中心或社区养老服务站采用先进的医疗设备，为老年人的身体健康、日常生活提供支持。将人工智能运用到居家养老的部分环节上，从而有效减轻从业者的劳动强度，一定程度上降低对养老服务劳动力的需求，缓解用工难的问题。首先，人工智能对中等技能劳动就业岗位的替代效应会减少护理人员需求。例如，让护理机器人逐步参与搬运、翻身等体力劳动，以及简单重复的行政工作。其次，人工智能通过压缩服务的生产和递送成本，降低了可自动化的老年服务及产品的市场价格，从而增加老年人及其家庭的消费福祉。最后，技术领先行业的智能化可以通过"生产效应"提高居民可支配收入与消费能力，进而增加老年群体对部分智能化养老服务的需求。

四、有效调整社区居家养老实物资源供给状况

随着河北省老龄化程度加深，养老设施等居家养老资源的短缺将是社区居家养老必须解决的问题。本书从提升资源供给数量、优化资源配置两个方面对河北省社区居家养老提出建议。

（一）提升社区居家养老实物资源供给数量

1. 多样化供给模式，提高供给数量

政府与民间组织合作的模式可以采取民办公助模式，即由民间组织自主建设、运营，政府在用地、水电等方面给予优惠，增大养老用地规划面积，进一步通过立法保障养老服务设施用地。也可采用专项服务项目外包模式，赋予一部分民间组织特许经营权，在政府授权范围内生产经营。另外可以采用公建民营模式，政府以货币出资，委托企业建造运营，或以实物资产出资担当股东委托企业经营。通过各种模式激励民间组织参与社区居家养老，从而促进供应链上下游产业发展，提供更多的养老资源。

2. 研发与创新，大力支持现代高科技养老资源发展

未来，居家养老可借助护理照料、生活辅助、功能代偿等老年辅助科技产品，为老年人功能退化缺损提供智能科技代偿，辅助、替代人力照护，或借助移动互联网、大数据、可穿戴、云计算等新一代信息技术，为居家老年人提供高科技的智慧养老技术设备。随着这些新产品不断被研发，养老设备的类型增多，数量自然而然也会上升，社区居家养老的养老资源供给问题也会在一定程度上得以解决。

在产品研发方面，一方面可以设计无须老年人亲自动手的智能化家具，如家用设备（空调等）、照明、窗帘、门锁的开关；另一方面设计生产老人身体状况监测设备，监测老人身体状况变化并通过网络传送到子女手中或社区数据化综合平台；再一方面研发智能医疗保健设备，协助半失能老人完成康复、陪伴失智老人等。

（二）改善社区居家养老实物资源配置

1. 以群体需求特征为基础安排资源配置布局

从地域群体特征来看，河北省目前乡村服务需求水平高于城镇，服务供给水平却低于城镇，城乡社区居家养老资源配置低效。结合各地区社会经济发展状况、老年人年龄分布等因素，因地制宜确立基础社区养老服务设施建设重点，规划社区居家养老资源的配置。例如，在人口稀疏的农村地区，基础居家养老资源应当以生存安全型和休闲娱乐型设施建设为重点，而城镇地区则应以休闲娱乐型和自我提升型设施建设为重点。

从群体生理特征来看，可以效仿美国建立多种类型的养老社区，例如，城镇会有一些老年群体拥有共同的爱好，如插花园艺、琴棋书画，可以建立园艺爱好者养老社区、音乐爱好者养老社区等，将相关资源配置到相应的社区；还可以建立退休教师社区、退休程序员社区、退伍军人养老社区等，相同职业的老人可能会有类似的"职业病"，从而精准配置相应医疗以及生活资源。

2. 以个体特殊需求为导向安排稀缺资源配置

精准化供给可彻底解决社区居家养老服务资源使用率低的问题，因此居家养老供给的发展方向应该是以个人需求为导向的精准化供给。政府应首先通过法律法规明确社区养老中老年人的类型，随后将社区居家养老的老年人进行明确细致的划分，如将患有慢性病甚至特殊疾病的老年人划分出来，并对这些老年人提供实际可操作的服务。

此外，随着大数据的蓬勃发展，将老年人的个人信息、患病状况、经济情况、家庭支持能力等信息全面准确地记录到老年人个人养老档案中，搭建智慧养老综合服务平台，对辖区内老人的基本数据有更全面、更准确的掌握，从而可以更合理地规划资源的使用。推动稀缺资源信息及时共享，将医疗设备编号登记入网，建立集成的社区养老设备调度系统，迅速有效地配置养老稀缺资源。建立健全符合老龄社会生态模式的养老服务体系，促进社会资源的整合，整体应对人口老龄化带来的照护需求膨胀压力。

第三节　本章小结

本章根据前面社区居家养老服务相关理论、社区居家养老供需缺口测算结果及原因分析，借鉴国内外成功经验，提出了平衡社区居家养老服务供需缺口的对策路径。

第一，建立多层次河北省社区居家养老服务养老供给体系。建立养老服务经济支持体系、精神文化养老服务体系、社区居家养老保障体系、社区居家养老服务管理体系等多层次河北省社区居家养老服务养老供给体系，并创新多层次社区居家养老服务模式，满足多样化的社区居家养老需求。第二，完善河北省居家养老服务多元主体合作供给机制。明确供给主体职责，培育多元供给主体，构建多主体协同治理体系。各供给主体不能"各自为政"，要加强协作、交流，不断优化合作模式和服务品质。第三，调整养老金收支状况，平衡收支缺口。通过扩宽资金来源渠道、完善城镇职工养老保险制度、延迟退休政策等方面调节养老金收支缺口，缓解养老金压力。第四，有效调整社区居家养老服务人员的供给状况。加强高校人才培养，从源头改善劳动力供给；鼓励适龄劳动力进入，直接扩充劳动力供给；鼓励健康老年人参与社区服务，以互助补充供给；引入现代科技，以科技辅助补充供给等增加养老服务人员供给的措施选择。第五，有效调整社区居家养老实物资源供给状况。提出多样化供给模式，大力支持现代高科技养老资源发展，以群体需求特征为基础安排资源配置布局、以个体特殊需求为导向安排稀缺资源配置等，增加社区居家养老实物资源供给数量，改善其供给质量。

参 考 文 献

[1] 包国宪、刘红芹：《政府购买居家养老服务的绩效评价研究》，载于《广东社会科学》2012 年第 2 期。

[2] 毕红静、毕译方：《人口老龄化背景下我国城市社区居家养老服务问题研究》，载于《科技创新与生产力》2018 年第 294 期。

[3] 蔡山彤、敖楹婧：《城市老年人居家养老服务需求及影响因素——基于成都的社会调查》，载于《人口与社会》2016 年第 32 卷第 3 期。

[4] 陈嘉琳：《多元主体参与居家养老服务的协同机制研究》，载于《生产力研究》2019 年第 12 期。

[5] 陈娜、邓敏、王长青：《我国失能老人居家养老服务供给主体研究》，载于《医学与社会》2020 年第 7 期。

[6] 陈宁：《城市社区居家养老服务资源整合的路径研究——以广州"3＋X"模式为例》，载于《长白学刊》2021 年第 4 期。

[7] 陈玉娟、李立、张立立、杨慧玲：《河北省不同社会阶层老年人居家养老服务需求及影响因素》，载于《中国老年学》2017 年第 37 卷第 6 期。

[8] 陈元刚、刘嘉艳、赵源：《城镇职工基本养老保险基金可持续性测算研究：2020—2050 年》，载于《金融理论与实践》2022 年第 9 期。

[9] 陈志科、马少珍：《老年人居家养老服务需求的影响因素研究——基于湖南省的社会调查》，载于《中南大学学报（社会科学版）》2012 年第 18 卷第 3 期。

[10] 成海军：《我国居家和社区养老服务的优势与发展对策》，载于《社会治理》2019 年第 43 期。

[11] 成海军：《我国居家和社区养老服务发展分析与未来展望》，载于《新视野》2019 年第 214 期。

［12］崔树义、杨素雯、田杨：《供需视角下社区居家养老服务提质增效研究——基于山东省 1200 名老年人的调查》，载于《山东社会科学》2020 年第 9 期。

［13］戴卫东、赵倩：《城镇职工基本养老保险税预测研究——以浙江省为例》，载于《云南大学学报（社会科学版)》2019 年第 4 期。

［14］邓大松、杨晶：《全国统筹条件下城镇职工养老保险统筹基金的精算评估》，载于《中国地质大学学报（社会科学版)》2018 年第 3 期。

［15］邓汉慧、涂田、熊雅辉：《社会企业缺位于社区居家养老服务的思考》，载于《武汉大学学报》2015 年第 1 期。

［16］邓莉莉、周可达：《城市社区居家养老服务研究——以广西为例》，载于《学术论坛》2014 年第 37 卷第 12 期。

［17］丁煜、王玲智：《基于城乡差异的社区养老服务供需失衡问题研究》，载于《人口与社会》2018 年第 34 期。

［18］丁志宏、曲嘉瑶：《中国社区居家养老服务均等化研究——基于有照料需求老年人的分析》，载于《人口学刊》2019 年第 41 期。

［19］丁志宏、王莉莉：《我国社区居家养老服务均等化研究》，载于《人口学刊》2011 年第 5 期。

［20］董红亚：《非营利组织视角下养老机构管理研究》，载于《海南大学学报（人文社会科学版)》2011 年第 29 卷第 1 期。

［21］杜智民、康芳：《农村社区居家养老服务供给精准化的实践困境与优化路径》，载于《重庆社会科学》2020 年第 9 期。

［22］段培新：《上海市老年照护社会救助需求研究——基于 Markov 模型的预测》，载于《中国人口科学》2015 年第 3 期。

［23］封铁英、马朵朵：《包容性发展视域下社区居家养老服务资源密度分布与均等化评估》，载于《西北大学学报（哲学社会科学版)》2020 年第 50 期。

［24］封铁英、牛晶晶：《中国老龄化高峰期农村养老金缺口预测研究》，载于《西安交通大学学报（社会科学版)》2015 年第 5 期。

［25］冯兰、冯中朝：《现收现付制的新型农村社会养老保险供需测算》，载于《求索》2012 年第 10 期。

［26］郜朋辛、戚振强、纪博雅：《我国养老服务标准化建设中存在的

问题及对策》，载于《现代商业》2015 年第 8 期。

　　［27］耿相魁：《舟山独生子女家庭养老的策略选择》，载于《浙江海洋学院学报（人文科学版）》2012 年第 29 期。

　　［28］耿永志：《社区居家养老服务中心建设存在的问题——以石家庄市老年人抽样调查为基础》，载于《现代经济探讨》2013 年第 5 期。

　　［29］辜胜阻、吴华君、曹冬梅：《构建科学合理养老服务体系的战略思考与建议》，载于《人口研究》2017 年第 1 期。

　　［30］郭丽娜、郝勇：《居家养老服务供需失衡：多维数据的验证》，载于《社会保障研究》2018 年第 5 期。

　　［31］郭延通、郝勇、张莹：《城市失能老年人居家养老服务需求研究——以上海市长宁区为例》，载于《老龄科学研究》2017 年第 5 卷第 3 期。

　　［32］韩非、罗仁朝：《基于可达性测度的城市社区居家养老服务供需匹配研究——以南京为例》，载于《经济地理》2020 年第 9 期。

　　［33］郝勇：《养老服务购买意愿、社区居家服务效能及影响因素的关系研究》，载于《公共治理评论》2017 年第 1 期。

　　［34］何冬梅：《中国养老保险基金最优投资组合策略研究——基于财政养老保险基金缺口的视角》，载于《西部经济管理论坛》2017 年第 28 期。

　　［35］何寿奎：《社会组织参与养老服务供给困境成因与治理对策研究》，载于《现代经济探讨》2016 年第 8 期。

　　［36］何文炯、洪蕾：《中国老年人失能状态转移规律研究》，载于《社会保障研究》2013 年第 6 期。

　　［37］侯冰、张乐川：《社区居家养老服务需求层次及其优先满足序列——以上海市斜土路街道为例》，载于《城市问题》2017 年第 12 期。

　　［38］胡光景：《政府购买社区居家养老服务质量评估体系研究》，载于《山东工商学院学报》2012 年第 26 期。

　　［39］胡宏伟、李玉娇、张亚蓉：《健康状况、群体差异与居家养老服务保障需求——基于城乡老年人调查的实证分析》，载于《广西经济管理干部学院学报》2011 年第 23 卷第 2 期。

　　［40］黄匡时：《供求关系视角下的中国老年照料服务资源分析》，载于《中国人口·资源与环境》2013 年增刊第 2 期。

［41］黄匡时：《中国老年人日常生活照料需求研究》，载于《人口与社会》2014年第30期。

［42］黄启原、李颖、许昕、汤先萍：《基于CLHLS的老年人社区养老服务需求及影响因素研究》，载于《护理学》2021年第36卷第3期。

［43］黄少宽：《国外城市社区居家养老服务的特点》，载于《城市问题》2013年第8期。

［44］贾云竹：《北京市城市老年人对社区助老服务的需求研究》，载于《人口研究》2002年第2期。

［45］姜玉贞：《社区居家养老服务多元供给主体治理困境及其应对》，载于《东岳论丛》2017年第10期。

［46］蒋玲玲、熊吉峰：《贫困地区农村失能老人的居家养老服务研究》，载于《企业导报》2011年第200期。

［47］晋一棋、姚程婷、孙姝玮、郭光辉、祝添：《基于社会工作教育下城市社区居家养老精神关怀探析——以杭州市为例》，载于《知识经济》2019年第34期。

［48］景天魁：《创建和发展社区综合养老服务体系》，载于《苏州大学学报（哲学社会科学版）》2015年第36期。

［49］李斌、王依明、李雪、李华：《城市社区养老服务需求及其影响因素》，载于《建筑学报》2016年第S1期。

［50］李长远：《家庭养老面临的新常态及可持续性分析》，载于《大连海事大学学报》2016年第3期。

［51］李成波：《老年照护资源的供需均衡测算——以浙江省绍兴市为例》，载于《特区经济》2013年第11期。

［52］李放、樊禹彤、赵光：《农村老人居家养老服务需求影响因素的实证分析》，载于《河北大学学报（哲学社会科学版）》2013年第38卷第5期。

［53］李放、王云云：《社区居家养老服务利用现状及影响因素——基于南京市鼓楼区的调查》，载于《人口与社会》2016年第32期。

［54］李建伟、吉文桥、钱诚：《我国人口深度老龄化与老年照护服务需求发展趋势》，载于《改革》2022年第2期。

［55］李娟：《南京市城市养老机构服务质量及其影响因素》，载于

《中国老年学》2013 年第 33 期。

[56] 李涛明、游厚秀：《供需视角下城市社区居家养老服务问题探讨》，载于《中国统计》2020 年第 7 期。

[57] 李文君：《城市老年人养老服务需求及洛阳市养老机构的分析》，载于《中国老年学杂志》2011 年第 31 卷第 13 期。

[58] 李文祥、韦兵：《社会组织参与社区居家养老服务的嵌入模式及其优化——基于 G 市的比较研究》，载于《社会科学战线》2022 年第 6 期。

[59] 李晓芬、陈晓、杜秀荣等：《老年人心理安全感与家庭关怀度的相关性研究》，载于《全科护理》2018 年第 16 期。

[60] 李兆友、郑吉友：《我国农村社区居家养老服务协同供给探析》，载于《东北大学学报》2016 年第 6 期。

[61] 连祎晓、贾晓灿、鲁锋等：《河南省农村居家养老服务需求的影响因素》，载于《郑州大学学报（医学版）》2016 年第 51 卷第 5 期。

[62] 梁海艳：《人口老龄化背景下的社区居家养老》，载于《中国老年学》2019 年第 13 期。

[63] 梁海艳：《人口老龄化背景下的社区居家养老》，载于《中国老年学杂志》2019 年第 39 期。

[64] 廖楚晖、甘炜、陈娟：《中国一线城市社区居家养老服务质量评价》，载于《中南财经政法大学学报》2014 年第 203 期。

[65] 刘儒婷：《国家经济发展水平与养老金支付能力相关性研究》，载于《长春理工大学学报（社会科学版)》2012 年第 2 期。

[66] 刘万：《延迟退休对城镇职工养老保险收支影响的净效应估计——基于 2025 年起渐进式延迟退休年龄的假设》，载于《保险研究》2020 年第 3 期。

[67] 刘晓梅：《我国社会养老服务面临的形势及路径选择》，载于《人口研究》2012 年第 36 期。

[68] 刘学良：《中国养老保险的收支缺口和可持续性研究》，载于《中国工业经济》2014 年第 9 期。

[69] 刘艺容、彭宇：《湖南省社区居家养老的需求分析——以对部分老年人口的调研数据为基础》，载于《消费经济》2012 年第 28 卷第 2 期。

[70] 刘益梅：《社区居家养老服务模式的实现路径探讨》，载于《新疆师范大学学报》2014 年第 2 期。

[71] 陆杰华、周婧仪：《基于需求侧视角的城市社区居家养老服务满意度及其对策思考》，载于《河北学刊》2019 年第 39 卷第 4 期。

[72] 孟娣娟、张敏、徐桂华、林丹、丁亚媛：《城市生活自理及轻度失能老人居家养老服务需求属性分析》，载于《解放军护理杂志》2020 年第 37 期。

[73] 孟磊、李雪：《城市社区居家养老的问题与对策探析》，载于《农村经济与科技》2019 年第 30 期。

[74] 穆光宗、朱泓霁：《中国式养老：城市社区居家养老研究》，载于《浙江工商大学学报》2019 年第 3 期。

[75] 倪东生、张艳芳：《养老服务供求失衡背景下中国政府购买养老服务政策研究》，载于《中央财经大学学报》2015 年第 11 期。

[76] 彭碧荣：《我国养老保险基金收支不平衡原因的实证研究》，载于《地方财政研究》2015 年第 1 期。

[77] 彭青云：《多元主体视角下社区居家养老服务路径探索》，载于《浙江工商大学学报》2019 年第 3 期。

[78] 彭荣：《基于马尔科夫模型的老年人口护理需求分析》，载于《统计与信息论坛》2009 年第 3 期。

[79] 齐传钧：《养老保险降费后养老金缺口预测及中长期应对措施》，载于《华中科技大学学报（社会科学版）》2019 年第 3 期。

[80] 祁峰：《非营利组织参与居家养老的角色、优势及对策》，载于《中国行政管理》2011 年第 10 期。

[81] 青连斌：《我国家庭养老的困境与居家养老服务发展的趋势》，载于《晋阳学刊》2016 年第 4 期。

[82] 曲绍旭、郑英龙：《服务资源整合视角下城市居家养老服务供需平衡路径的优化》，载于《河海大学学报（哲学社会科学版）》2020 年第 22 期。

[83] 屈朝霞、郝溪瑶、刘天骄：《社区居家养老服务保障供给现状的实证分析——基于 177 个社区的实地调查》，载于《广西经济管理干部学院学报》2011 年第 23 期。

［84］任娄涯、马小琴、杨晓婷、程思诗：《我国居家养老服务需求研究现状》，载于《护理研究》2019 年第 33 卷第 9 期。

［85］任杨、朱宇，关博文：《社区居家养老服务中的政府作用》，载于《学习与探索》2022 年第 9 期。

［86］沈超、邢凤梅、张小丽、张盼、汪凤兰：《老年人居家养老服务需求调查及影响因素》，载于《中国老年学》2016 年第 36 卷第 13 期。

［87］史薇、谢宇：《家庭养老资源对城市老年人居家养老服务需求的影响研究——以北京市为例》，载于《西北人口》2014 年第 35 卷第 4 期。

［88］睢党臣、彭庆超：《互联网＋"背景下我国城市社区智慧居家养老服务模式的构建》，载于《新疆师范大学学报（哲学社会科学版）》2018 年第 39 期。

［89］孙思：《社区居家养老服务供给主体的多元化构建》，载于《社会福利》2016 年第 5 期。

［90］田北海、王彩云：《城乡老年人社会养老服务需求特征及其影响因素——基于对家庭养老替代机制的分析》，载于《中国农村观察》2014 年第 118 期。

［91］田钰燕、包学雄：《"互联网＋"时代居家养老服务供给：从技术嵌入到协作生产——基于对 W 市"云家庭服务中心"的考察》，载于《社会保障研究》2017 年第 2 期。

［92］田月红、赵湘莲：《渐进式延迟退休对养老金财务可持续性的影响》，载于《财经问题研究》2018 年第 4 期。

［93］同春芬、汪连杰：《"互联网＋"时代居家养老服务的转型难点及优化路径》，载于《广西社会科学》2016 年第 2 期。

［94］汪凤兰、张小丽、邢凤梅等：《河北省城市社区居家养老服务供需状况实证研究及分析——以唐山市为例》，载于《华北理工大学学报（社会科学版）》2017 年第 5 卷第 17 期。

［95］王朝才、李天舒：《统筹层级对养老保险基金缺口的影响》，载于《中南财经政法大学学报》2022 年第 6 期。

［96］王翠琴、岳晓、薛惠元：《城镇职工基本养老保险基金可持续性仿真测算》，载于《统计与决策》2021 年第 12 期。

［97］王丹、杨俊孝、吕鑫、朱先凤：《乌鲁木齐市居家养老服务需求

影响因素的实证分析》，载于《经济论坛》2015 年第 1 期。

[98] 王浩名、柳清瑞：《退而不休：养老金调整、财政分权与经济增长——基于全国及省级面板数据的检验》，载于《山西财经大学学报》2020 年第 1 期。

[99] 王建云、钟仁耀：《基于年龄分类的社区居家养老服务需求层次及供给优先序研究——以上海市 J 街道为例》，载于《东北大学学报（社会科学版)》2019 年第 21 卷第 6 期。

[100] 王丽敏：《我国社区居家养老服务的供需矛盾及对策》，载于《商业经济研究》2016 年第 5 期。

[101] 王梅欣：《社区居家养老服务供需失衡及影响因素研究》，载于《东方论坛》2022 年第 5 期。

[102] 王朋岗：《直系组家庭视角下家庭养老资源供需缺口评价与风险人群识别研究》，载于《人口与发展》2019 年第 5 期。

[103] 王琼：《城市社区居家养老服务需求及其影响因素——基于全国性的城市老年人口调查数据》，载于《人口研究》2016 年第 40 卷第 1 期。

[104] 王先菊：《健康养老服务供给在消费结构优化中的机遇分析》，载于《商业经济研究》2016 年第 18 期。

[105] 王晓峰、郭东阳、孙传勇：《我国社区居家养老的困境及破解——基于社区边界区分的视角》，载于《吉林大学社会科学学报》2021 年第 3 期。

[106] 王晓军、任文东：《我国养老保险的财务可持续性研究》，载于《保险研究》2013 年第 4 期。

[107] 王振波、吴湘玲：《城市社区居家养老服务模式研究——以武汉市为例》，载于《理论月刊》2017 年第 10 期。

[108] 王振振、雍岚、王乐：《居家养老社区服务可及性评价研究——基于苏州市的调研》，载于《人口与发展》2016 年第 22 卷第 3 期。

[109] 温海红、王怡欢：《居家社区养老服务质量及其影响因素分析——基于陕西省三市调查数据》，载于《河北大学学报（哲学社会科学版)》2019 年第 44 期。

[110] 伍海霞：《城市第一代独生子女父母的社会养老服务需求——

基于五省调查数据的分析》，载于《社会科学》2017 年第 441 期。

[111] 仵亦畅、成虎、张建坤、王效容：《社区居家养老服务供给模式及支撑体系研究》，载于《现代城市研究》2014 年第 9 期。

[112] 武萍、周卉：《养老服务供给与人口老龄化协调发展的演进逻辑及实证检验》，载于《青海社会科学》2017 年第 2 期。

[113] 肖云、杨光辉：《我国社区居家养老服务人员队伍结构优化研究——以 564 名社区居家养老服务人员为例》，载于《西北人口》2013 年第 34 期。

[114] 谢婷、李放：《政府购买居家养老服务的供给现状——基于南京市服务对象的调查》，载于《社会福利》2016 年第 5 期。

[115] 徐宏、商倩：《中国养老服务资金缺口测算及 PPP 破解路径研究》，载于《宏观经济研究》2019 年第 2 期。

[116] 徐庭柯、赵沁岚、陈银等：《我国社区居家养老服务供给的时空差异研究——基于 CLHLS（2008—2018）纵向数据》，载于《中国卫生事业管理》2022 年第 39 期。

[117] 寻琳涵：《我国城市社区居家养老服务多元供给主体研究》，载于《大众标准化》2020 年第 2 期。

[118] 闫金山、彭华民：《居家老人多元共治照料体系构建策略》，载于《中州学刊》2018 年第 3 期。

[119] 阎志强：《城市老年人的机构养老意愿及其影响因素——基于 2017 年广州老年人调查数据的分析》，载于《南方人口》2018 年第 33 卷第 6 期。

[120] 杨钒：《延迟退休对养老金可持续性影响研究》，载于《宏观经济研究》2020 年第 5 期。

[121] 杨黎、薛雅卓：《城市社区失能老年人照护需求调查及其影响因素分析》，载于《护理研究》2020 年第 34 卷第 2 期。

[122] 杨望、胡玫、吴林雄等：《城市社区居民居家养老服务需求情况及其影响因素》，载于《昆明医科大学学报》2014 年第 35 卷第 4 期。

[123] 杨亚哲：《基于供需视角的我国城市居家养老服务体系研究》，载于《四川有色金属》2018 年第 2 期。

[124] 姚虹、向运华：《健康状况、空巢原因与社区居家养老服务需

求——以恩施市农村空巢老人为例》，载于《社会保障研究》2018 年第 56 期。

[125] 姚金海：《人口老龄化，养老金收支缺口与财政风险的传导与化解——以 A 市为例的一项实证研究》，载于《管理评论》2016 年第 4 期。

[126] 易艳阳、周沛元：《治理视阈下养老服务供给中的政府责任研究》，载于《兰州学刊》2019 年第 4 期。

[127] 于洪、曾益：《退休年龄、生育政策与中国基本养老保险基金的可持续性》，载于《财经研究》2015 年第 6 期。

[128] 于文广、王琦、黄玉娟等：《延迟退休与养老金并轨对养老保险基金收支平衡的影响：以山东省为例》，载于《中国软科学》2017 年第 7 期。

[129] 曾毅、顾大男、凯·兰德：《健康期望寿命估算方法的拓展及其在中国高龄老人研究中的应用》，载于《中国人口科学》2007 年第 6 期。

[130] 张冬敏、张思锋：《省际人口迁移对基本养老保险基金缺口的影响研究——以陕西省为例》，载于《统计与信息论坛》2012 年第 1 期。

[131] 张国平：《农村老年人居家养老服务的需求及其影响因素分析——基于江苏省的社会调查》，载于《人口与发展》2014 年第 20 卷第 2 期。

[132] 张琳琳、王喆、刘庆富：《人口老龄化背景下中国养老金缺口分析及其对策》，载于《复旦学报（社会科学版）》2023 年第 1 期。

[133] 张娜：《农村老年人日常生活家庭照料与社会照料关系研究——基于多层回归模型的分析》，载于《中国农业大学学报》2018 年第 6 期。

[134] 张乃仁：《农村居家养老中的双向耦合机制》，载于《郑州大学学报》2013 年第 46 期。

[135] 张奇林、赵青：《我国社区居家养老模式发展探析》，载于《东北大学学报（社会科学版）》2011 年第 13 期。

[136] 张秋秋、金刚、宋丽敏：《城镇企业职工基本养老保险统筹基金收支平衡研究》，载于《社会保障研究》2017 年第 2 期。

[137] 张新辉、李建新：《社区老年服务供需动态变化与平衡性研究——基于 CLHLS 2005—2014 的数据》，载于《社会保障评论》2019 年第 2 期。

[138] 张艳芳：《促进养老服务供求均衡的中国政府购买养老服务政

策研究》，载于《西北人口》2016 年第 1 期。

[139] 张志元、郑吉友：《我国农村失能老人居家养老服务多元供给思考》，载于《河北经贸大学学报》2018 年第 39 卷第 5 期。

[140] 章晓懿、刘帮成：《社区居家养老服务质量模型研究——以上海市为例》，载于《中国人口科学》2011 年第 3 期。

[141] 章晓懿、梅强：《社区居家养老服务绩效评估指标体系研究》，载于《统计与决策》2012 年第 24 期。

[142] 赵春飞：《老龄化背景下社区居家养老问题及框架构建思考》，载于《中国经贸导刊》2018 年第 36 期。

[143] 赵建国、刘子琼：《延迟退休、个人账户调整与城镇职工医疗保险基金可持续运行》，载于《社会保障研究》2020 年第 1 期。

[144] 赵亮、李灯强：《我国城镇职工基本养老保险基金可持续性研究——基于新冠肺炎疫情冲击的影响》，载于《财经科学》2020 年第 12 期。

[145] 赵娜、方卫华：《供给侧改革背景下城市机构养老服务评价及优化——基于服务质量差距模型的视角》，载于《河南师范大学学报（哲学社会科学版）》2017 年第 44 期。

[146] 郑吉友：《农村居家养老服务协同供给体系构建研究》，载于《广西社会科学》2019 年第 6 期。

[147] 郑新、韩伟、于维洋：《精神文化养老服务产业：老年教育供给困境及对策研究》，载于《河北经贸大学学报》2018 年第 39 期。

[148] 钟雯、刘志红、陈翠霞：《城市社区居家养老服务存在问题及对策研究——以保定市社区为例》，载于《中国市场》2020 年第 1031 期。

[149] 周伟文、严晓萍、赵巍、齐心：《城市老年群体生活需求和社区满足能力的现状与问题的调查分析》，载于《中国人口科学》2001 年第 4 期。

[150] 周文：《二孩家庭，不仅仅是多一个孩子》，载于《中国妇女报》2016 年 3 月 22 日。

[151] 朱亮、杨小娇、张倩等：《医养结合社区居家养老中心供给服务质量评价指标体系的构建研究》，载于《中国全科医学》2019 年第 22 期。

［152］朱铭来、贾清显:《我国老年长期护理需求测算及保障模式选择》,载于《中国卫生政策研究》2009 年第 7 期。

［153］朱文刚:《城市社区居家养老服务的问题与出路——以重庆市 D 区为例》,载于《劳动保障世界》2019 年第 555 期。

［154］朱妍、鲁捷:《社区居家养老服务多元供给主体合作路径探析》,载于《辽宁经济》2020 年第 5 期。

［155］Baldock J. and Evers A. Innovations and care of the elderly: The cutting-edge of change for social welfare systems. Examples from Sweden, the Netherlands and the United Kingdom. *Ageing and Society*, Vol. 12, No. 3, September 1992, pp. 289 – 312.

［156］Bischoff K. E., Sudore R., Miao Y., et al. Advance care planning and the quality of end-of-life care in older adults. *Journal of the American Geriatrics Society*, Vol. 61, No. 2, 2013, pp. 209 – 214.

［157］Bogue D. The Well-Being of the Elderly in Asia: A Four-Country Comparative Study. *University of Michigan Press*, Vol. 109, No. 3, April 2003, pp. 797 – 800.

［158］Bookman A., Kimbrel D. Families and Elder Care in the Twenty-First Century. *The Future of Children*, Vol. 21, No. 2, April 2011, pp. 117 – 140.

［159］Bookman A., Kimbrel D. Families and elder care in the twenty-first century. *The Future of Children*, Vol. 21, No. 2, 2011, pp. 117 – 140.

［160］Cameron A C, Trivedi P K, Milne F, et al., A microeconometric model of the demand for health care and health insurance in Australia. *The Review of Economic Studies*, Vol. 55, No. 1, 1988, pp. 85 – 106.

［161］Carvacho R., Carrasco M., Lorca M. B. F., et al. Met and unmet needs of dependent older people according to the Camberwell Assessment of Need for the Elderly (CANE): A scoping review. *Revista Española de Geriatría y Gerontología*, Vol. 56, No. 4, 2021, pp. 225 – 235.

［162］Chapman S. A., Keating N., Eales J. Client-centred, community-ty-based care for frail seniors, *Health & Social Care in the Community*, Vol. 11, No. 3, 2003, pp. 253 – 261.

［163］Chatterji S., Byles J., Cutler D., et al. Health Functioning and

Disability in Older Adults—Present Status and Future Implications. *The Lancet*, Vol. 385, No. 9967, April 2015, pp. 563 – 575.

[164] Corazzini K. N. , Meyer J. , McGilton K. S. , et al. Person-Centered Nursing Home Care in the United States, United Kingdom, and Sweden: Why Building Cross-Comparative Capacity May Help Us Radically Rethink Nursing Home Care and the Role of the RN. *Nordic Journal of Nursing Research*, Vol. 36, No. 2, April 2016, pp. 59 – 61.

[165] Cordero T. N. , Horcajadas A. Á. , Bermúdez González G. J. Perceived quality in hospitals of the Andalusia Healthcare System. The case of neurosurgery departments. *Revista de Calidad Asistencial: Organo de la Sociedad Espanola de Calidad Asistencial.* Vol. 29, No. 6, 2014, pp. 311 – 319.

[166] Davey A. , Patsios D. Formal and Informal Community Care to Older Adults: Comparative Analysis of the United States and Great Britain. *Journal of Family and Economic Issues*, Vol. 20, No. 4, April 1999, pp. 271 – 299.

[167] Donabedian A. The quality of care: How can it be assessed? *Jama*, Vol. 260, No. 12, 1988, pp. 1743 – 1748.

[168] Eckert J. K. , Morgan L. A. , Swamy N. Preferences for receipt of care among community-dwelling adults. *Journal of Aging & Social Policy*, Vol. 16, No. 2, 2004, pp. 49 – 65.

[169] Ehrentraut O. , Heidler M. , Raffelhüschen B. Intereconomics, *En Route to Sustainability: History, Status Quo and Future Reforms of the German Public Pension Scheme*, Vol. 40, No. 5, 2005, pp. 254 – 257.

[170] Ergas H. , Paolucci F. Providing and Financing Aged Care in Australia. *Risk Management and Healthcare Policy*, Vol. 4, No. 4, April 2011, pp. 67 – 80.

[171] Ford J. A, Wong G. , Jones A. P. , et al. Access to primary care for socioeconomically disadvantaged older people in rural areas: A realist review. *BMJ Open*, Vol. 6, No. 5, 2016, P. e010652.

[172] Holzmann R. Old-age Income Support in the 21st Century: An International Perspective on Pension Systems and Reform. *World Bank Publications-Books*, 2005. pp. 7336.

[173] Innes A. , McCabe L. , Watchman K. Caring for older people with an intellectual disability a systematic review. *Maturitas*, Vol. 72, No. 4, 2012, pp. 286 – 295.

[174] Judge K. The Public Purchase of Social Care: British Confirmation of the American Experience. *Policy & Politics*, Vol. 10, No. 4, April 1982, pp. 397 – 416.

[175] Kane R. A. and Kane R. L. Long-term care: Variations on a quality assurance theme. *Inquiry*, Vol. 25, No. 1, 1988, pp. 132 – 146.

[176] Karin J. Registered nurses' health in community elderly care in Sweden. *International Nursing Review*, Vol. 59, No. 3, 2012, pp. 409 – 415.

[177] Kinney E. Health care choices: Private contracts as instruments of health reform. *Journal of Legal Medicine*, Vol. 17, No. 2, 1996, pp. 331 – 339.

[178] Ko H. , Park Y. H. , Cho B. L. , et al. Gender differences in health status, quality of life, and community service needs of older adults living alone. *Archives of Gerontology and Geriatrics*, No. 83, 2019, pp. 239 – 245.

[179] Kuzuya M. , Hasegawa J. , Hirakawa Y. , et al. Impact of informal care levels on discontinuation of living at home in community-dwelling dependent elderly using various community-based services. *Archives of Gerontology and Geriatrics*, Vol. 52, No. 2, 2011, pp. 127 – 132.

[180] LapréF. A. L. Service quality in nursing homes. A construct, measurement and performance model to increase client focus. *University of Bradford*, 2013, pp. 1 – 233.

[181] Lillrank P. , Groop P. J. , Malmström T. J. Demand and Supply-based Operating Modes—a Framework for Analyzing Health Care Service Production. *The Milbank Quarterly*, Vol. 88, No. 4, 2010, pp. 595 – 615.

[182] Low L. F. , Fletcher J. , Gresham M. , et al. Community Care for the Elderly: Needs and Service Use Study (CENSUS): Who Receives Home Care Packages and What are the Outcomes. *Australasian Journal on Ageing*, Vol. 34, No. 3, April 2015, pp. 1 – 8.

[183] Low L. F. , Yap M. , Brodaty H. A Systematic Review of Different Models of Home and Community Care Services for Older Persons. *BMC Health*

Services Research, No. 11, April 2011, pp. 1 – 15.

[184] Malley J., Comas-Herrera A., Hancock. R., et al. Expenditure on Social Care for Older People to 2026: Projected Financial Implications of the Wanless Report. *LSE Health and Social Care*, Vol. 116, No. 2, 2018, pp. 116 – 122.

[185] Marshall S., Agarwal E., Young A., et al. Role of domiciliary and family carers in individualised nutrition support for older adults living in the community. *Maturitas*, No. 98, 2017, pp. 20 – 29.

[186] Meinow B., Kåreholt I., Lagergren M. According to need? Predicting the amount of municipal home help allocated to elderly recipients in an urban area of Swede. *Health & Social Care in the Community*, 2005, Vol. 13, No. 4, pp. 366 – 377.

[187] Meredith B. The Community Care Handbook: The New System Explained. *ACE Books*, 1993, pp. 76 – 77.

[188] Meyer H. The not-so-golden years: Caregiving, the frail elderly and the long term care establishment. *Journal of Marriage and Family*, Vol. 67, No. 2, 2005, pp. 533 – 534.

[189] Muramatsu N., Yin H., Hedeker D. Functional declines, social support, and mental health in the elderly: Does living in a state supportive of home and community-based services make a difference? *Social Science & Medicine*, Vol. 70, No. 7, pp. 1050 – 1058.

[190] Neary M. A. Community services in the 1990s: Are they meeting the needs of caregivers? *Journal of Community Health Nursing*, Vol. 10, No. 2, 1993, pp. 105 – 111.

[191] Oliveira D. C., Neri A L., D'Elboux M J. Lack of Anticipated Support for Care for Community-Dwelling Older Adults. *Brazilian Journal of Nursing*, No. 69, April 2016, pp. 566 – 573.

[192] Saffel-Shrier S., Johnson M. A., Francis S. L. Position of the Academy of Nutrition and Dietetics and the Society for Nutrition Education and Behavior: Food and nutrition programs for community-residing older adults. *Journal of Nutrition Education and Behavior*, Vol. 51, No. 7, 2019, pp. 781 – 797.

[193] Schmid H. The Israeli Long-Term Care Insurance Law: Selected

Issues in Providing Home Care Services to the Frail Elderly. *Health & Social Care in the Community*, Vol. 13, No. 3, April 2005, pp. 191 – 200.

[194] Shoven J. B. New Age Thinking: Alternative Ways of Measuring Age, Their Relationship to Labor Force Participation, *Government Policies and GDP*, Vol. 8, No. 1, 2007, pp. 31 – 35.

[195] Spitze G. , Logan J R. Helping as a Component of Parent-Adult Child Relations. *Research on Aging*, Vol. 14, No3, April 1992, pp. 291 – 312.

[196] Taylor C. and Donoghue J. New ways to provide community aged care services. *Australasian Journal on Ageing*, Vol. 34, No. 3, September 2015, pp. 199 – 200.

[197] Tsang M. Connecting and Caring: Innovations for Healthy Ageing. *World Health Organization. Bulletin of the World Health Organization*, Vol. 90, No. 3, April 2012, pp. 162.

[198] Valkila N. , Litja H. , Aalto L. , et al. Consumer panel study on elderly people's wishes concerning services. *Archives of Gerontology and Geriatrics*, Vol. 51, No. 3, 2010, pp. e66 – e71.

[199] Van K. G. The ability of older people to overcome adversity: A review of the resilience concept. *Geriatric Nursing*, Vol. 34, No. 2, 2013, pp. 122 – 127.

[200] Wang D. , Zheng J. , Kurosawa M. , et al. Relationships between age and gender differentials in health among older people in China. *Ageing & Society*, Vol. 29, No. 7, 2009, pp. 1141 – 1154.

[201] Wei Y. , Li H. , Chen P. Working Experiences of Nursing Aides in Nursing Homes: AQualitative Study. *International Journal of Nursing Sciences*, Vol. 2, No. 4, April 2015, pp. 371 – 377.

[202] While C. , Winbolt M. , Nay R. Consumer Expectations and Experiences of Quality in Australian Home-Based Community Services. *Health & Social Care in the Community*, Vol. 28, No. 5, April 2020, pp. 1459 – 1467.

[203] Wieland D. , Kinosian B. , Stallard E. , et al. Does Medicaid Pay More to a Program of All-inclusive care for the Elderly (PACE) than for Fee-for-service Long-term Care. *Biomedical Sciences and Medical Sciences*, Vol. 68,

No. 1, 2013, pp. 47 – 55.

[204] Wiener J. M. , Tilly J. , Cuellar A E. Consumer-Directed Home Care in the Netherlands, England, and Germany. *Washington, DC: AARP Public Policy Institute*, 2003.

[205] Young J. The Development of Intermediate Care Services in England. *Archives of Gerontology and Geriatrics*, Vol. 10, No. 9, April 2009, pp. 521 – 525.

[206] Zeng Y. Effects of Demographic and Retirement-age Policies on Future Pension Deficits, With an Application to China. *Population and Development Review*, Vol. 37, No. 3, 2011, pp. 553 – 569.

附　录

附表　　　河北省未来 30 年分年龄、分性别人口预测　　　　单位：人

年份	2021		2022		2023	
性别	男	女	男	女	男	女
总数	39554618	38749915	39708057	38950869	39817328	39112789
0	507684	477168	468087	441993	433238	410995
1	547788	512573	505126	474828	465766	439853
2	577061	537282	546982	511607	504395	473942
3	618897	573542	576581	536761	546535	511116
4	642506	592705	618571	573210	576282	536453
5	601568	550831	642281	592487	618358	573001
6	544399	491891	601424	550693	642130	592340
7	497917	447120	544296	491797	601312	550590
8	502067	446901	497832	447050	544204	491721
9	481556	424935	501979	446836	497746	446985
10	468515	410386	481466	424873	501886	446773
11	543894	465664	468421	410327	481371	424812
12	528684	453118	543781	465596	468325	410267
13	511720	439346	528569	453050	543663	465527
14	494917	425558	511600	439276	528447	452979
15	478487	412018	494791	425484	511471	439200
16	465043	400468	478356	411938	494657	425402
17	449435	387570	464905	400382	478215	411850
18	434315	375053	449291	387479	464758	400289
19	415613	360260	434166	374958	449139	387381
20	397707	346036	415462	360160	434010	374854
21	349572	302785	397554	345932	415304	360052
22	334506	290816	349431	302688	397395	345821

续表

年份	2021		2022		2023	
性别	男	女	男	女	男	女
23	320086	279318	334365	290718	349285	302587
24	349346	310405	319949	279220	334223	290618
25	381286	344949	349195	310292	319813	279119
26	454091	423229	381120	344820	349046	310177
27	495619	470334	453890	423064	380953	344686
28	540946	522684	495388	470144	453680	422895
29	578167	564461	540670	522465	495139	469949
30	617931	609579	577841	564214	540368	522239
31	702425	703508	617547	609301	577486	563960
32	750689	759740	701952	703173	617136	609014
33	802250	820468	750152	759363	701455	702828
34	763803	779865	801653	820046	749600	758976
35	727190	741266	763221	779450	801050	819614
36	640837	650127	726620	740855	762630	779022
37	610077	617936	640308	649749	726028	740429
38	580763	587326	609539	617553	639751	649351
39	559421	560843	580202	586931	608957	617142
40	538825	535532	558820	560433	579586	586507
41	507557	494117	538178	535105	558156	559991
42	488796	471766	506879	493688	537467	534644
43	470686	450403	488074	471325	506138	493231
44	477108	458809	469919	449954	487287	470860
45	483549	467349	476253	458323	469085	449482
46	498101	489662	482592	466821	475320	457811
47	504632	498711	497006	489066	481542	466258
48	511130	507886	503392	498049	495796	488423
49	529816	526186	509717	507143	502013	497328
50	549032	545083	528165	525334	508143	506331
51	599027	590272	547107	544108	526330	524404
52	620386	611335	596678	589113	544981	543051

续表

年份	2021		2022		2023	
性别	男	女	男	女	男	女
53	642300	633082	617680	610033	594099	587871
54	624609	619824	639196	631632	614721	608650
55	607179	606779	621272	618303	635811	630098
56	569602	579843	603602	605181	617644	616691
57	553249	567478	565912	578190	599725	603473
58	537135	555271	549318	565710	561925	576407
59	519019	534121	532960	553371	545085	563795
60	501298	513658	514614	532103	528475	551302
61	475243	477537	496651	511504	509884	529894
62	458573	458972	470422	475305	491655	509138
63	442226	440949	453475	456570	465237	472844
64	437703	440605	436842	438358	448000	453916
65	432910	439997	431865	437694	431063	435492
66	451929	468536	426558	436713	425580	434460
67	446104	467130	444586	464558	419682	433042
68	439763	465234	438024	462593	436597	460090
69	404801	431457	430847	460040	429212	457478
70	371906	399544	395590	425905	421118	454177
71	331596	358973	362375	393615	385529	419644
72	303126	331209	321982	352832	351946	386945
73	276192	304913	293138	324688	311448	345950
74	243289	271273	265815	298020	282201	317415
75	213322	240658	232851	264247	254489	290371
76	177479	202696	202881	233516	221531	256475
77	153883	178544	167596	195787	191657	225627
78	132556	156564	144163	171536	157078	188169
79	119321	143800	123090	149481	133932	163842
80	106600	131169	109747	136179	113272	141623
81	99275	123237	96973	123132	99891	127901
82	87016	110836	89132	114697	87120	114666

续表

年份	2021		2022		2023	
性别	男	女	男	女	男	女
83	75402	98925	76987	102164	78914	105793
84	62633	87141	65629	90205	67061	93228
85	51323	76039	53535	78505	56143	81333
86	41862	67393	42998	67588	44892	69845
87	33267	57533	34309	59015	35275	59247
88	25988	48511	26619	49556	27483	50892
89	18789	38222	20263	41034	20779	41972
90	13324	29695	14247	31695	15383	34075
91	9186	22623	9807	24098	10500	25761
92	6252	17073	6552	17935	7005	19136
93	4171	12668	4315	13199	4529	13890
94	2525	8637	2782	9534	2883	9953
95	1501	5784	1627	6318	1795	6988
96	855	3760	933	4106	1012	4495
97	492	2429	513	2587	560	2832
98	279	1542	284	1618	297	1728
99	142	876	156	994	159	1045
100 +	72	563	77	631	85	717

年份	2024		2025		2026	
性别	男	女	男	女	男	女
总数	39887103	39240451	39921469	39336106	39935185	39412544
0	403284	384371	377999	361968	367749	352134
1	431125	409031	401350	382558	376216	360283
2	465103	439041	430522	408283	400797	381866
3	503989	473492	464735	438628	430186	407903
4	546256	510826	503735	473226	464505	438384
5	576086	536259	546072	510643	503569	473058
6	618214	572860	575954	536129	545949	510520
7	642012	592229	618103	572754	575852	536031
8	601212	550505	641907	592138	618003	572667

续表

年份	2024		2025		2026	
性别	男	女	男	女	男	女
9	544111	491651	601110	550427	641800	592056
10	497655	446923	544013	491583	601003	550352
11	501789	446709	497560	446860	543911	491514
12	481274	424751	501689	446645	497462	446796
13	468225	410206	481173	424689	501585	446580
14	543540	465455	468120	410144	481066	424625
15	528315	452902	543406	465376	468006	410076
16	511334	439116	528175	452817	543263	465290
17	494513	425312	511187	439025	528025	452723
18	478066	411755	494360	425215	511031	438925
19	464603	400188	477909	411653	494200	425110
20	448980	387275	464441	400080	477744	411543
21	433847	374744	448814	387162	464271	399964
22	415140	359939	433678	374627	448641	387042
23	397232	345707	414971	359821	433504	374505
24	349139	302483	397068	345590	414803	359700
25	334084	290514	348995	302376	396907	345469
26	319678	279016	333944	290408	348852	302267
27	348895	310058	319541	278910	333804	290299
28	380780	344550	348739	309936	319400	278802
29	453456	422721	380594	344410	348570	309811
30	494866	469748	453209	422542	380389	344265
31	540041	522006	494570	469541	452941	422357
32	577106	563697	539690	521765	494252	469326
33	616704	608718	576708	563426	539322	521517
34	700946	702474	616262	608415	576300	563148
35	749044	758581	700432	702112	615816	608105
36	800438	819168	748479	758173	699911	701738
37	762017	778577	799802	818705	747892	757748
38	725403	739978	761369	778108	799131	818216
39	639147	648923	724728	739496	760669	777605

续表

年份	2024		2025		2026	
性别	男	女	男	女	男	女
40	608317	616700	638484	648463	723984	738977
41	578905	586049	607612	616224	637752	647967
42	557427	559514	578157	585555	606835	615710
43	536690	534154	556630	559006	577340	585029
44	505331	492749	535843	533638	555761	558471
45	486432	470371	504454	492243	534923	533096
46	468176	448985	485499	469856	503497	491709
47	474297	457264	467178	448454	484475	469305
48	480382	465651	473165	456674	466076	447881
49	494452	487723	479092	464991	471908	456034
50	500479	496540	492956	486958	477657	464270
51	506395	505444	498774	495679	491293	486122
52	524305	523395	504465	504482	496890	494745
53	542647	541918	522080	522315	502344	503451
54	591279	586552	540094	540714	519646	521167
55	611495	607187	588203	585156	537310	539441
56	632130	628472	607986	605637	584857	583678
57	613711	614969	628140	626736	604181	603981
58	595537	601632	609463	613112	623829	624864
59	557633	574476	591027	599637	604887	611101
60	540538	561709	553021	572372	586181	597465
61	523660	549038	535655	559426	548068	570071
62	504799	527469	518482	546551	530405	556920
63	486282	506530	499329	524795	512912	543811
64	459667	470124	480509	503647	493452	521841
65	442123	450979	453687	467114	474310	500456
66	424841	432307	435794	447714	447246	463767
67	418775	430844	418103	428745	428938	444063
68	412200	428917	411369	426781	410768	424742
69	427882	455052	404036	424266	403285	422199

续表

年份	2024		2025		2026	
性别	男	女	男	女	男	女
70	419595	451704	418368	449364	395122	419014
71	410489	447564	409083	445189	407967	442945
72	374515	412600	398848	440122	397569	437857
73	340516	379467	362440	404700	386082	431775
74	299911	338272	327991	371122	349203	395884
75	270259	309343	287307	329747	314302	361856
76	242200	281908	257296	300407	273618	320309
77	209355	247886	228974	272551	243338	290526
78	179705	216924	196382	238408	214875	262222
79	145998	179801	167107	207360	182700	227989
80	123313	155300	134491	170504	154014	196727
81	103158	133083	112365	146009	122618	160385
82	89798	119176	92793	124076	101136	136207
83	77187	105834	79615	110069	82326	114669
84	68792	96611	67337	96719	69508	100663
85	57416	84128	58948	87253	57749	87423
86	47123	72428	48235	74986	49567	77843
87	36866	61289	38737	63621	39690	65936
88	28288	51150	29595	52973	31130	55052
89	21478	43157	22132	43431	23181	45036
90	15795	34902	16346	35938	16864	36215
91	11353	27737	11671	28453	12094	29341
92	7510	20490	8131	22098	8370	22706
93	4849	14847	5206	15925	5643	17205
94	3030	10494	3248	11238	3492	12077
95	1862	7310	1960	7723	2104	8287
96	1119	4983	1162	5223	1225	5530
97	609	3107	674	3452	701	3626
98	325	1896	354	2084	392	2321
99	166	1119	182	1230	198	1356
100 +	87	768	91	826	100	908

续表

年份	2027		2028		2029	
性别	男	女	男	女	男	女
总数	39930997	39472167	39911651	39517180	39879550	39549647
0	360619	345287	356368	341202	354773	339662
1	366044	350517	358971	343723	354763	339677
2	375707	359638	365555	349896	358498	343120
3	400491	381514	375423	359310	365283	349580
4	429977	407678	400298	381306	375245	359116
5	464354	438230	429839	407536	400171	381174
6	503457	472945	464252	438127	429746	407441
7	545854	510427	503370	472860	464173	438048
8	575760	535949	545768	510351	503292	472789
9	617901	572588	575667	535876	545681	510282
10	641687	591976	617794	572512	575568	535806
11	600893	550276	641570	591896	617682	572435
12	543806	491445	600777	550199	641448	591813
13	497361	446732	543696	491375	600657	550122
14	501475	446514	497253	446666	543580	491304
15	480951	424555	501356	446441	497137	446595
16	467885	410000	480827	424478	501229	446361
17	543111	465194	467755	409917	480696	424392
18	527867	452622	542950	465091	467619	409826
19	510868	438818	527700	452512	542781	464979
20	494032	424997	510696	438703	527525	452394
21	477572	411425	493856	424877	510517	438580
22	464095	399842	477392	411300	493673	424749
23	448464	386918	463914	399714	477209	411170
24	433330	374380	448286	386790	463732	399584
25	414637	359576	433159	374253	448111	386660
26	396746	345346	414471	359449	432988	374122
27	348707	302154	396584	345218	414303	359317
28	333659	290188	348557	302040	396415	345088
29	319249	278691	333502	290073	348395	301921

续表

年份	2027		2028		2029	
性别	男	女	男	女	男	女
30	348386	309683	319082	278577	333330	289955
31	380167	344117	348185	309551	318899	278459
32	452654	422167	379929	343963	347969	309414
33	493919	469105	452352	421970	379679	343805
34	538945	521263	493578	468879	452043	421769
35	575888	562865	538564	521004	493233	468649
36	615364	607784	575469	562571	538176	520735
37	699369	701348	614892	607449	575034	562264
38	747271	757299	698795	700937	614394	607096
39	798404	817693	746599	756820	698174	700498
40	759898	777065	797603	817130	745859	756304
41	723163	738417	759046	776482	796719	816524
42	636946	647432	722260	737814	758107	775856
43	605987	615162	636065	646862	721271	737171
44	576449	584475	605061	614586	635103	646262
45	554818	557911	575480	583894	604054	613982
46	533919	532524	553787	557317	574421	583280
47	502446	491139	532816	531912	552654	556684
48	483343	468713	501284	490525	531595	531253
49	464849	447260	482084	468069	499990	489858
50	470508	455334	463484	446580	480681	467365
51	476061	463481	468951	454568	461965	445837
52	489455	485216	474297	462626	467231	453739
53	494821	493745	487436	484245	472359	461710
54	500023	502356	492556	492682	485225	483214
55	516991	519953	497492	501198	490085	491558
56	534280	538093	514102	518667	494738	499972
57	581229	582100	530996	536653	510971	517294
58	600071	602196	577311	580398	527449	535101
59	619187	622835	595646	600262	573092	578554
60	599971	608911	614200	620627	590892	598157

续表

年份	2027		2028		2029	
性别	男	女	男	女	男	女
61	580978	595089	594693	606515	608846	618212
62	542743	567545	575384	592479	589019	603884
63	524756	554157	537015	564760	569366	589604
64	506927	540782	518687	551104	530859	561682
65	487140	518569	500499	537427	512167	547722
66	467632	496907	480340	514930	493573	533696
67	440267	460023	460398	492936	472973	510857
68	421473	439958	432670	455813	452520	488470
69	402759	420226	413325	435327	424374	451063
70	394456	417023	394015	415125	404424	430095
71	385373	413087	384803	411181	384451	409366
72	396570	435719	374694	406412	374225	404601
73	384937	429631	384069	427610	362976	398920
74	372082	422456	371087	420445	370356	418553
75	334730	386090	356779	412101	355940	410234
76	299428	351593	319008	375239	340146	400625
77	258873	309867	283410	340234	302067	363226
78	228450	279613	243148	298330	266318	327678
79	199998	250861	212744	267603	226548	285628
80	168470	216395	184526	238210	196398	254220
81	140496	185146	153780	203757	168541	224410
82	110434	149703	126625	172912	138695	190401
83	89790	125961	98122	138530	112597	160109
84	71930	104946	78521	115363	85884	126966
85	59661	91062	61800	95013	67530	104528
86	48603	78066	50267	81388	52126	84996
87	40827	68517	40081	68782	41503	71781
88	31930	57119	32887	59421	32329	59717
89	24411	46861	25075	48680	25863	50704
90	17685	37605	18652	39181	19188	40757
91	12493	29612	13123	30793	13863	32131

续表

年份	2027		2028		2029	
性别	男	女	男	女	男	女
92	8685	23452	8987	23706	9457	24691
93	5818	17709	6047	18323	6269	18553
94	3791	13072	3916	13480	4078	13972
95	2266	8924	2464	9678	2550	9999
96	1317	5946	1421	6416	1549	6972
97	740	3848	797	4146	862	4483
98ˑ	408	2444	432	2599	466	2807
99	220	1514	230	1598	244	1703
100 +	109	1005	122	1124	128	1205

年份	2030		2031		2032	
性别	男	女	男	女	男	女
总数	39836835	39571285	39785349	39583520	39726325	39587095
0	355487	340331	358125	342842	361924	346466
1	353199	338163	353933	338849	356583	341369
2	354302	339087	352746	337582	353486	338273
3	358235	342814	354046	338788	352494	337287
4	365112	349393	358070	342632	353884	338610
5	375128	358993	364999	349275	357961	342517
6	400086	381086	375049	358911	364923	349195
7	429673	407369	400019	381019	374987	358849
8	464102	437984	429608	407310	399960	380965
9	503212	472726	464029	437926	429542	407257
10	545588	510216	503128	472666	463952	437870
11	575466	535735	545492	510149	503041	472604
12	617566	572356	575358	535662	545392	510080
13	641321	591731	617445	572277	575247	535589
14	600530	550043	641187	591647	617318	572196
15	543454	491226	600394	549956	641044	591554
16	497012	446515	543320	491139	600246	549860
17	501094	446272	496880	446427	543177	491044
18	480557	424300	500952	446176	496741	446332

续表

年份	2030		2031		2032	
性别	男	女	男	女	男	女
19	467475	409729	480411	424200	500802	446072
20	542603	464859	467323	409625	480257	424093
21	527341	452268	542416	464732	467164	409513
22	510329	438449	527150	452135	542222	464597
23	493485	424616	510138	438314	526955	451997
24	477024	411037	493297	424480	509945	438175
25	463552	399451	476841	410901	493109	424342
26	447935	386526	463373	399314	476659	410762
27	432814	373986	447758	386388	463193	399172
28	414129	359183	432635	373849	447575	386247
29	396234	344955	413942	359046	432442	373707
30	348217	301800	396033	344818	413735	358904
31	333141	289834	348023	301675	395815	344677
32	318704	278338	332940	289709	347815	301547
33	347742	309273	318499	278212	332728	289580
34	379422	343643	347510	309129	318289	278084
35	451731	421564	379163	343477	347275	308982
36	492882	468410	451413	421351	378899	343306
37	537773	520453	492517	468159	451082	421129
38	574572	561941	537347	520157	492131	467896
39	613853	606720	574072	561596	536884	519843
40	697488	700025	613257	606316	573521	561226
41	745040	755749	696731	699517	612599	605881
42	795745	815872	744140	755152	695899	698971
43	757081	775186	794679	815176	743154	754515
44	720192	736495	755960	774483	793515	814444
45	634057	645634	719017	735786	754739	773746
46	602954	613342	632914	644969	717734	735036
47	573258	582623	601746	612660	631658	644259
48	551401	556002	571971	581918	600408	611926
49	530237	530540	550006	555263	570538	581153

续表

年份	2030		2031		2032	
性别	男	女	男	女	男	女
50	498549	489130	528723	529759	548450	554455
51	479120	466596	496946	488334	527040	528907
52	460286	445033	477396	465763	495175	487472
53	465339	452850	458440	444170	475500	464871
54	470237	460737	463268	451906	456419	443255
55	482814	482124	467922	459709	461009	450909
56	487397	490369	480190	480969	465403	458621
57	491752	498662	484482	489098	477345	479737
58	507588	515814	488526	497251	481333	487729
59	523630	533419	503946	514210	485053	495722
60	568560	576546	519526	531589	500033	512465
61	585788	595854	563693	574352	515120	529588
62	603090	615559	580300	593326	558461	571942
63	582914	600985	596896	612636	574395	590539
64	562898	586425	576351	597779	590236	609404
65	524245	558271	555946	582901	569297	594226
66	505141	543958	517116	554474	548452	578979
67	486068	529517	497526	539743	509388	550223
68	464948	506275	477891	524816	489228	535000
69	443917	483430	456183	501104	468958	519509
70	415312	445694	434516	477733	446602	495257
71	394688	424185	405394	439630	424225	471297
72	373967	402877	384011	417526	394517	432795
73	362614	397212	362455	395590	372284	410045
74	350117	390549	349867	388954	349814	387442
75	355355	408481	336043	381237	335911	379766
76	339471	398913	339035	397311	320726	370906
77	322215	387912	321706	386367	321424	384926
78	283981	349938	303060	373845	302719	372478
79	248265	313846	264865	335293	282804	358334
80	209260	271460	229447	298406	244925	318934

续表

年份	2030		2031		2032	
性别	男	女	男	女	男	女
81	179496	239608	191369	255982	209959	281526
82	152115	209815	162114	224147	172957	239594
83	123428	176412	135475	194520	144493	207935
84	98640	146846	108221	161911	118887	178653
85	73934	115131	84997	133262	93343	147047
86	57021	93590	62495	103174	71922	119525
87	43089	75036	47190	82704	51780	91261
88	33519	62388	34845	65289	38210	72038
89	25460	51018	26434	53364	27517	55911
90	19822	42507	19542	42827	20320	44856
91	14285	33472	14780	34960	14594	35274
92	10007	25804	10329	26924	10705	28165
93	6609	19357	7006	20264	7244	21179
94	4236	14174	4473	14815	4751	15538
95	2661	10385	2769	10555	2930	11054
96	1606	7219	1679	7513	1751	7652
97	941	4883	978	5066	1024	5284
98	505	3042	552	3320	575	3453
99	264	1843	286	2002	314	2191
100 +	136	1291	147	1400	160	1527
年份	2033		2034		2035	
性别	男	女	男	女	男	女
总数	39659755	39581625	39585768	39566837	39504944	39542938
0	365596	349967	369083	353290	372756	356790
1	360390	344997	364070	348503	367566	351832
2	356138	340795	359947	344423	363629	347929
3	353237	337980	355891	340504	359701	344131
4	352336	337113	353081	337808	355736	340332
5	353779	338498	352232	337002	352978	337698
6	357888	342440	353707	338423	352162	336928
7	364864	349136	357831	342382	353651	338366

年份	2033		2034		2035	
性别	男	女	男	女	男	女
8	374932	358798	364811	349087	357779	342335
9	399898	380915	374876	358752	364757	349043
10	429472	407205	399834	380868	374816	358708
11	463872	437814	429399	407153	399767	380820
12	502949	472542	463789	437757	429322	407101
13	545287	510012	502853	472479	463702	437699
14	575130	535514	545177	509941	502753	472414
15	617181	572108	575004	535432	545060	509864
16	640888	591452	617034	572011	574868	535342
17	600091	549754	640724	591340	616878	571903
18	543027	490940	599928	549640	640553	591218
19	496594	446230	542868	490830	599755	549517
20	500643	445962	496439	446120	542701	490710
21	480096	423979	500477	445843	496276	446003
22	466999	409396	479929	423859	500305	445718
23	542024	464456	466831	409274	479758	423734
24	526759	451855	541825	464312	466661	409148
25	509754	438033	526563	451711	541625	464165
26	492923	424199	509564	437887	526368	451562
27	476476	410618	492736	424052	509373	437737
28	463005	399029	476285	410472	492541	423903
29	447377	386102	462803	398880	476080	410321
30	432228	373561	447159	385953	462580	398728
31	413509	358759	431995	373411	446921	385800
32	395581	344531	413268	358609	431746	373257
33	347596	301414	395335	344381	413014	358454
34	332511	289448	347372	301278	395084	344227
35	318076	277953	332291	289313	347145	301139
36	347036	308829	317859	277817	332067	289173
37	378625	343127	346788	308670	317635	277675
38	450733	420895	378335	342938	346525	308502

续表

年份	2033		2034		2035	
性别	男	女	男	女	男	女
39	491712	467616	450353	420646	378019	342738
40	536374	519504	491250	467315	449934	420378
41	572912	560828	535811	519139	490740	466991
42	611875	605413	572242	560400	535192	518747
43	694986	698388	611081	604914	571509	559943
44	742076	753846	693989	697776	610214	604389
45	792246	813677	740902	753143	692903	697132
46	753406	772966	790862	812866	739621	752401
47	716325	734237	751942	772135	789341	812002
48	630268	643497	714765	733378	750321	771242
49	598919	611131	628720	642670	713027	732446
50	568940	580317	597258	610262	626994	641765
51	546721	553573	567163	579404	595411	609313
52	525179	527984	544810	552618	565201	578415
53	493227	486548	523134	526994	542708	551593
54	473424	463924	491094	485568	520893	525945
55	454214	442288	471158	462923	488765	484532
56	458550	449853	451814	441263	468692	461862
57	462670	457458	455882	448725	449210	440169
58	474270	478408	459717	456205	453000	447510
59	477942	486245	470960	476969	456539	454848
60	481321	494058	474300	484632	467404	475404
61	495831	510557	477313	492240	470387	482868
62	510382	527390	491313	508463	473005	490243
63	552830	569285	505283	524968	486450	506153
64	568044	587457	546773	566346	499798	522287
65	583075	605819	561213	584039	540257	563086
66	561689	590269	575352	601829	553846	580232
67	540326	574586	553440	585837	566976	597357
68	500964	545437	531468	569639	544445	580846
69	480160	529645	491758	540033	521784	564052

续表

年份	2033		2034		2035	
性别	男	女	男	女	男	女
70	459191	513508	470243	523588	481687	533919
71	436111	488650	448493	506725	459378	516739
72	412933	464040	424598	481199	436750	499073
73	382565	425114	400523	455883	411939	472822
74	359400	401678	369429	416521	386879	446755
75	335966	378374	345282	392364	355029	406953
76	320715	369568	320882	368307	329898	382020
77	304188	359448	304299	358254	304579	357131
78	302590	371211	286492	346753	286726	345712
79	282628	357158	282648	356075	267746	332736
80	261657	340995	261638	340018	261801	339127
81	224258	301036	239724	322011	239851	321239
82	189887	263645	202958	282067	217102	301879
83	154274	222399	169505	244872	181311	262138
84	126909	191105	135615	204538	149131	225357
85	102640	162378	109669	173828	117303	186187
86	79067	132004	87033	145890	93091	156309
87	59660	105827	65662	116987	72361	129415
88	41979	79577	48429	92375	53368	102223
89	30216	61764	33242	68308	38401	79385
90	21183	47058	23295	52051	25665	57639
91	15199	36997	15870	38869	17479	43053
92	10588	28462	11045	29898	11552	31458
93	7521	22193	7452	22464	7787	23636
94	4921	16268	5119	17078	5081	17317
95	3118	11616	3235	12185	3371	12815
96	1856	8030	1978	8455	2057	8887
97	1070	5393	1136	5672	1213	5985
98	604	3609	632	3692	672	3891
99	327	2283	344	2392	361	2453
100 +	176	1677	185	1774	195	1870

续表

年份	2036		2037		2038	
性别	男	女	男	女	男	女
总数	39418922	39511268	39329931	39473686	39240892	39432520
0	377595	361407	384047	367567	392633	375771
1	371248	355338	376091	359956	382539	366112
2	367127	351259	370811	354766	375654	359382
3	363384	347638	366883	350968	370568	354475
4	359546	343959	363230	347466	366730	350797
5	355634	340222	359445	343850	363129	347357
6	352909	337624	355566	340148	359376	343776
7	352107	336872	352855	337569	355512	340094
8	353601	338320	352058	336827	352806	337524
9	357727	342293	353550	338278	352008	336786
10	364700	349000	357671	342251	353496	338237
11	374754	358663	364640	348957	357613	342209
12	399696	380772	374688	358619	364577	348914
13	429242	407049	399623	380723	374620	358573
14	463610	437639	429159	406993	399546	380672
15	502646	472343	463513	437574	429070	406933
16	544933	509779	502531	472265	463408	437503
17	574725	535242	544799	509685	502409	472179
18	616715	571786	574576	535135	544659	509583
19	640371	591088	616542	571662	574417	535020
20	599573	549386	640179	590948	616359	571529
21	542525	490583	599381	549245	639976	590798
22	496107	445880	542344	490449	599182	549097
23	500130	445588	495936	445752	542158	490310
24	479586	423605	499952	445454	495762	445618
25	466491	409019	479413	423473	499774	445316
26	541428	464013	466323	408887	479242	423338
27	526174	451409	541230	463858	466155	408752
28	509174	437585	525971	451254	541024	463700
29	492332	423749	508960	437428	525753	451093

续表

年份	2036		2037		2038	
性别	男	女	男	女	男	女
30	475853	410166	492101	423590	508724	437266
31	462337	398572	475606	410007	491848	423427
32	446666	385642	462076	398410	475341	409842
33	431484	373098	446398	385480	461802	398244
34	412755	358296	431217	372935	446125	385313
35	394828	344070	412491	358135	430944	372769
36	346913	300995	394568	343908	412222	357967
37	331835	289027	346674	300845	394298	343738
38	317397	277527	331590	288874	346420	300687
39	346240	308324	317138	277368	331323	288711
40	377672	342522	345925	308133	316853	277198
41	449473	420090	377289	342290	345578	307926
42	490180	466642	448966	419780	376868	342040
43	534514	518329	489565	466271	448408	419449
44	570706	559463	533771	517890	488892	465880
45	609268	603838	569831	558958	532961	517428
46	691717	696452	608237	603255	568876	558425
47	738213	751611	690415	695729	607104	602637
48	787656	811074	736654	750761	688971	694953
49	748515	770273	785780	810067	734917	749839
50	711088	731427	746500	769213	783686	808965
51	625074	640779	708932	730316	744259	768058
52	593371	608284	622953	639710	706551	729111
53	563042	577355	591127	607182	620621	638564
54	540406	550507	560676	576232	588667	606014
55	518447	524835	537893	549360	558094	575044
56	486231	483434	515784	523659	535157	548142
57	466016	460729	483482	482261	512895	522403
58	446396	438990	463124	459509	480510	480999
59	449897	446193	443367	437713	460012	458187
60	453124	453372	446564	444762	440113	436325

续表

年份	2036		2037		2038	
性别	男	女	男	女	男	女
61	463585	473694	449456	451760	442983	443199
62	466181	480932	459478	471816	445512	449989
63	468366	488041	461652	478796	455056	469744
64	481217	503597	463375	485604	456778	476432
65	493896	519313	475586	500761	458003	482899
66	533228	559455	487527	516001	469509	497602
67	545854	575967	525601	555387	480616	512289
68	557841	592321	537136	571162	517281	550802
69	534610	575207	547851	586630	527601	565731
70	511188	557731	523846	568826	536916	580188
71	470650	527005	499574	550581	512045	561607
72	447448	509013	458528	519203	486815	542509
73	423833	490468	434322	500322	445189	510423
74	398017	463444	409622	480833	419878	490586
75	371915	436588	382742	452996	394028	470094
76	339330	396322	355594	425289	366079	441380
77	313261	370533	322345	384513	337934	412731
78	287117	344740	295432	357791	304138	371407
79	268097	331858	268596	331046	276516	343702
80	248132	317030	248591	316325	249195	315678
81	240143	320546	227741	299800	228305	299269
82	217363	301314	217774	300823	206672	281498
83	194093	280718	194472	280359	194994	280065
84	159652	241408	171049	258692	171536	258530
85	129114	205292	138352	220080	148376	236010
86	99674	167564	109823	184914	117810	198397
87	77485	138788	83058	148920	91627	164491
88	58885	113200	63132	121526	67764	130531
89	42374	87950	46817	97507	50267	104796
90	29691	67071	32810	74402	36308	82589
91	19287	47741	22347	55631	24736	61794

续表

年份	2036		2037		2038	
性别	男	女	男	女	男	女
92	12744	34897	14085	38756	16349	45227
93	8158	24910	9015	27679	9982	30788
94	5318	18253	5582	19270	6180	21449
95	3352	13019	3516	13749	3697	14541
96	2147	9365	2139	9533	2248	10087
97	1264	6304	1322	6657	1320	6790
98	719	4115	751	4344	787	4597
99	384	2591	412	2746	431	2905
100 +	205	1937	219	2046	236	2175
年份	2039		2040		2041	
性别	男	女	男	女	男	女
总数	39154570	39390292	39072016	39347831	38992269	39304088
0	403244	385912	414181	396365	423414	405183
1	391115	374304	401707	384426	412627	394859
2	382101	365534	390672	373720	401259	383833
3	375411	359091	381857	365241	390426	373423
4	370415	354304	375258	358920	381703	365069
5	366629	350688	370315	354195	375158	358811
6	363060	347283	366561	350614	370246	354121
7	359323	343721	363006	347228	366507	350559
8	355464	340049	359275	343677	362959	347184
9	352757	337484	355414	340009	359225	343636
10	351955	336745	352704	337444	355362	339969
11	353439	338197	351899	336705	352649	337404
12	357552	342168	353380	338157	351841	336666
13	364511	348871	357489	342126	353318	338115
14	374549	358525	364443	348824	357422	342081
15	399464	380616	374473	358473	364370	348775
16	428974	406868	399376	380556	374392	358417
17	463297	437424	428873	406795	399283	380488
18	502281	472086	463181	437339	428766	406717

续表

年份	2039		2040		2041	
性别	男	女	男	女	男	女
19	544510	509476	502145	471988	463057	437249
20	574248	534897	544351	509360	502001	471881
21	616166	571385	574070	534764	544185	509235
22	639767	590641	615967	571235	573887	534625
23	598980	548942	639554	590477	615765	571078
24	541970	490165	598775	548782	639337	590306
25	495587	445482	541782	490016	598569	548617
26	499598	445176	495415	445343	541596	489864
27	479071	423200	499422	445032	495242	445200
28	465979	408614	478893	423059	499238	444885
29	540802	463537	465790	408472	478700	422913
30	525512	450928	540557	463370	465582	408326
31	508465	437099	525247	450758	540288	463197
32	491576	423260	508188	436928	524964	450583
33	475062	409674	491291	423088	507897	436752
34	461522	398074	474777	409501	490999	422911
35	445845	385143	461236	397901	474486	409324
36	430665	372597	445561	384968	460945	397721
37	411943	357793	430378	372418	445266	384785
38	394013	343561	411648	357610	430072	372229
39	346144	300520	393702	343371	411327	357416
40	331028	288536	345840	300340	393359	343167
41	316539	277014	330703	288347	345504	300145
42	345196	307704	316193	276816	330345	288143
43	376405	341774	344776	307467	315812	276606
44	447798	419102	375898	341494	344317	307219
45	488158	465469	447133	418736	375345	341200
46	532077	516940	487357	465035	446407	418350
47	567827	557859	531106	516422	486477	464574
48	605847	601972	566664	557251	530030	515865
49	687363	694109	604447	601249	565368	556589

续表

年份	2039		2040		2041	
性别	男	女	男	女	男	女
50	732978	748832	685568	693187	602885	600459
51	781357	807764	730822	747733	683571	692181
52	741784	766806	778784	806463	728439	746542
53	703931	727820	739060	765464	775953	805067
54	618064	637350	701059	726453	736075	764041
55	585982	604780	615272	636067	697924	725006
56	555283	573784	583059	603470	612232	634704
57	532188	546842	552231	572438	579886	602070
58	509773	521051	528979	545443	548934	570990
59	477311	479631	506412	519586	525525	543927
60	456668	456751	473875	478145	502801	517995
61	436619	434810	453076	455183	470184	476522
62	439133	441482	432860	433145	449213	453460
63	441265	448037	434987	439588	428812	431307
64	450297	467452	436694	445875	430523	437490
65	451532	473808	445173	464905	431772	443472
66	452204	479886	445868	470883	439641	462066
67	462914	494061	445909	476507	439718	467603
68	473076	508105	455717	490068	439039	472697
69	508180	545619	464826	503374	447840	485552
70	517161	559583	498212	539751	455789	498014
71	524925	572900	505712	552625	487278	533106
72	499079	553457	511746	564669	493123	544763
73	472771	533427	484802	544282	497229	555399
74	430505	500587	457306	523247	469074	533995
75	404023	479734	414380	489620	440316	511891
76	377010	458154	386712	467663	396767	477414
77	348040	428467	358577	444874	367953	454232
78	318993	398791	328681	414127	338786	430118
79	284812	356912	298874	383365	308107	398250
80	256688	327882	264536	340624	277752	366017

续表

年份	2039		2040		2041	
性别	男	女	男	女	男	女
81	229002	298796	236034	310491	243400	322704
82	207331	281147	208109	280850	214648	291992
83	185201	262229	185936	262057	186780	261932
84	172150	258432	163648	242135	164441	242135
85	148946	236040	149625	236126	142374	221399
86	126485	212937	127108	213142	127827	213395
87	98410	176650	105783	189773	106432	190131
88	74854	144329	80501	155158	86646	166856
89	54033	112691	59773	124746	64374	134259
90	39045	88875	42035	95692	46572	106062
91	27419	68689	29536	74020	31851	79807
92	18129	50314	20132	56013	21724	60451
93	11609	35988	12897	40101	14349	44716
94	6857	23900	7990	27986	8895	31239
95	4102	16215	4561	18103	5326	21238
96	2369	10690	2634	11944	2935	13361
97	1390	7199	1468	7645	1636	8561
98	787	4699	831	4993	879	5314
99	453	3081	454	3156	480	3362
100 +	248	2313	262	2464	265	2559
年份	2042		2043		2044	
性别	男	女	男	女	男	女
总数	38913171	39257171	38832249	39204653	38747004	39144322
0	429806	411285	432995	414319	433076	414382
1	421848	403664	428242	409765	431442	412809
2	412173	394256	421390	403055	427783	409153
3	401009	383532	411920	393950	421135	402745
4	390271	373249	400853	383354	411761	393770
5	381603	364959	390170	373138	400750	383242
6	375089	358737	381534	364885	390100	373063
7	370193	354066	375036	358682	381480	364829

续表

年份	2042		2043		2044	
性别	男	女	男	女	男	女
8	366460	350515	370146	354022	374989	358637
9	362910	347143	366411	350474	370097	353981
10	359173	343596	362858	347103	366359	350434
11	355307	339929	359119	343556	362803	347063
12	352591	337364	355250	339890	359061	343517
13	351779	336625	352530	337324	355189	339850
14	353253	338072	351715	336582	352467	337282
15	357352	342033	353184	338025	351648	336536
16	364292	348720	357276	341980	353110	337973
17	374305	358354	364209	348660	357196	341922
18	399185	380416	374215	358287	364122	348595
19	428653	406634	399080	380339	374118	358215
20	462925	437151	428532	406544	398969	380256
21	501849	471767	462786	437047	428405	406448
22	544013	509104	501693	471648	462644	436938
23	573700	534480	543839	508967	501534	471522
24	615558	570915	573510	534328	543661	508825
25	639119	590131	615352	570747	573320	534173
26	598365	548449	638905	589951	615147	570575
27	541409	489709	598161	548277	638690	589768
28	495062	445055	541213	489551	597948	548101
29	499039	444734	494867	444905	541003	489387
30	478489	422764	498822	444578	494654	444751
31	465353	408176	478256	422609	498582	444418
32	540000	463019	465107	408021	478007	422451
33	524666	450404	539697	462837	464850	407862
34	507597	436572	524361	450221	539386	462650
35	490701	422730	507293	436387	524049	450032
36	474189	409141	490398	422544	506983	436197
37	460643	397534	473882	408951	490084	422350
38	444953	384592	460323	397338	473557	408752

续表

年份	2042		2043		2044	
性别	男	女	男	女	男	女
39	429741	372029	444614	384387	459976	397128
40	410973	357205	429375	371812	444240	384165
41	392981	342947	410582	356978	428971	371578
42	345134	299935	392565	342710	410152	356734
43	329952	287927	344727	299712	392108	342458
44	315396	276385	329521	287699	344283	299478
45	343816	306956	314942	276152	329052	287459
46	374742	340888	343269	306679	314446	275905
47	445609	417940	374079	340558	342669	306385
48	485501	464078	444724	417498	373345	340202
49	528830	515259	484413	463539	443739	417019
50	563922	555866	527491	514597	483200	462951
51	601147	599598	562313	555077	526002	513875
52	681365	691091	599226	598664	560534	554223
53	725817	745265	678937	689922	597112	597664
54	772849	803588	722943	743910	676276	688683
55	732815	762537	769461	802024	719805	742479
56	694509	723470	729265	760941	765770	800364
57	608933	633249	690803	721831	725411	759236
58	576456	600565	605366	631684	686796	720067
59	545384	569422	572765	598934	601527	629988
60	521814	542280	541571	567718	568799	597162
61	498923	516257	517829	540482	537475	565857
62	466214	474739	494751	514347	513541	538506
63	445052	451559	461937	472771	490256	512240
64	424453	429272	440572	449452	457331	470591
65	425716	435159	419759	427011	435746	447111
66	426455	440794	420523	432560	414686	424488
67	433632	458882	420680	437789	414880	429643
68	433003	463904	427070	455291	414372	434400
69	431518	468387	425652	459719	419884	451227

续表

年份	2042		2043		2044	
性别	男	女	男	女	男	女
70	439209	480436	423275	463503	417593	454975
71	445872	491947	429737	474642	414226	457971
72	475252	525599	434963	485088	419312	468092
73	479252	535909	461996	517141	422933	477360
74	481231	545005	463960	525978	447377	507653
75	451788	522518	463642	533405	447140	514891
76	421749	499252	432890	509739	444403	520484
77	377670	463832	401610	485181	412382	495507
78	347800	439305	357144	448730	379951	469530
79	317738	413778	326355	422766	335289	431988
80	286490	380385	295608	395375	303790	404126
81	255715	346922	263920	360703	272483	375089
82	221498	303637	232865	326593	240499	339741
83	192797	272486	199104	283517	209480	305128
84	165330	242181	170804	252104	176541	262481
85	143202	221565	144115	221770	149027	231026
86	121762	200254	122601	200570	123512	200921
87	107160	190537	102196	178968	103019	179414
88	87291	167346	88001	167874	84031	157843
89	69386	144548	70000	145137	70667	145761
90	50234	114296	54227	123210	54789	123866
91	35346	88580	38187	95589	41289	103184
92	23467	65277	26088	72562	28233	78420
93	15512	48340	16788	52284	18696	58213
94	9915	34898	10739	37792	11644	40947
95	5940	23753	6634	26584	7200	28843
96	3434	15707	3838	17603	4295	19740
97	1826	9597	2141	11307	2398	12698
98	982	5964	1098	6701	1290	7912
99	509	3587	570	4035	639	4544
100 +	280	2721	298	2913	333	3254

续表

年份	2045		2046		2047	
性别	男	女	男	女	男	女
总数	38655012	39073934	38554221	38991663	38443063	38896135
0	430100	411517	424467	406112	416785	398746
1	431548	412892	428606	410059	423015	404692
2	430987	412200	431098	412289	428166	409467
3	427527	408842	430733	411889	430848	411982
4	420975	402563	427367	408659	430574	411707
5	411656	393656	420870	402448	427262	408543
6	400679	383166	411584	393579	420797	402370
7	390046	373007	400624	383109	411529	393521
8	381433	364784	389999	372961	400576	383062
9	374940	358596	381385	364743	389950	372919
10	370046	353941	374889	358556	381333	364702
11	366305	350394	369992	353901	374835	358516
12	362746	347024	366248	350354	369934	353861
13	359001	343477	362686	346984	366188	350315
14	355126	339808	358938	343436	362622	346942
15	352400	337236	355059	339762	358871	343390
16	351575	336485	352328	337186	354988	339712
17	353032	337916	351498	336429	352253	337130
18	357111	341859	352950	337855	351418	336369
19	364029	348526	357021	341792	352861	337789
20	374015	358138	363929	348452	356925	341720
21	398853	380168	373907	358056	363826	348373
22	428275	406348	398733	380075	373796	357969
23	462499	436823	428143	406242	398612	379977
24	501372	471391	462352	436703	428008	406132
25	543483	508678	501209	471257	462204	436580
26	573132	534014	543307	508528	501049	471120
27	614943	570400	572944	533851	543130	508375
28	638464	589581	614728	570220	572746	533685
29	597718	547920	638222	589388	614498	570036

续表

年份	2045		2046		2047	
性别	男	女	男	女	男	女
30	540773	489220	597467	547735	637957	589192
31	494419	444592	540519	489047	597190	547544
32	498324	444252	494167	444429	540246	488870
33	477745	422288	498055	444084	493903	444262
34	464584	407699	477475	422122	497776	443911
35	539069	462459	464314	407532	477201	421951
36	523733	449838	538747	462262	464040	407361
37	506662	436000	523405	449637	538414	462057
38	489751	422146	506321	435791	523057	449425
39	473204	408538	489390	421928	505952	435568
40	459593	396902	472814	408307	488992	421692
41	443827	383926	459170	396657	472384	408059
42	428526	371327	443372	383670	458705	396395
43	409679	356475	428038	371061	442871	383398
44	391607	342194	409162	356203	427503	370780
45	343797	299231	391061	341915	408598	355916
46	328540	287206	343268	298970	390466	341620
47	313902	275643	327978	286936	342687	298693
48	342003	306069	313299	275362	327354	286646
49	372526	339816	341261	305725	312626	275057
50	442639	416496	371612	339394	340432	305350
51	481849	462308	441414	415925	370595	338934
52	524355	513094	480356	461614	440060	415307
53	558577	553308	522542	512257	478712	460869
54	594795	596602	556431	552337	520555	511368
55	673369	687373	592265	595481	554088	551310
56	716386	740960	670203	685983	589508	594291
57	761762	798592	712674	739339	666764	684500
58	721245	757403	757430	796686	708662	737595
59	682484	718158	716761	755418	752768	794623
60	597404	628147	677851	716083	711944	753261

续表

年份	2045		2046		2047	
性别	男	女	男	女	男	女
61	564540	595228	592975	626136	672876	713818
62	533068	563813	559957	593104	588208	623928
63	508920	536325	528318	561556	555016	590757
64	485415	509905	503944	533909	523202	559055
65	452369	468167	480199	507309	498581	531222
66	430529	444499	447005	465463	474559	504411
67	409173	421657	424859	441567	441172	462427
68	408716	426353	403150	418463	418662	438258
69	407462	430563	401963	422628	396548	414846
70	412005	446620	399885	426214	394554	418404
71	408744	449600	403352	441398	391560	421283
72	404264	451715	399000	443522	393820	435492
73	407814	460709	393273	444662	388244	436667
74	409662	468688	395125	452423	381139	436745
75	431291	497056	395054	459001	381151	443164
76	428736	502538	413684	485245	379055	448199
77	423516	506088	408745	488771	394546	472078
78	390314	479670	401028	490064	387209	473438
79	356876	452171	366791	462098	377041	472275
80	312275	413106	332560	432578	341979	442249
81	280192	383562	288190	392261	307090	410932
82	248469	353469	255672	361638	263143	370025
83	216512	317594	223857	330617	230516	338449
84	185899	282671	192303	294409	198991	306677
85	154179	240711	162506	259414	168258	270380
86	127857	209477	132415	218435	139709	235596
87	103905	179891	107685	187722	111650	195925
88	84816	158396	85654	158978	88879	166063
89	67573	137204	68298	137838	69066	138497
90	55394	124551	53048	117384	53695	118070
91	41784	103874	42313	104590	40584	98703

年份	2045		2046		2047	
性别	男	女	男	女	男	女
92	30579	84776	30998	85469	31442	86183
93	20270	63014	21993	68231	22334	68897
94	12992	45669	14112	49521	15340	53712
95	7822	31309	8745	34985	9516	38004
96	4671	21460	5084	23340	5695	26131
97	2689	14269	2930	15544	3196	16941
98	1448	8905	1627	10029	1777	10948
99	752	5377	845	6065	952	6846
100 +	375	3672	441	4317	499	4933
年份	2048		2049		2050	
性别	男	女	男	女	男	女
总数	38320912	38786741	38187398	38663356	38042705	38526300
0	407687	390030	397797	380557	387508	370702
1	415380	397372	406333	388705	396495	379283
2	422587	404115	414964	396811	405931	388163
3	427920	409165	422347	403820	414731	396526
4	430690	411802	427765	408988	422196	403647
5	430469	411592	430587	411688	427663	408876
6	427189	408465	430396	411514	430515	411611
7	420741	402311	427133	408406	430341	411456
8	411480	393473	420692	402263	427083	408358
9	400527	383020	411430	393430	420641	402219
10	389898	372878	400474	382977	411377	393387
11	381279	364662	389843	372837	400418	382936
12	374778	358476	381221	364622	389785	372796
13	369875	353822	374718	358436	381161	364582
14	366125	350274	369812	353781	374655	358396
15	362556	346897	366058	350228	369745	353736
16	358800	343339	362485	346846	365987	350178
17	354913	339657	358724	343284	362409	346791
18	352172	337070	354833	339597	358645	343225

续表

年份	2048		2049		2050	
性别	男	女	男	女	男	女
19	351331	336304	352086	337006	354747	339533
20	352767	337719	351238	336235	351995	336937
21	356824	341643	352669	337644	351141	336161
22	363719	348290	356721	341563	352568	337565
23	373683	357878	363610	348202	356615	341478
24	398487	379875	373568	357783	363500	348111
25	427873	406019	398363	379770	373453	357686
26	462058	436454	427739	405903	398241	379663
27	500888	470979	461912	436325	427606	405784
28	542945	508218	500719	470835	461758	436193
29	572533	533514	542746	508057	500538	470688
30	614245	569848	572301	533340	542528	507894
31	637665	588988	613967	569654	572045	533161
32	596892	547347	637350	588779	613668	569453
33	539961	488688	596580	547146	637020	588566
34	493629	444091	539665	488502	596257	546940
35	497494	443733	493352	443915	539365	488311
36	476922	421775	497206	443550	493070	443734
37	463756	407183	476633	421593	496908	443361
38	538060	461842	463454	406995	476326	421401
39	522680	449197	537675	461610	463127	406794
40	505545	435328	522263	448951	537252	461361
41	488552	421438	505095	435068	521803	448687
42	471910	407792	488067	421165	504599	434790
43	458193	396117	471389	407510	487534	420877
44	442324	383112	457633	395825	470820	407213
45	426920	370485	441728	382810	457023	395517
46	407982	355613	426283	370173	441076	382491
47	389811	341306	407305	355290	425584	369841
48	342042	298394	389085	340969	406555	354943
49	326658	286332	341323	298071	388276	340604

续表

年份	2048		2049		2050	
性别	男	女	男	女	男	女
50	311875	274723	325882	285989	340520	297718
51	339510	304941	311039	274359	325017	285615
52	369470	338437	338490	304500	310114	273967
53	438570	414645	368231	337904	337367	304026
54	476911	460079	436936	413943	366873	337339
55	518385	510428	474942	459244	435151	413200
56	551534	550222	516020	509433	472797	458359
57	586513	593021	548761	549060	513451	508370
58	663048	682905	583276	591656	545763	547811
59	704343	735708	659047	681179	579793	590178
60	747760	792381	699704	733658	654751	679303
61	706771	750908	742382	789936	694723	731420
62	667521	711331	701203	748323	736593	787249
63	583070	621489	661749	708584	695201	745467
64	549695	588158	577535	618787	655530	705538
65	517689	556275	543959	585266	571568	615780
66	492781	528222	511725	553170	537754	582036
67	468426	501158	486473	524853	505238	549681
68	434798	459000	461720	497485	479576	521049
69	411870	434512	427810	455119	454369	493324
70	389307	410744	404418	430261	420140	450714
71	386415	413614	381349	406092	396226	425439
72	382389	415704	377445	408193	372576	400824
73	383297	428830	372262	409409	367538	402075
74	376369	428970	371675	421347	361073	402337
75	367775	427895	363285	420364	358865	412977
76	365845	432836	353130	418020	348942	410757
77	361665	436153	349199	421315	337197	406999
78	373928	457408	342918	422727	331246	408467
79	364234	456411	351917	441109	322894	407802
80	351734	452166	339973	437147	328658	422654

续表

年份	2048		2049		2050	
性别	男	女	男	女	男	女
81	315984	420305	325195	429919	314515	415820
82	280598	387832	288923	396875	297552	406152
83	237442	346494	253388	363372	261111	372052
84	205094	314142	211440	321811	225840	337699
85	174285	281848	179806	288912	185553	296175
86	144817	245752	150168	256378	155096	263013
87	117946	211507	122406	220820	127085	230571
88	92278	173492	97612	187474	101440	195921
89	71774	144829	74628	151473	79059	163859
90	54387	118778	56610	124358	58956	130219
91	41152	99412	41754	100140	43536	104983
92	30215	81450	30694	82153	31201	82875
93	22700	69582	21856	65863	22247	66536
94	15611	54328	15899	54961	15340	52112
95	10367	41295	10573	41844	10792	42409
96	6212	28441	6783	30963	6933	31436
97	3588	19005	3922	20727	4293	22611
98	1942	11957	2186	13442	2395	14692
99	1042	7490	1141	8198	1288	9237
100 +	565	5606	622	6212	685	6847

图书在版编目（CIP）数据

社区居家养老服务供需缺口测算与政策路径研究：
以河北省为例/赵桂玲等著. -- 北京：经济科学出版
社，2023.6

ISBN 978 - 7 - 5218 - 4858 - 8

Ⅰ.①社… Ⅱ.①赵… Ⅲ.①养老 - 社区服务 - 研究
- 河北 Ⅳ.①D669.6

中国国家版本馆 CIP 数据核字（2023）第102540号

责任编辑：宋艳波
责任校对：郑淑艳
责任印制：邱　天

社区居家养老服务供需缺口测算与政策路径研究
——以河北省为例

赵桂玲　周德钰　等著
经济科学出版社出版、发行　新华书店经销
社址：北京市海淀区阜成路甲28号　邮编：100142
总编部电话：010 - 88191217　发行部电话：010 - 88191522
网址：www.esp.com.cn
电子邮箱：esp@esp.com.cn
天猫网店：经济科学出版社旗舰店
网址：http://jjkxcbs.tmall.com
固安华明印业有限公司印装
710×1000　16开　23.5印张　380000字
2023年6月第1版　2023年6月第1次印刷
ISBN 978 - 7 - 5218 - 4858 - 8　定价：86.00元
（图书出现印装问题，本社负责调换。电话：010 - 88191545）
（版权所有　侵权必究　打击盗版　举报热线：010 - 88191661
QQ：2242791300　营销中心电话：010 - 88191537
电子邮箱：dbts@esp.com.cn）